民国达人印象

肖伊绯 **作品**

团结出版社
UNITY PRESS

图书在版编目（CIP）数据

民国达人印象 / 肖伊绯著 . -- 北京：团结出版社，
2023.4

ISBN 978-7-5126-9670-9

Ⅰ.①民… Ⅱ.①肖… Ⅲ.①人物－生平事迹－中国
－近现代 Ⅳ.①K820.5

中国版本图书馆 CIP 数据核字（2022）第 170996 号

出　版：团结出版社
　　　　（北京市东城区东皇城根南街 84 号　邮编：100006）
电　话：（010）65228880　65244790（出版社）
　　　　（010）65238766　85113874　65133603（发行部）
　　　　（010）65133603（邮购）
网　址：http://www.tjpress.com
E-mail：zb65244790@vip.163.com
　　　　tjcbsfxb@163.com（发行部邮购）
经　销：全国新华书店
印　装：三河市东方印刷有限公司

开　本：170mm×240mm　16 开
印　张：28.5
字　数：353 千字
版　次：2023 年 4 月　第 1 版
印　次：2023 年 4 月　第 1 次印刷

书　号：978-7-5126-9670-9
定　价：78.00 元

自序："三断论"之期许

当国人感到世道不公，毫无道理可言，又无处评理之时，经常会不由自主地发问："天理何在？"好像这个天理，是比王法更重要，更正确，更真实，更恒久的存在。它应当无处不在，万代永存，足可沟通世道与王法，总会给世人一个惩恶扬善，扶危济困的期许。

然而，千百年来国人崇仰的这个天理，几乎已经成为集体无意识的这个天理，在1898年这一年，又有了新的解释与理解，乃至"破解"。原来，在这一年，有一部名为《天演论》的书出版，书里边讲"物竞天择，适者生存"，是为天理。除此之外并没有一个专门用来"惩恶扬善，扶危济困"的天理存在；即便假设曾经可能有过这么一个天理，此时也应该"进化"到"物竞天择，适者生存"这个天理上来了。

一时间，以天演论为核心理念的新思潮与意识流，转瞬"破解"了千百年来集体无意识的天理。随之而来，竞存、适之、天择之类的概念，深入人心，既成了二十世纪这个新时代的开幕仪式般的口号，还成了那个新时代里国人的时髦字号。譬如，陈炯明字竞存，胡嗣穈字适之，后来成为知名人物的胡适之，在《四十自述》的忆述里，都还依然记得少年同学里不乏杨天择、孙竞存之类的字号。

要么努力竞争进取，争取更好的生存环境；要么努力适应环境，力求更好地生存下去。要么自己成为"救世主"，要么去适应"新世道"，并没有被动等来的天理，更没有跪拜求来的天理。新时代的天理，要求每一个社会个体去主动试验与缔造它——它叫天演论，也叫进化论。

出于对中国二十世纪前半段历史本身及其演进历程的浓厚兴趣，笔者曾着意考察过一些在这一特殊历史阶段大放异彩并经历坎坷的知名人物，搜求、整理、研读过一些相关的历史文献，深感业已身处二十一世纪的我辈读者，恐怕很难对这些活跃于二十世纪前叶的个体生命，给予某种较为确切稳定的评判。

关于这一特殊历史阶段及生活其中的历史人物，时人与世人，基于不同的立场、智识、眼界、趣味，滋生出各式各样的掌故、逸闻、奇谈、怪论，近百年间早已充斥坊间。在这些真假莫辨，对错勿论，宏微各异，左右摇摆的记述中，这些历史人物本身好像也成了天演论与进化论的试验品一般，随着时代不断演绎进化，可以任意出入，随意沉浮。

事实上，要对这些历史人物有大概的了解，有一些大致的认识，进而产生某种较为确定的评判，并不是一件容易的事。甚至可以说，这是非常艰难，且极可能无解的事。诚如"人不可能踏入同一条河流"，时人与后世读者所听闻、了解、认知的某位历史人物，可能也并不是"同一位"。因为"同一位"历史人物，身处不同的历史阶段、事件、环境、群体之中时，就可能并没有统一固定的思想立场、言论趋向、行事风格、表达方式可以有所依循。

　　不过，除了天理，还有一种集体无意识叫"盖棺定论"。人们总是力图对历史人物予以某种确定无疑、不容置疑的评判——因为人死不能复生，个体生命及其身处其间的"历史"已然结束，仿佛就可以对这一个体的生命历程及其身处其间的"历史"有所总结，当然也应当有所结论。因此，人们将对"历史"的总结，与对历史人物的评判，视作人类经验乃至智识的常态化应用，更将之视为人类理性的重要组成部分，并进而认定这是天理赋予人类的天赋，可以也必然有"盖棺定论"之说。

　　于是乎，对历史人物的归类、站队、标签、定性，千百年来，业已成为文科学者的使命、责任、天职，乃至本能。而这一套经过专业规范流程制造出来的"盖棺定论"，往往先是以年表、年谱、编年事辑等各种特殊体裁的文本，以"客观"事实的方式来呈现"定论"的证据与基调；继而再以"传记"这种特殊体裁的著述，以归纳、分析、总结的手段，实现"定论"或阶段性"定论"。

　　诚然，确有几十年如一日的赤诚坚毅之士，亦有八岁看到八十岁的本性难移之人，似乎对于这样的知名历史人物，来予以"盖棺定论"，总不算十分艰难。然而，在二十世纪前半叶的中国，在新思潮与新风尚激荡裹挟之下的这个新时代里，这样的知名历史人物，往往在某个特定历史节点上，常常在某个人生际遇转折点上，也会有或令人震惊，或令人疑惑；或令人深以为然，或令人不以为然的种种殊异表现。这些具有重大历史意义，兼具特别人生价值的个体言行之表现，以其有别于"常态"与"常情"的特殊性，以其有别于"一贯"与"一向"的特异性，甚至会成为后世为之编撰传记者无法顺利逾越，无法自圆其说的"整体性鸿沟"。

为了便于理解与合理呈现这类知名历史人物生活史的某种"整体性",方才有了"某某的前半生"与"某某的后半生",乃至"某某某的最后二十年"之类的阶段性叙事与评判之作。诚如著名的法国哲学者、社会学家雷蒙·阿隆所言:

史学家的工作是要了解历史行为人如何看世界,他如何根据这一世界观来做出这个或那个决定。……历史工作不仅仅是理解事件,而是理解人,理解过去的人与我们是不一样的。[①]

无论如何,史学家的工作也罢,历史工作者的使命也罢,以史观之力,凭史学之能,建文本之基,驭文学之术,终是要为,也终可为某位历史人物"盖棺定论"。终于,"踏入同一条河流",评判"同一位"历史人物,这两件曾经以为不可能的事,不但成为了可能,而且成为了必然。然而,史观、史学;文本、文学,这些专业化、体系化、规范化的观念与经验,如果真的是对历史人物给予某种大致确定的评判之必要前提,大众读者与一般研究者群体之中,又有多少具备了这一系列"本领"呢?或者说,即便具备了这一系列"本领",就能确保评判的真实性、正确性与唯一性?难道,"天演"至此,终于又产生了一类终极性质的历史及历史人物的评判者?难道,"进化"至此,终于又诞生了一种无法再行"演化"或"进化"的终结性质的评判体系?

对于上述诸种可能性与疑问,笔者深感脑力有限,实在无法深入探究与确

---

① 摘自《论治史:法兰西学院课程》,[法]雷蒙·阿隆著,冯学俊、吴弘缈译,生活·读书·新知三联书店,2003年。

切解答。另一方面，更由于始终无法将自己训练成一位恪守严谨史学，熟稔规范文本，擅于应用文学的专业研究者，笔者开始尝试并逐渐热衷于一种适用于己的研究与表达方式。这一基于中国近现代历史（主要是历史人物）的研究与表达方式，姑且可以称之为“三断论”，即“断片”式考察，“断线”式探究，“断章”式表述。

那么，何谓“三断”，又为何要“三断”呢？概而言之，所谓“断片”式考察，即只针对历史人物的某一事迹、言论、行动（或某一阶段），展开尽可能充分的考察。所谓“断线”式探究，则是要在充分考察的基础上，细致辨析各类相关史料文献，去伪存真，淘精汰粗，直至穷尽能力许可范围之内的所有史料文献，直至可以挖掘探究的所有历史线索全部断绝为止。所谓“断章”式表述，就是要在“断片”式考察的基础之上，“断线”式探究的前提之下，对历史人物的某一事迹、言论、行动（或某一阶段），予以尽可能真实的，偏重于事实性的，而非评判式的表述。

基于历史本身无限存续且衍生多种解释与认知，历史人物的多面性亦随之无限存续并滋生多种理解与呈现，“三断论”令笔者在中国近现代历史（主要是学术、文艺人物）的研究与表达方式上，具备了一定的实用性与适用性。在“三断论”的实施框架之下，既能在很大程度上缓解因自身专业修养不足所带来的“虚无”感；又能在较短周期内达成尽快发现与披露史料的“新鲜”感；还能在公共文化场域中获取富于个人趣味的“存在”感。既如此，何乐不为？因此，笔者乐此不疲，专事于此，已有整整十年的岁月了。

仅从二十世纪前半段国内文明、文化的公共场域，到文学、文艺的群体圈层考察，呼唤天理与崇仰天演的群体，似乎逐渐形成了既相互制约，又不断转化的动态制衡之态势。在这样的历史背景之下，在这样的时代情态之中，一系列知名历史人物应运而生，交迭涌现，令人眼花缭乱，目不暇接。

眼前的这部书稿，正是试图从个体生命角度，来体察与呈现这一特殊历史阶段的"断章"之组合。作为笔者"三断论"式的产物之一，为了尽可能避免"断章"不免"取义"的俗套，这18篇"断章"之组合，所关涉之历史人物及其史事，已然尽力于"现场"与"新鲜"感之表达，而尽量少提供、不提供富于"趋向"与"归属"感的评判性表述。

当然，即便如此，笔者也深知，这样的书稿，离"三断论"所赋予的自我期许，还相去甚远。虽然如此，笔者以为，还是不妨将这一自我期许，借此书付印出版之际，再度公开表白出来，以示对自己未来研究与写作取向的警策。这份自我期许，概括起来，只不过一句类似绕口令的大白话而已：

不提供史观，只提供史料；

不提供史学，只提供史实。

衷心期待读者诸君，有一天能从笔者书中解读出这样的用心，验证出这样的用意。当然，这或许已是再一个十年，又一个十年，或者遥遥无期，竟终不可期的自我期许罢了。

肖伊绯

2022 年 5 月 6 日

目 录

严复北京购房记

◎小引："天演学家"黯然离京前后

2021年，适值著名学者严复①先生逝世一百周年，不禁令人追怀起这位"天演学家"的种种事迹。作为因译介《天演论》一书而为中国新时代知识分子所推崇之启蒙者，严复对中国近现代知识界、思想界、公共文化界的影响力之持续深远，自是无需赘言。

可正是这么一位声名远播的时代先行者，晚年却因"家累"困顿不堪，搞得身心俱疲，老病缠身；后半生为家庭经济、妻妾关系、子女教育等诸多"家务"殚精竭虑，至死方休。这么一段凄凉晚景，于辛亥革命爆发之后，即拉开了序幕。

时为1912年，时年五十八岁的严复，被临时大总统袁世凯任命为北京大学校长，后又被委任为海军部编译处总纂，负责翻译外国海军图籍。1912年

---

① 严复（1854—1921），原名宗光，字又陵；后改名复，字几道。

底，严复辞去北大校长一职，仍被聘为公府（总统府）顾问（法律外交顾问）。不久，袁氏图谋称帝，严氏又接连被任命为参政院参政、中华民国宪法起草委员、筹安会发起人等。

在此期间，眼见时局动荡，形势莫测，本无心从政更无力参政的严复，却因暂寓北京与远在福州之"家累"颇重，又不得不出任公职，领受薪俸以贴补家用。既为盛名所累，更为家庭所累。严氏虽明知袁氏政权不会长久，面对袁氏多次委任，仍不得不暂时领受，但又并不切实履职，只是消极待命而已。一时间内忧外患纷至沓来，久患咳喘的严氏，健康状况也随之每况愈下，愈发难以支撑了。

时至1916年，袁氏在全国一片讨逆声中惊惧而死，之前参加过袁氏筹安会者，顿时就成了"黑名单"上的人。严复作为这份"黑名单"上最著名者，

丙午考试东西洋留学毕业生考官暨学部堂官合影，后排左起第二人即严复，后排右起第二人为詹天佑，摄于1906年，原载《东方杂志》1907年第四卷第三期。

一时难以撇清干系。此时病体沉重的严氏，根本无力顾及社会舆论与政治声誉，始终未就自己曾入袁氏筹安会一事有所申辩。1917年冬，因咳喘病情恶化，入北京东交民巷法国医院诊治。1918年底，即因病重，不得不归养故乡福州，也就此黯然远离了这既令其声名鹊起，又令其如坐针毡的北京城。

◎ "天演学家"病中重金置产，定期活期存款都提

且说严复虽于1918年底归乡疗养，可终究还是放不下在北京的事业与产业——毕竟，长期以来，严氏家庭与家族的开销至巨。如此庞大的家业，仍需要严复在京的职薪以及各项依托于京城的进账收入方可维系。再者，京城中的医疗条件与资源，毕竟比福州更为优越，作为基础疾病的长期治疗，自然也更为有利。综合各方面因素考虑，严复不得不重新北上，一方面继续在京城医院里接受治疗；另一方面，病况稍有起色，仍有谋置产业之意。

新近发现的一组严复与张元济的通信，通信内容就恰恰反映了严氏晚年在京购房置业之事。今人对此事几乎没有了解，更无公开披露与相关研究，且这一组通信，乃《严复集》①《严复全集》②与《张元济全集》③均未收入的"佚信"，也因之更是独具别样的研究价值。

原来，时为1919年11月14日，五四运动爆发半年之后，曾经的首任北大校长、首倡"进化论"的著名学者严复，已从故乡福州重返京城，正卧病于北京协和医院。不过，在入院诊治期间，时年六十五岁的严老夫子也没闲着，在

---

① 详参：《严复集》，中华书局，1986年。
② 详参：《严复全集》，福建教育出版社，2014年。
③ 详参：《张元济全集》，商务印书馆，2007年。

京城又新购置了一处房产。交房在即，急需用款，数额竟达银圆一万二千元之巨。

为此，严复迅即给商务印书馆的当家人张元济（1867—1959）写了一封"快信"，请火速将其存在馆中的定、活期存款提出，凑足一万二千元之数，通过上海的中国银行汇兑至北京。且看二人通信原文，转录如下：

（一）严复致张元济（手札）

菊公赐鉴：上午蒙枉顾，极感。拜讬汇款一节，刻查若由中国银行作兑，可以无须汇水。敝处新置房子，本日该处业主来，订于阴历九月廿九日交割，彼方既已交房，此方自应同日交款。不审我公何日可以抵沪。如九月廿五日[①]内可以到，头[②]则照寻常信兑，敝处自可届期得银，若届计时间偪促，汇到未

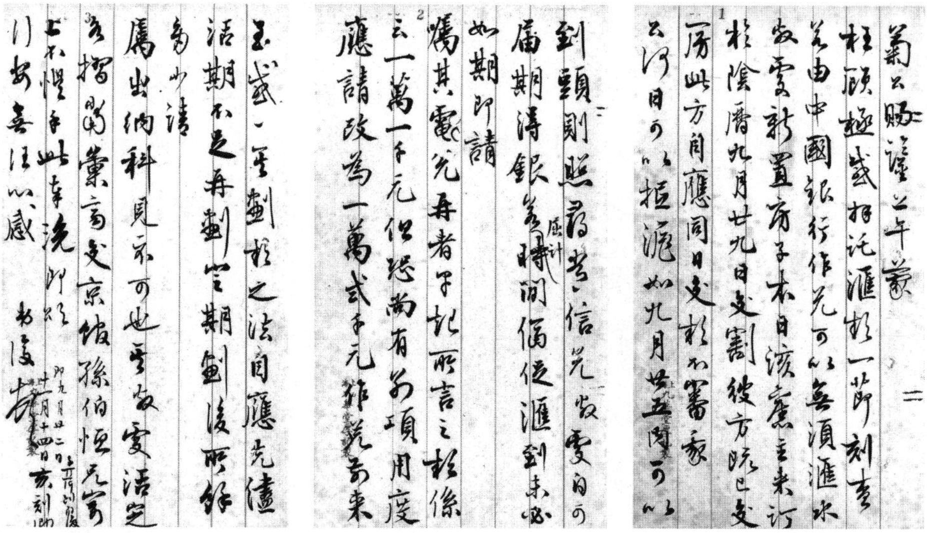

严复致张元济手札

必如期，即请嘱其电兑。再者早起所言之款，系云一万一千元，但恐尚有别项用度，应请改为一万二千元作兑前来，至感。其划款之法，自应先尽活期，不足再划定期，划后所余多少，请属出纳科见示可也。其散处活、定各折当汇齐交京报孙伯恒兄寄上。不惧手此奉浼，即颂行安，无任以感。弟复，十一月十四日（即九月廿二日）亥刻泐。

（二）张元济复严复（信稿）

受信人：严又陵，住址：北京汪芝麻胡同七号

本日奉到十四日亥刻手书，展诵祗悉。此系快信，于十五日所发，发时通车已行，故必须后一日。然十七日总可抵沪。乃迟至今日始行递到，又由棋盘街转至宝山路时已午后，即交分庄科开车发款，与银行接洽，洎赶到行中，已过午后三钟，不允收款，只可缓至明日汇。电汇当日必到，不至误二十九日之期，但来示谓无须汇水，该银行不肯承认，请尊处向京行理论为幸。元济前承面示，此款至迟可在阴历十月初十日付清，故曾商伯恒，嘱其陆续发奉冀省，汇费今既提早，祗得由沪兑去，如尊处能向银行索回汇费，则亦并不吃亏也。查尊款活存项下，祗有九千余元，今遵命在定期内添拨凑足，但定期存款未到期提用者，其所提之数利息祗能照活期计算，尚祈鉴察。又，定期共有三户，应在何户内拨出三千，亦祈明示，以便转知会计科照办，是为至幸。伯玉兄赴鲁省，未知何日返京，顷亦有信，恕不另覆矣。

八年十一月十九（晚）日，商务印书馆发行所通信稿

上述一通严复致张元济的"快信"，为严复手书，时为1919年11月14日

晚，次日从北京寄出。五天之后，11月19日，身在上海商务印书馆的张元济收到此"快信"，迅即于当晚拟出"信稿"（铅字排印稿），于次日一早寄发。

　　然而，可以试想，按照当时的信件邮寄速度，要在两天之内，要赶在严复所称的交款日（即11月21日，阴历九月廿九）之前，将银圆一万二千元从上海汇至北京，无论采用信汇还是电汇，似乎已经没有可能。

　　虽然，张元济在复信中强调，"泊赶到行中，已过午后三钟，不允收款，只可缓至明日汇。电汇当日必到，不至误二十九日之期"，意即如果11月20日电汇，身在北京的严复当天即能收到，即便再缓一天，11月21日电汇，亦可。但是，张元济在复信中亟待严复解答一些具体问题，还需其复信寄至之后，才能向其汇款。这一来二去，来回耽搁，无论怎么"快信"，要在一两天内把这笔款项汇出，恐怕确实难以办到。

　　原来，严复委托商务印书馆办理的存款，活期存折上已"余额不足"，"祇

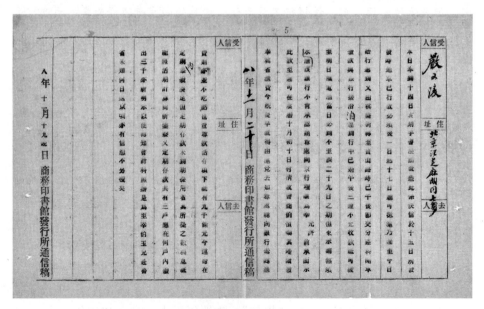

张元济致严复信存档一份

有九千余元", 张元济 "遵命在定期内添拨凑足", "但定期存款未到期提用者, 其所提之数利息祇能照活期计算", 这样提前取款自然会造成存款利息的损失, 这一问题需要事先知会严复, 并需要其示意可行。此外, 张元济还向严复询问, "定期共有三户, 应在何户内拨出三千", 这也是必得明确的一个问题。至于严复信中曾提到 "中国银行作兑, 可以无须汇水" 一节, 张元济也明确回复称, "该银行不肯承认, 请尊处向京行理论为幸"。

可见, 关涉到个人利益问题, 张元济是非常谨慎细致的, 操办具体事务也极为稳妥, 并不因 "事急" 而 "情急", 在相关问题没有得到明确解答或示意时, 是不会自作主张, 急事急办的。比严复小十三岁的晚辈张元济, 在急于购置房产的前辈师长与重要客户面前, 倒是显得少年老成, 办事有条不紊。

◎急严复之所急, 张元济借款应急

那么, 严复 "快信" 催办汇款之事, 究竟有没有下文呢? 《严复集》中并没有收录关涉此事的严复致张元济信件, 故而无从确知此事后续如何。好在《张元济全集》中还收录了关涉此事的两通张元济致严复信件, 可以从中窥见张元济办事虽认真稳妥, 可最终还是急严复之所急, 采取了 "应急" 之法, 虽时间稍有滞后, 可毕竟还是将此事圆满完成了。

1919年11月24日, 张元济再次致信严复, 再次提及并强调:

定期存款未到期提用者, 其所提之数, 利息祇能照活期计算, 前函业已陈明。再尊处活期存款业已无余, 而定期存款随时支拨本为定章所格, 祇能偶尔通融。查尊处定期存款共有三户, 除前拨三千外, 应请在某户内再行总拨若

严复 1905 年存照，第二次赴
英国考察时所摄。

干，以便随时应用，庶于办事上不致窒碍。

通过信中的这些内容，可知除了再次向严复表明定期存款未到期提用将导致利息损失之外，张元济应当已经在11月24日之前将汇款之事办妥，且还提醒严复需再从某个定期存折上提取一定数量的资金出来，"以便随时应用"。

1919年12月5日，张元济再次致信严复，称"嗣又奉到十一月二十四日惠函，知前寄去中国银行已经递到"。于此可知，严复至迟在11月24日，已收到汇款。张氏在信中又称，"属将定期存款三户择小者先行取销，归还汇京之款，当交会计科详查"，于此又可知，为凑足一万二千元银圆的汇款，除了提取严复的活期存款九千元之外，另外三千元由于等不及严复复信明示究竟提取哪一张定期存折，张氏可能因之临时拆借款项应急，故前函有"祇能偶尔通融"之语，而严复亦知此应急借款实在是"破例"之举，故即刻在复信中亦明确表示，"将定期存款三户择小者先行取销，归还汇京之款"。

据《严复集》中所录《严复日记》可知，1919年初，严复尚在福州郎官巷家中养

张元济 1910 年存照，出访欧美前所摄。

病，病情危重，1月21日时有"病发几殆"之记录。6月间，至上海诊治，似有好转。10月12日，自上海登轮赴天津；10月16日，"上午九时到津，四时三刻车进京"，转入协和医院诊疗。10月25日，"往看新居"。11月6日，"受总统任命顾问"。可能正是因为出任总统顾问一职，让已经步入人生暮年的严复并没有在北京诊疗之后即刻离京返乡，而是选择了购置新居，暂寓京城。

时至11月21日，《严复日记》中并没有提到新居交房交款之事。但在11月22日，"得菊生快"，确实是收到了张元济的"快信"。次日，"得菊生快复，并中国银行收条"，又再次收到了张元济的快速回复（可能是电报），且还收到了中国银行的汇款。之后一个月的日记中，严复并没有记载这笔汇款的用途与去处，只是在12月27日，提到过"午后二时，回至新寓"，可知其已然住进了购置的新居。

◎楔子：三通"佚信"管窥严复晚年之经济状况

新见严复致孙壮信札一组三通，皆为严复与孙壮交代著作版权及股息等相关内容。据查证，《严复全集》①未收入此三通信札，皆为"佚信"。信文转录如下：

（1）

恒仁兄执事：手示读悉。股息收据业由敝处寄申，嘱划交麦加利收入，尊处应请毋庸备款候付。手此奉复，即颂署祺不宣。弟复顿首，七月三日。结册

---

① 详参：《严复全集》，福建教育出版社，2014年。

收到。

（2）

　　敬启者：昨得沪馆来缄，要敝处版权印花一千枚。兹已印好，烦于便中代寄前去，不胜心感。此颂伯恒吾兄日祉。复白，十一月十七。

（3）

　　送上印花壹仟枚，祈察收转寄。山水画幅，已经前涂绘就，兹并呈。此颂伯恒吾兄安。复启事，十二。

　　且看严复第一通信札中所提及的"麦加利"，系一家英国银行，屡见于严复日记中。早在1905年初，时在英国考察的严复即曾致信张元济，请其尽快从上海麦加利银行汇款到伦敦。

　　辛亥革命爆发不久，严复还曾致信张元济，为避免时局动荡造成的经济风险，欲将存在商务印书馆的五千余元存款提取交麦加利银行存储。至此之后，

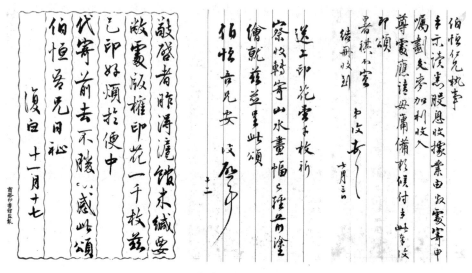

严复致孙壮佚札三通

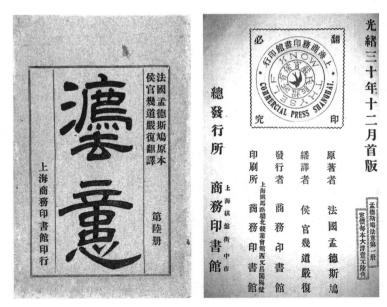

严译《法意》，1904 年初版，封面及版权页。

严复自制的圆形版权印花，应用于《群己权界论》《法意》等洋装本版权页。

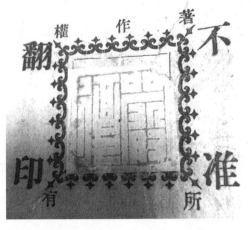

严复自制的方形版权印花，应用于《群学肄言》线装本版权页。

严复在麦加利银行有长期存款，且经济往来多通过麦加利银行中转。故第一通信札，应当是严复写于1911年之后，但确切时间未详。

另外两通信札，主要内容则为严复印制并交送版权印花之事，两信间隔时间应未远。严氏译著后期多交由商务印书馆出版，制送版权印花之事，应为严、孙二人之间的工作交往事项之一。至于具体是为哪一部译著印制的版权印花，则无从确考。

严氏本人向来重视版权，其译著《群己权界论》交由商务印书馆于光绪二十九年（1903）初版之时，书末版权页上即粘贴有由其亲自印制的圆形版权印花一枚。这枚版权印花，被视作中国近代出版史上首例。严复本人对个人版权极为重视，乃至对个人经济权利之维护不遗余力，事必躬亲，由此也可见一斑。

此外，据笔者所见，严译《群学肄言》亦于1903年由上海文明编译书局初版，虽是传统线装本，印书纸张也为较薄的机器纸，而非如《群己权界论》一般的洋装本印书用纸，即便如此，此书版权页上也粘贴上了钤有严复印章的方形标签，充作版权印花。这一圆一方两种自制版权印花，应当皆属中国近代出版史上的早期应用实例，且在线装本上应用的实例则更为少见，或为首例，抑或为"孤例"罢。

据考，收信人孙壮（1879—1943），字伯恒，号雪园、高逸居士，斋名读雪斋、澄秋馆；北京大兴人。曾任商务印书馆北平分馆经理、河南省博物馆馆长。

◎严复新居属"豪宅"，或抵鲁迅所购四合院十二座

话归正题。且说严复在致张元济的信中，并没有明确提及北京购置的新居究竟位于何处，不过其急需的那一笔汇款——银圆一万二千元，可绝不是一笔小数目。这一款项若全部用于购置房产，那可绝对是顶级"豪宅"。那么，这

一款项，当年究竟有多大的购买力，若全额用于购置房产，又将有何等的规格与配置？在此，不妨就以鲁迅（1881—1936）所购四合院为例。

据《鲁迅日记》[①]载，1924年5月，鲁迅在阜成门内西三条胡同看上一处四合院（现北京鲁迅博物馆），花银圆八百元买了下来。这座四合院有三间南房，三间正房，东西各一间小厢房，正房后面还有一口井、几棵树、一片小花园。由于房子有些破旧，鲁迅又花了约二百银圆翻修，还置买了一些简单的家具；全家住进这座四合院，实际上花了银圆一千元。

以此类推，还暂且排除1919年可能较1924年的物价更低一些的客观因素，就径直以鲁迅所购四合院为物价标准，严复当年提取存款银圆一万二千元如全部用于购置房产，至少可以购置如鲁迅所购的四合院达十二座之多。如果这么一大笔钱，仅仅是用于购置一所房产的话，那么，其内外部装修及基本设施之豪华，可谓超乎想象，毫无疑问属于顶级"豪宅"了。

遗憾的是，这所顶级"豪宅"早已湮没在历史的尘埃中，今已无可寻觅其确切地址。不过，尚未搬进新居之前，严复在北京暂寓的汪芝麻胡同七号，如今倒还可以一寻踪迹。

汪芝麻胡同，今属北京东城区景山街道，位于张自忠路南侧，呈东西走向。这一条胡同东起东四北大街，西止南剪子巷，南与汪魏新巷相通，全长四百余米。

这条胡同明代属仁寿坊，因有一汪氏纸马店而得名。所谓"纸马"，是祭祀用品的统称，包括纸钱、香烛、银箔等等，汪纸马胡同正是因为有一家汪姓人开的卖祭祀用品的专卖店而得名的，至清代时，因"纸马"与"芝麻"发音

---

① 详参：《鲁迅日记》，人民文学出版社，1976年。

林纾（1852—1924），五十八岁存照。

近似，遂又称汪芝麻胡同，一直沿用至今。

如今，胡同里尚存不少富有历史价值的"豪宅"，如28号、35号、45号、49号、53号、56号以及59号院，据说都被列为东城区第二批四合院挂牌保护院落。只是未知严复曾寓的七号院何在，亦不清楚是否一百年前的院落排号与今有何不同，此七号院或即上述诸院之一？

◎"豪宅"实值或为六万三千元，林纾家书引为"反面教材"

事实上，无论是暂寓的汪芝麻胡同七号，还是巨资购置的新居"豪宅"，严复都没能在这些京城居所中逗留太久，都未能在此中安享余生。

据考，严复巨资购置的新居"豪宅"，位于北京东城大阮府胡同新寓，原为前清伦贝子府，即溥伦（著名书画家溥侗之兄）的居所，位置大约在今王府井百货大楼南侧一带，与昔日的皇宫——紫禁城的距离又更近一些了。1919年12月，严复迁入这处位于如今北京头一号商业街的豪奢新居，可住了还不到一年，即结束"北漂"生涯，南渡归乡而去了。

次年秋，1920年10月19日，严复"自京南行"，仍是循着先前的由福州至北京的路线，返归而去——先至天津，再于10月21日转赴上海，再转归福州。此行乃是为返归福州"避冬"，因久病体弱，已经不可能再在北京过冬了。那一年10月30日，终日为失眠症、咳喘病、鸦片瘾折腾得寝食难安的严复，终于带着一身沉疴返归福州郎官巷旧居，定居了下来。为治病四处求医问药，甚至还向道士求服丹药，竟服下了"罗真人符三道"的严复，病情却始终未见好转。一年之后，1921年10月27日，猝然病逝于家中。

应当说，严复花费巨量金钱，深居豪奢王府的一派"文豪"气象，同时代学者确实无法望其项背。可惜的是，因身体健康原因，终落下了有钱置产，无福消受之憾。不过，遗憾归遗憾，严复当年在京城豪掷万金置产之举，在令时人惊羡，后人惊奇的同时，也曾招来过不屑与不满之声。

原来，严复尚在世时，其在京城豪掷万金置产之事，即被当时同居京城且为同乡的另一位著名学者林纾（1852—1924），作为"反面教材"写进了用于训诫儿孙辈的家书之中，这倒又成了另一桩"学林逸事"了，很是耐人寻味。

约在1920年初，林纾在写给其四子林琮的家书中，这样写道：

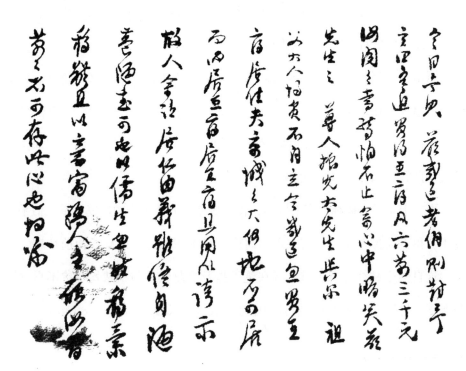

林纾家书，提及严复在京城购置"豪宅"事。

　　今日予见严几道老伯，则对予言曰："吾近买得王府，凡六万三千元。汝闻之，当惊怕不止。"余心中暗笑。严先生之尊人振先太先生与尔祖父大人均贫不自立，今几道忽买王府居住。夫京城之大，何地不可居，而必居王府？居王府且用以夸示故人。余谓居仁由义，虽终身陋巷陋室可也。以儒生忽然移气移体，且以豪富骄人。吾愿汝曹万万不可存此心也。切嘱！①

　　且看这一通家书短短百余字间，这位以译介西方小说而闻名于世，与严复并称中国早期翻译两大名家（康有为有云"译才并世数严、林"）的林纾，以其犀利锋锐的笔触，将其对严复在京城豪掷万金置产之举的不屑与不满，表达得淋漓尽致。他在家书中明确以此事为"反面教材"，训诫其子称，读书人万万不能以此炫富、骄横之人为榜样。

　　原本，严复与林纾二人既为同乡，年龄又相仿，且同在京城暂寓，私交一直不错。早在二十世纪初，林纾译书代表作《巴黎茶花女遗事》初版之际，严复对此书就颇为赞赏，读后赋诗有云"可怜一卷《茶花女》，断尽支那荡子肠"，可谓传达了知音共鸣之声。

　　可二十年后，据林纾家书所述，在京城豪掷万金置产的严复，举止似乎太过于"得意忘形"了，大有在以当时尚以译书鬻画谋生的林氏面前炫耀之意了。这自然令林纾深感不满，遂在笔下提及严复父辈与祖辈均"贫不自立"，今严复一朝得志，竟"居王府且用以夸示故人"云云。

---

　　① 详参：《林纾家书》，商务印书馆，2016年。

林纾笔下的激愤，事出有因，无需赘言。值得注意的是，严复购置北京东城大阮府胡同新寓的价格，可能高达六万三千元，而不仅仅是前述向张元济急切支取的一万二千元之数。这一巨大数额，更是惊人。那么，事实究竟如何？

◎ "忽然纳此巨款于不动产之中"，严复家书颇感焦虑

有意思的是，就在被林纾家书引为"反面教材"之前数月，严复曾在家书中多次向其长子严璩（1874—1942）表达过，在京城购置房产所需巨资的焦虑与不安。其犹豫不决，再三思量之态，并非一如林纾所形容的"豪富骄人"模样。

查阅《严复集》，可知在决定购置房产之前，严复至少三次致信其长子严璩，慎重细致地表述其意见，其中不乏真切实际的人生经验，俨然又是有别于林纾家书的另一种"家训"。且看首次提及此事的，是写于1919年夏的一通信札，原文摘录如下：

谕吾儿知悉：

接到夏至日缄，知吾前信已经收阅。世事沧海横流如此，而我又非有力之家，忽然纳此巨款于不动产之中，诚非善计。儿与家轸所以然为此者，以数年之后，如此地道既佳，建筑又好之屋，即不长价，必不至折阅已耳。则此事性质已近投机，顾投机于世事波谲云诡之时，谁敢言有把握？来信谓心中不能无悬悬，亦其所耳。故吾前信谓若勘破定钱之后，不如回向家乡作计，则事轻易举，绰有余妍。非不知南归亦有许多不便，而吾心尤深不欲者，则儿辈觅食于外，从此会少离多，垂暮之年，殊难割舍耳。虽然，此事颇有讨论价值，而来

侯官严几道先生像，1903—1907年间，见载于严译《群己权界论》《社会通诠》等书卷首；又载于1907年《东方杂志》第三卷第十三期，是为严氏生前"标准照"之一。

书不置一语，何耶？

……商务存款，昨看报告，长短诸期及活存等约尚有两万之谱，但此赢余万万不敢轻动。家轸于吾家买屋所云筹备二万元，是否即去今两年吾家应分红利？若尔，则嘉泰失败，又去五千，北方进款政不过万余元已耳。吾以老病余生，世事浮云过眼，所欲急急为计者，求一眠食稍安有余不败之地以终余年，他非所计，儿婚女嫁，香严以下尚有六人，邀天之福，将即以商务每年进款了之，不识有蹉跌否耳。世界从此平靖，难期虎尾春冰，儿辈真当谨慎也。……

　　　　　　　　　　夏至后三日在医院泐

　　1919年夏，尚卧病于上海医院的严复，给正在京城觅置房产的长子严璩复信，明确表达了不赞同巨资置产的意见。开篇一句，"世事沧海横流如此，而我又非有力之家，忽然纳此巨款于不动产之中，诚非善计"，已表其当时忧虑；后云"吾以老病余生，世事浮云过眼，所欲急急为计者，求一眠食稍安有余不败之地以终余年，他非所计"，则表其晚年心态。

　　向来处事稳健，绝无"富贵险中求"心态的严复，对其长子严璩等人持"以数年之后，如此地道既佳，建筑又好之屋，即不长价，必不至折阅已耳"的观点，决不能赞同，强调"此事性质已近投机，顾投机于世事波谲云诡之时，谁敢言有把握"。当时，严复还并没有要动用其在商务印书馆的存款的念头，在信中也坚称："商务存款，昨看报告，长短诸期及活存等约尚有两万之谱，但此赢余万万不敢轻动。"

◎"豪宅"曾估价七万元，严复家书可为后世购房者指南

此后的一通信札，严复态度虽有所缓和，但对其长子严璩等坚持要在京城购置"豪宅"的想法，仍苦口婆心地晓以利弊，加以开导与劝阻，甚至还动了迁出京城，南渡返乡的念头。此信原文转录如下：

大儿知悉：

得天贶节信，言买宅事要为父一言断决，阅读再三，又与娘等商量，亦正委决不下。此屋为费将七万元，殆欲罄吾所前积者，一也；世事云诡波谲，京中继今以往，是否可以安居，二也；吾之肺疾，置诸北方严寒之区，即使冬令深藏，究竟当得住否，三也；都下米珠薪桂，月益岁增，宅广事繁，常费必巨，四也；非不知吾在京中海部顾问月四百元，他项利入，到京后尚有希冀，但此当视吾之体力何如，且政界覆雨翻云，进款岂可长恃，五也。以此五端，故实惮于断决，而以另行想法为宜。

假使如前东堂子胡同一宅，三万余元可以了事，则吾将亦听之，而无如其吃力如此耳。不意如海王城，而吾家求一相宜可住之宅，为难如是也。吾意汝之看宅，着眼有牢不可破者二，而缘此室碍遂多。一是宅未到手，先打卖出算盘，甚或求有赢利；二是由此地道，所择必近东南，而他所即有价廉佳宅，或所不屑。而自为父观之，凡此皆属枉然。

　　盖宅易脱手，必其廉者，愈贵愈大则愈难寻买主，此必然之数也。至于赢利，须看世景如何，此岂买时所能作定？且摩托车既用之后，所居地段远近亦齐，与其热闹地场，转不若清静之乡，得少佳趣。吾儿如再看屋评价，似于吾言可少加意耳。

　　近因京宅未定，此身无所归宿，颇想还乡定居，如仓前山等处有可居者，似二万余元可以集事，虽短却京中月入，其钱亦不甚体面，弃置不足惜也。而家乡用度倍蓰加廉，无论如何，自然易了。然吾心有至难割爱者，缘与吾儿一房及四弟，势必睽违南北耳。但此不妨先作眼前之计，异日吾儿财力充裕，世事平定，而吾体力尚优，即回京与汝曹共居，亦易易耳。东坡告子由云："吾归与汝处，慎勿忧岁晚。"吾今告汝亦云，吾儿以为何如耶？

　　应当说，严复的这一通家书，情理畅达，观点清晰，足以表明在京城购置"豪宅"绝非明智之举。在其长子严璩来信催促其决断之际，严复在信中坦陈五条理由，予以明确拒绝，称"以此五端，故实惮于断决，而以另行想法为宜"。

　　这五条理由，居于头条的乃是"此屋为费将七万元，殆欲罄吾所前积者，一也"。原来，这一座"豪宅"的估价竟曾高达七万元之巨，这意味着要将严复一生的所有积蓄全部支出，这也被其视作拒绝购置的首要理由。后边的四条理由，也足以令其拒绝购置，即时局是否适宜安居；肺疾是否宜居于严寒之地；京城生活费用高昂不可忽视；老病之躯与动荡政局是否适宜长住于此。

　　一百年后，检视这一通严复家书，其中阐释的诸多道理与经验，即便用在如今的"北漂"购房者身上，似乎仍是通行有益的，俨然可以视作一篇后世购房者指南。

◎ "豪宅"终因抵偿严复长子赌债而易手

仅就存世已知的严复致其长子严璩的十七通家书来考察，除了前述两通集中商讨京城置产事之外，在严复迁入大阮府胡同新寓之前，家书中对此事再无提及。

那么，如果当年林纾家书中所言属实，这所曾估价七万元的"豪宅"，后来确以"九折"的优惠价格，售与了严复一家。事实上，为了凑足购房款项，严复不但将其在商务印书馆的存款全部提取，最终还决定"合京津两处房屋售出之赀，当敷营购新宅之用"，真真应验了其家书中所言"罄吾所前积者"。据严复族曾孙严孝潜所撰《严复在天津的一些史实》，可知为购置北京大阮府胡同新寓，严复确实将其于1913年在天津秋山街（今锦州道）附近购置的梨栈寓所也变卖了。

可就在严复南渡返乡之后不久，其长子严璩在京城的生活，开始出现经济拮据的状况，计划要将"豪宅"租赁出去，自家再搬至别的租价更便宜的寓所居住。之所以出现这样的状况，正是当时没有遵从父亲意见，没有慎重决策的后果，实在令人叹惜。

即便如此，严复仍在其最后一通复信中，对其长子严璩的这一"权宜之计"，表示"殊为赞成"。以此观之，作为父亲的严复，尽量容忍且全力支持了子女的冲动决策，还在这样的决策后果来临之际，予以了最后的响应——这样的"父爱"与"亲恩"，应当是令当事者动容，令后世读者感佩的罢。

遗憾的是，这座"豪宅"终究未能保全下来。严复逝世后不久，据严孝潜所撰《严复在天津三十年》披露，严璩一度"耽于赌博，受赌棍的欺弄，弄得财产输得净尽"，"为抵偿赌债，被占去了他和严复合买的坐落在北京大阮府胡同的一部分房屋"。就这样，存留着严复晚年在京城最后遗迹的一座"不动产"，还是被"动"了；还是逐渐在后人的败落与历史的变动中，在无声无息中悄然归于寂灭了。

据查，伦贝子府主体建筑已于2007年前后全部拆除，至此，王府井大街上再无"王府"故地。2011年前后，早已被全部拆除的"伦贝子府"，又以"易地复建"的名义在玉河边重建，另在大甜水井胡同北侧复建了府门，2018年复建工程竣工。

当年，与这座"豪宅"的命运相似，曾为"豪宅"短暂主人的严复，于1921年的逝世，似乎也寂寥无声，并没有引起世人多大的哀恸与反响。那些曾经手捧着《天演论》与《原富》，热议着《群己权界论》的新派知识分子与文化先锋们；那些读着"严译西方学术经典"成长起来，心存着"物竞天择，适者生存"之座右铭，高呼着"内惩国贼，外争国权"的新青年们，对这位"西学、中学第一流人物"（梁启超语）的猝然离世，竟无暇一顾。

这样的时代境遇，或与当时的国内环境恶劣有关。军阀割据、战火涂炭下的中青年知识分子，对国家前途、个人生存尚觉渺茫，对这位渐泛遗老气息，

严复诗稿，书于1920年8月，或为居于伦贝子府中的最后手迹之一。

无法与时俱进的故人，亦逐渐疏于关注，更无关切之意了。与此同时，严复本人也更注重个人家庭与家族的经营，更关切自身生存环境与生活质量的保障，对曾经作为其忠实读者的新派知识分子与新青年们并无太多关注，更谈不上投身其中，甚至对梁启超、胡适等人的学术水准，还颇有微词。

另一方面，转念思之，在严复死后十年间，王国维、梁启超、章太炎、黄节等学术大师相继离世，关于这些人物国葬与碑传的相关报道、悼念专集与文集，却处处可见，至今可寻。这两种迥然不同的境况相比较，严复的晚景凄凉与身后萧瑟，着实也呈鲜明对比，着实也令人感触良多。

◎余音：严复之死及其墓志铭

时为1921年10月27日，时年六十七岁的严复，病逝于福州郎官巷十六号。

严复之死，最早在国内知识界发出讯息的，来自陈宝琛所撰《清故资政大夫海军协都统严君墓志铭》。只是一看这墓志铭的名号，便可窥知，严复之死，竟是在晚清遗老中论资排辈，享获名誉的，竟然还是以前清官员身份来"盖棺定论"的。这对于后世读者一般所认定的终生推崇"进化论"，思想进步，高蹈一生的"天演学家"之历史形象而言，实在是匪夷所思，莫名其妙。

当年，这一墓志铭原件，由左宗棠之子左孝同以篆书写出墓志盖铭文，郑孝胥以楷书写出墓志铭文；应于1921年12月，严氏灵柩入葬闽侯阳崎鳌头山之际，一并埋入墓穴了。两年后，该墓志铭全文发表于《学衡》杂志第二十期（1923年8月），方才渐为世人所知。

熟悉中国近现代思想史的读者都知道，《学衡》杂志是南京东南大学"国

海军先贤严几道先生遗像，为严复晚年所摄。

粹派"教授主办的刊物，主编是英语系教授吴宓，主要撰稿人有梅光迪、胡先骕等，时有王国维、陈寅恪、钱基博等大家文章刊发。刊物的宗旨，据《学衡杂志简章》称，乃是"论究学术，阐求真理，昌明国粹，融化新知。以中正之眼光，行批评之职事"。《简章》还声称：

本杂志于国学则立以切实之工夫，为精确之研究，然后整理而条析之，明其源流，著其旨要，以见吾国文化，有可与日月争光之价值。

可见，这是一本以"昌明国粹"为主旨，推崇国学的学术刊物。然而，耐人寻味的是，即使是这样一本在文化倾向上较为保守，在思想立场上较为传统的刊物，不但没有及时明确刊载"清故资政大夫海军协都统严君"的死讯，更无相关悼念文章随之刊发。

更令人不解的是，从该刊第六期（1922年6月）开始，一直在连载严复致熊纯如书札，书札整理者胡先骕在前言中也声称在此"分段节抄，以飨读者，亦艺林一盛事也"（这一"盛事"，直到第二十期刊发严复墓志铭之后，方告结束）；然而在此期间，版面上竟无一语道及严氏逝世之讯息。看来，十余期连载的书札，以及与最后一期书札连载同时刊发的墓志铭——仿佛都只是在胪列一位古人的遗存文档，并无哀悼追怀之意，只是聊备后人研究而已。

当然，无论《学衡》杂志以怎样一种眼光来看待严复，毕竟还是国内知识界首发严复墓志铭的刊物，也间接向世人发布了严复的死讯。这份囊括了严复家族、生平、学历、阅历、职务、译著、诗文、交谊等多方面简介的墓志铭，饱含着同乡故友、末代帝师陈宝琛的深情厚谊；同样的，书写者郑孝胥也以端庄肃丽的正楷笔法，抒写着另一位同乡密友的追思怀念。加之难得一见的左宗棠之子左孝同的篆书盖铭，严复墓志铭亦可谓晚清遗老群体中的"三绝碑"了。

诚然，或因郑孝胥后来事职伪满，成为"附逆"的复辟罪魁；或因后世对严复墓志铭仅作文字资料看待，此"三绝碑"的写本原件，始终未见影印出版。虽然墓志铭全文在1923年8月首发于《学衡》杂志之后，又于六十年后辑入《严复集》第五册中，但后世读者仍只知撰者陈宝琛，而鲜有人知道墓志铭文书者乃郑孝胥，墓志盖铭文篆者乃左孝同。忽忽一个世纪逝去，因墓志铭深

《清故资政大夫海军协都统严君墓志铭》，即严复墓志铭封面。

严复墓志铭，原件印本（局部），言及严复译述名著《天演论》《原富》等。

严复译著《天演论》，此为光绪戊戌（1898 年）侯官嗜奇精舍石印本，是严复亲自监印的早期版本。

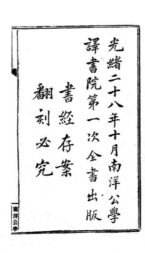

严复译著《原富》，南洋公学译书院初版。

埋地下，其原版印本又只在严氏亲友中少量流传，故至今能得睹原貌者少之又少矣。

陈独秀沪粤辟谣记

——"仇父公妻"谣传始末

◎法庭公审首问："尔是否主张'仇父公妻'？"

时为1921年10月4日，刚刚从广州返回上海的陈独秀（1879—1942），即遭法租界密探逮捕。10月19日的首次开庭公审，备受公众瞩目，次日（10月20日），沪上各大报刊即刻予以报道。譬如，《民国日报》《时事新报》各自的"本埠新闻"栏目头条，皆为此事之报道。

值得注意的是，据《民国日报》的庭审报道可知，开庭之后会审官向陈独秀提的第一个问题（即陈氏是否倡言"仇父公妻"），无论从法理角度还是从情理角度，都相当"无理"，简直可予一句"此问题与本案无关"作答，直接予以回击。不过，陈氏仍十分明确地予了答复，并尽力提供了相关证据线索。报道如此记述：

堂上问陈君，报纸载尔在广东曾倡言"仇父公妻"，尔是否有此主张？并

陈独秀，任北大文科学长时存照。

以报示陈。陈答：此为绝对造谣，我并未有此主张，曾作文辨正，登载《民国日报》。惟此等谣传，稍有常识者必不之信。故我以后亦即置之不理。堂上今可电询广东官厅及省教育会。堂上谓尔无此主张，甚好。

同日《时事新报》的报道内容，与之也大同小异，但记述重点落在了"公妻"之说。这一报道又如此记述：

会审官乃问陈独秀曰，报载你主张公妻，确吗？（答）完全不确。（问）然则你有妻室吗？（答）有，并有儿子。（问）既有妻室，何以反主张公妻呢？（答）此说完全是假的。我未曾主张过。

应当说，两份报纸的庭审报道，无论记述上有何侧重与因之而产生的略微

陈独秀案庭审报道，会审官首问即为询其是否主张"仇父公妻"，原载于上海《民国日报》，1921 年 10 月 20 日。

差异，庭审现场向陈独秀提出的首问，至少都是与其是否曾倡言"仇父公妻"一说直接关联。那么，陈氏当庭否认，指称"绝对造谣"的这一传闻，始于何时，又是如何一度流行，以至于影响到会审官的认知，竟成为庭审首问呢？

◎ "仇父公妻"谣传一度风行沪粤

事实上，所谓"仇父公妻"之说，源自陈独秀赴广州政府任职期间的谣传。当时因陈氏上任伊始，即频频讲演与撰文，倾力鼓吹新文化，力图革新地方教育。此举触动了当地保守势力的利益，动摇了这一地方势力的社会地位，他们遂捏造出陈氏在讲演中倡言"百行淫为首，万恶孝为先"的所谓"仇父公妻"之谣传，并借此大造社会舆论，大肆诬蔑与攻击陈氏。

此事从很大程度上，牵制了陈氏的个人精力与热情，阻碍了其工作计划与推进，也在相当程度上败坏了其社会形象及个人影响力，并最终导致陈氏未能在广东教育界推行新政，几无施展余地，不得不辞职而去，于谣传流行半年之后（1921年8月）铩羽而归。

关于陈氏倡言"仇父公妻"之谣传，从坊间肇始流布至陈氏主动辟谣的整个过程，上海各大报刊，尤其是以《民国日报》《时事新报》为代表的各大都市主流媒体，皆曾为这一过程的见证者与参与者。翻检当时的上海各大报刊，对此谣传即可有相当程度的了解。

时为1921年3月17日，这一谣传以"官方文件"形式，登陆上海，首先见诸《时事新报》。这是一篇题为《粤议会攻击陈独秀》的报道，实为一份联名议案的全文转载，篇幅相当可观，且又占据了该报当天版面的显著位置，迅即产生了相当广泛的社会影响。议案开篇这样写道：

　　九日粤议会开议，余议员同仁动议陈独秀到处演说，"百行淫为首，万恶孝为先"并有"讨父仇孝""废妻公妻""共产"种种论说，共见共闻，实属大坏社会道德人心。

　　据此可以想见，那坊间流布的陈氏倡言"仇父公妻"之谣传，或即始于这份"官方文件"，即1921年3月9日的广东议会联名议案之上。议案长篇累牍，痛斥陈氏其人其学说，末有总结陈辞并向当局最高长官请愿如下：

　　今乃并父子夫妇之伦而废之，使复返乎图腾社会，以子女从父为无人格，以男女恋爱为天性自由，以共产公妻无父无政府为无上目的，甚者乃倡"万恶以孝为先，百行以淫为首"之说，人欲横流，天理灭绝，洪水之祸，即在目前。其大乱安有纪极耶？本席为世道人心起见，拟请省长维持学术，其主

《粤议会攻击陈独秀》，原载于上海《时事新报》，1921年3月17日。

张此学说之人，不可令其任教育机关，使青
年学子受其煽惑，区区愚见是否有当，敬候
公决。

不过，如此这般痛斥抨击，群起而攻
之，却并未能即刻起到打击与罢黜陈氏之目
的。两天之后（3月19日），陈独秀出任广
东省政务委员，"全省教育机关归陈管辖"
的简讯见诸报端，这就意味着"仇父公妻"

◎全省教育委员会成立・陈独秀为政务委员・全省教育机关归陈管辖・宝安县兵变・我营官・知事逃省・

（以上十八日香港电）

本国电讯

陈独秀出任广东教育委员会政务委员之
简讯，原载于上海《时事新报》，1921
年3月19日。

之谣传，虽则造成了相当的社会影响，但一时尚未在广东当局内部产生决定性
的影响。

◎陈独秀、邵力子两地反复辟谣

3月23、24日，《时事新报》《民国日报》相继刊发同主题报道，皆为广州
黎明社记者采访陈氏的报道，采访一方面是令公众了解陈氏履职近况，另一方
面则是让陈氏本人就"仇父公妻"之谣传有所澄清。这应当算是陈氏首次公开
"辟谣"之报道，对充分解析这一事件，有着重要的参考价值。在此，且将率
先报道此次采访的《时事新报》所刊原文，转录如下：

粤闻纪要：陈独秀之一席谈

广州黎明社记者亲访陈独秀于教育委员会，寒暄之后，问外间所传，此次
高师改为省立，是委员会主张，未知确否？陈答云，这却有点误会，此事原委，

因委员会成立，讨论公文程式时，拟定对省辖各校，通用令文。唯对于师范，同人颇有疑义，以为向例各省高师，均属国立，似乎不便用令，而照省署教育科开来教育经费清单，即将高师列入，一时不便决定，遂函达公文程式于政务厅长。函中附陈高师究属国立，或是省立，请问明省长以便决定采用何项公文程式。旋接古厅长复函，说高师已经核定归为省立，贵会对于该校，可以用令云云。照此经过情形，不能算是委员会主张，委员会各委员，对高师为国立省立，都毫无成见，只能依照省长训令办理。记者又问，外间喧传先生主张"讨父""公妻"，并且演说词中，"百行淫为先，万恶孝为首"的话，不但广州报上有这种话，并且上海《中华新报》，也有同样的纪载。不知先生是不是有这主张？陈君云，这些话提起来，又好（气）又好笑，试问父有何可讨？既说是妻，不是妓，如何公法？我们虽不主张为人父专把"孝"的名义来压迫子女，却不反对子女孝父母，更不能说"孝为万恶之首"。至于"百行淫为首"这句话，我想除了一班淫虫，讨几个小老婆的大腹贾，不会有这样荒谬的主张。我在广州各处演说，报上都登载过，语云，"流言止于智者"，此种流言，稍有常识的人，

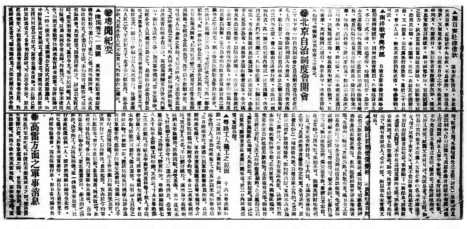

《陈独秀之一席谈》，即广州黎明社记者采访陈独秀报道，原载于上海《时事新报》，1921年3月23日。

必不相信。所以，我也未曾为文驳过。

次日，《民国日报》的"社论"栏目，刊发了邵力子（1882—1967）所撰《辟谣的责任》一文，旗帜鲜明地站在了陈独秀一边，开启了作为上海主流媒体，也即后来的国民党机关报为之"辟谣"的序幕。文中明确提出：

邵立子，1932 年存照。

最近关于陈独秀的谣言，本是不值一辟的。……所以我们虽然远在上海，却不必到广州调查，早可断定这些话是全出捏造的。

虽则出于常理与常识，邵氏代表报社方面，已然断定关于陈氏倡言"仇父公妻"之说，"全出捏造"，"本是不值一辟的"，可接下来，邵氏还是郑重其事地说明，谣传源头所在及传播路线如何，以此表明"以讹传讹"对公共媒体及舆论的不良影响。文中这样写道：

这个谣言的来源，今天本报底"广东通信"，说得很明白，原来是先从香港电传到上海，再从上海递解回广州，这种造谣的方法，真太巧妙了。上海几家报纸，起初为香港访员所误，还不足怪；到了后来，总应当考查考查在广州的真实情形，却不料就此以讹传讹，并利用作骂人的好题目；我不敢说诸君没良心，我总要奉劝诸君多培养些常识。

邵力子《辟谣的责任》，原载于上海《民国日报》，1921 年 3 月 24 日。

在邵氏看来，公共媒体理应不信谣，不传谣。这除了需事前"培养些常识"之外，事后还需坚决辟谣。而辟谣的方法，最简便者莫过于摸清谣传的源头，对谣传"溯源"。因此，邵氏不但在当天该报第二版的"社论"中预告了谣传源头及传播路线，更是在另一个版面（第三版）上的"国内要闻"栏目头条，发布《广州特约通信》（副标题为"辟诬蔑陈独秀主张'讨父公妻'的谣言"），内容就正是前一天《时事新报》所刊广州黎明社记者采访报道，以示再次澄清真相。不仅如此，还在转发的采访报道之前，加了一段几乎与报道本身篇幅相当的"编者按"，再次明确表达了坚决辟谣的公共媒体立场。这段"编者按"原文如下：

近人造谣之技，愈出愈奇，愈弄愈丑，真觉可叹。如此间省议会攻击陈独秀，说他主张"讨父""公妻"，并到处演说"百善淫为首，万恶孝为先"的话。推究起来，竟是毫无影响。陈君在何处曾演说过这些话，有何人亲耳听见，闹了许多日子，没有一人能够指出。最奇怪的，是这种谣言，先发生于上海。等上海报纸所载的消息传到广州，然后广州轰动起来。试问陈君既是到处演说这话，难道在广州的人没有一个听见？没有一个起来攻击？单只有上海各报在香港的访员能知道这些话，打电（报）到上海去吗？造谣也须稍近情理。现在竟以完全不合情理的话，凭空发一个电报，一面就根据这个假电报来骂人。我真为新闻界的公德心痛哭。我起初也以为这种谣言太没有辩正的价值，现在他们竟越说越高兴，我看了这种奇怪现象，觉得在我所担任的通信职务上面，也应该说几句话。加以这里黎明通信社底记者，也因此访问陈君，发表了一篇谈话。我益发觉得在上海方面也有辟谣的必要。至陈君谈话前半，还有高师改为省立一事，则因此间攻击陈君者，又借这事挑拨高师学生反对陈君。所以黎明社记者也问及此事，现在我即把陈君底谈话，附在后面。

就在《民国日报》大张旗鼓为陈氏辟谣之前不久，时为3月18日，陈独秀本人已在《广东群报》发表《辟谣——告政学会诸人》，对这"本是不值一辟的"谣传，继前次采访中"一席话"辟谣之后，正式撰文辟谣。3月25日，《民

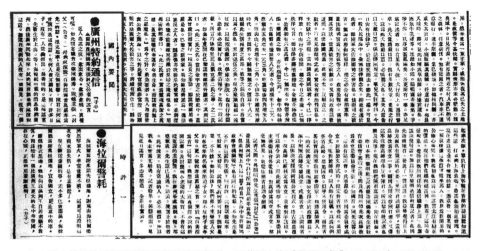

加有编者按语的广州黎明社采访陈独秀报道，原载于上海《民国日报》，1921年3月24日。

国日报》又转发了陈文，仍然加上了一段"编者按"，再度表达了坚决辟谣的立场。且看报载原文如下：

陈独秀君之辟谣

关于诬蔑陈独秀君的谣言，本报昨日所载"广州通信"，已加以辩正。兹复见《广东群报》载有陈君自撰之《辟谣》一篇。此盖陈君之正式说明。读者益可了解陈君之主张，及造谣者之可鄙。爰转录其全文于下。

辟　谣
——告政学会诸人
陈独秀

前在报上见过章秋桐君论《败律》那篇文章，后来又听说他出洋读书去了，我很赞成他这种态度，我并且很希望政学会诸人都取秋桐这种悔悟的态度，方不是精神上永远绝对的失败。

近来看见三月八日的上海《中华新报》上，"这报是政学会底机关报，是人人都知道的"，有一篇《广州归客谈》，前一半载了广东政界许多的谣言，后一半说的是陈独秀"废德仇孝"的"禽兽学说"，说我"开章明义即言废德仇孝，每到各校演说，必极力发挥'万恶孝为首，百善淫为先'之旨趣，青年子弟多具有好奇模效之性，一闻此说，莫不倾耳谛听，模仿实行……凡社会上嚣张浮浪之徒，无不乐闻其说，谓父子为路人，谓奸合为天性。同时民党暴徒如夏重民、吴铁城等又从而附合之……闻现时广州各校学生，多因仿效此等风气，家长父兄甚为惶恐，饬令子弟退学者络绎不绝。……"

我在广州各校的演说，众耳共听；各处的演说词，回回都登在报上，众目共见；有无该报所谓"禽兽学说"，各校学生及看报的人应该知道，用不着我辩正的。夏、吴两君曾否附和过这种学说，学生家长是否有饬令子弟退学之事，都有事实可以证明，也用不着我辩正的。

我们虽然不主张为人父母翁姑的专拿孝的名义来无理压迫子女儿媳底正当行为，却不曾反对子女儿媳孝敬父母翁姑，更不说孝是万恶之首，要去仇他。关乎社会需要的道德，提倡犹恐不及，如何言废？至于"百善淫为先"这句话，我想除了极不堪的政客，做淫小说的新闻记者，和姬妾众多的大腹贾以外，没人肯主张罢！

《中华新报》有了这段荒诞的纪载，同时温宗尧氏所支配的广肇公所也有同样论调的电报给政府当局；因此，我不能不正告政学会诸人道：你们应该纳秋桐的忠告，采取磊落光明的态度；即或不能，也不应该因政治上之感情，迁怒于教育界，并且以稍有常识者所不信的谣言诬及教育界之个人，说是"禽兽学说"，说是"滔天祸水"，说是"广东之惨象"，这种政客作行用真可谓异想天开；我奉劝你们不必如此倒行逆施，向精神上永远绝对失败的路上走。

我以为广州底言论界及学生界都有辟这种谣言的责任。

读罢陈文，其对谣传"用不着我辩正"的坦然之态，可谓跃然纸上；之前采访"一席话"中的对谣传不屑一辩的态度，也依然如故，甚至第四段的文字也与访谈时的记录别无二致。

值得注意的是，此文至今尚未收入《陈独秀文集》①，是为"集外文"。或

---

① 详参：《陈独秀文集》，人民出版社，2013年。

陈独秀"辟谣"，原载于《广东群报》，转载于上海《民国日报》，1921年3月25日。

因编辑者对此"花边新闻"式的报章小文并不重视，抑或与其无关陈氏思想宏旨，并不能充分体现陈氏思想精髓有关。然则，笔者以为，研究陈氏思想学说固然首要，可关涉其人其生平的点滴记述，亦尤有其可贵的辅证之功用。无论文集、选集、全集，均应尽可能广搜博采，以"应收尽收"为前提，尤其是关系到其人格与历史评价的重大"疑案"中的论争性文字作品，更应当予以充分收录。此陈氏自撰公开"辟谣"之文，即是颇具代表性的一例。

◎《中华新报》实为谣传肇始者

言归正题。且说陈文第二段的记述，尤其关键，乃是首次向公众指明了谣传的肇始之源——确如邵力子所言，并非源自广州本地，却是出自1921年3月8日的《中华新报》之上，一篇并无作者真实署名，只是署有"广州归客谈"字样的文章。

据查，当日《中华新报》第一张第三版，确有一篇署有"广州归客谈"字样，题为《广东最近之两大暗流》的文章。此文篇幅可观，占据版面中央，煞是醒目。诚如文章副标题所标示，全文分为两大部分，一为"政治纷扰之真相"，即陈文中所谓"前一半载了广东政界许多的谣言"；二为"陈独秀之废德仇孝"，即陈文中所谓"后一半说的是陈独秀'废德仇孝'的'禽兽学说'"。这后半部分的内容，陈文中摘引了一些，尚不足以完全见识这谣传原初版本的全貌，在此，转录这部分内容全文如下：

此外更有一事为现时广东人士所抱为莫大隐忧者，则陈独秀之禽兽学说，所谓提倡新文化者是也。陈炯明本无学识，却侈谈教育。观其在高师演说时，只满口不痛不痒之套语，不特不知教育为何物，简直教育二字之意义，恐亦未能了解。自己既无所知，则求贤自辅讵云非宜。广东不乏通明博达之士，其办学成绩，彰彰可见者，尤指不胜屈，乃偏废置不用，好奇立异，特觅一所谓提倡新文化之陈独秀回粤，开章明义，即言废德仇孝，每到各校演说，必极力发挥"万恶孝为首、百善淫为先"之旨趣。青年子弟多具有好奇模效之性，一开此说，无不倾耳谛听，模仿实行，若决江河，沛然莫御。即学校以外，凡社会上嚣张浮浪之徒，无不乐闻其说，谓父子为路人，谓奸合为天性。同时民党暴徒如夏重民、吴铁城等又从而附合之，盛倡共产公妻主义，随时集合苦力团体，大鼓大吹，一时无识顽徒无不奋臂张拳，咸欲分肥择艳，肆其一逞。据各界人士观察，将来广东之大祸，必有不可思议者，比洪水猛兽而益烈。目下如民军之肆扰，盗贼之横行，兵燹之侵夺，以及拒收纸币，否认八年公债，查封产业，大放匪囚，翻判旧案等事，其直接或间接加害于人民者，不过财产上之关系，或治安上之关系，甚亦不过生命上之关系，究属一时的痛苦。至于陈独秀之学说，则诚滔天祸水，决尽藩篱，人心世道之忧，将历千万亿劫而不可复。闻现时广州各校学生，多因仿效此等风气，家长父兄甚为惶恐，饬令子弟退学者络绎不绝。今年广州中学及第一中学学生人数，较去年几少一半。又广州孔教会特聘请谢次陶君演讲孔义，并按日演说辟仇孝，甚为暴徒嫉视，闻迭接匿名函恐吓，拟以激烈手段对付，能否继续演讲，尚未可定。斯真广东之惨象也。

　　上述六百余字，即目前已知的，曾一度风行南北的，所谓陈独秀倡言"仇

《广东最近之两大暗流》（广州归客谈），即陈独秀倡言"仇父公妻"谣传之肇始者，原载于上海《中华新报》，1921年3月8日第一张第三版（全图）。

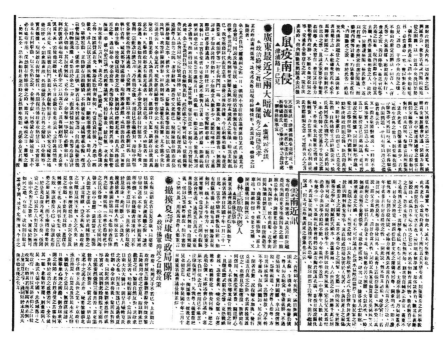

《广东最近之两大暗流》（广州归客谈），加框处主要内容，即为攻击陈独秀"仇父公妻"。

父公妻"之谣传的最初版本。可以想象得到，这样的谣传一旦流布开来，对陈氏将产生怎样的舆论冲击与社会压力。

另一方面，联系到前述邵力子所言，谣传并未肇始于广州，而是自沪转粤，这样的谣传流向，不得不令稍有常识的读者，颇感疑惑。再者，谣传于1921年3月8日首刊于上海《中华新报》，缘何次日（3月9日）即有广州议会联名攻击陈氏之议案抛出？仅从时间流程与当时的传媒效率上考察，上海的一份报纸，决然不会同日即为广州读者所阅及，更断然不会因此连夜撰成联名议案。

所以，这样的情形很容易令人产生另一种推测，即此谣传应当是有人暗中精心设计，就是要在沪粤两地同时造成对陈氏不利的社会舆论。且舆论一旦形成，普通读者一时也难以溯源查证，信谣传谣者也必然随之增长，以讹传讹、愈演愈烈之势，也将难以避免。

◎沪粤两地频频辟谣收效甚微

同年4月1日，编辑部已迁往广州的《新青年》杂志第八卷第六号正式印行。在刊物末尾的"什么话"栏目里，陈独秀再次对"仇父公妻"之谣传予以溯源并摘录公示，将"三月八日上海中华新报"与"广东省议员伍瑶光提议咨请省长正学术以弭乱萌案"（即前述1921年3月9日的广东议会联名议案）相关内容，再次公之于众，广而告之。虽并未随之评述一二，可此举所蕴含着的陈氏个人对谣传的不满与不屑，乃是不言自明的。

同年5月1日，《新青年》杂志第九卷第一号正式印行。在刊物末尾的"什么话"栏目里，陈独秀又摘录了数则广州《羊城新报》的言论，予以公示。其中有云"近来逆伦之案层见叠出，固由戾气所感召，而亦多谢自命新学家仇孝之说之教训也"；又有云："窃谓智识宜新，而道德不妨守旧；……凡一民族而能自存数千年之久，必有一种国粹，……必欲破坏而摧毁之，以沦于禽兽，谓非丧心病狂自灭其种不可也"；复有云："我若是未经人道之鳏夫，我必极力提倡公妻主义；……我若是无父母子女之孤独，我必极力提倡万恶孝为先；我若是不知人间有羞耻事之淫虫，我必极力提倡百善淫为首。"由此可见，谣传在广州仍未停息，反有愈演愈烈之势，对陈氏的舆论攻击更是明里暗里，皆层出不穷。

同年5月2日，《时事新报》的"广东特约通讯"中，在以"教育委员会近况"为主题的报道中，对该会工作推进乏力，"令一般热心教育者，无不大为失望"的原因有所剖析，其中一方面因素即为"陈独秀因外间攻击颇力，故所有应办之事，均不愿以委员会名义施行，必先与省署商妥，然后由该会发表意见，转请省署负其施行之责"，正是在这样消极烦琐而非主动简捷的公务流程之下，导致各项相关工作推进迟缓。

究其原因，无非仍是主事者"陈独秀因外间攻击颇力"之故。至于如何攻击，怎样攻击，文中并未明言；不过，"仇父公妻"之谣传的社会负面影响，应当尚未完全消散，因之裹挟流言，卷土重来的各类人身攻击与人格污蔑，还是可以想见的罢。5月间，内外交困，身心俱疲的陈氏终因无所施展而萌生去意，正式提出辞去广东教育行政会会长一职。

事实上，自1921年3月8日以来，无论在意或不在意，无论有意或无意，陈独秀都始终生活在"仇父公妻"的谣传阴影之中。此中纠缠不清，纠葛不断，以至于时人也或多或少，将信将疑地将陈氏"定格"于这一谣传之中，至少也是要将之视作茶余饭后的重要谈资罢。

或许，这也正是陈氏在访谈、撰文中两次辟谣约半年之后，于1921年10月19日的首次开庭公审中，会审官对此谣传仍记忆犹新的缘由所在，故而向陈氏提的第一个问题，即陈氏是否倡言"仇父公妻"。虽然，这一庭审首问，无论从法理角度，还是从情理角度，都相当"无理"，简直可予一句"此问题与本案无关"作答，予以回击。不过，却也由此可见，这一谣传对陈氏社会形象败坏之力，对其个人产生的社会负面影响之力，实在是相当长期且深远的罢。

就在首次开庭公审两天之后，于《民国日报》庭审报道次日（10月21日），邵力子又在其主编的该报"觉悟"副刊头条，发表署名评论文章，题为《社会主义与"公妻"》。这仍是一篇为陈氏辟谣的文章，可谓"旧事重提"之

邵力子《社会主义与"公妻"》，原载于上海《民国日报》，1921年10月21日。

作。当然，之所以"重提"，应当是受到了会审官庭审"首问"的刺激。此文开篇仍是一腔愤怨，满怀无奈的感兴之语，原文如下：

> "陈独秀主张仇父公妻"的话，我们辩正过，陈君自己也辩正过。然而这种流言至今不息。古语说，流言止于智者；现在竟无智者吗？我不敢这样说，然而事实上确是可怪。

邵氏深感无奈的慨叹之后，次日（10月22日），《民国日报》《时事新报》又同时刊发了《陈独秀启事》，再次申明"仇父公妻"之说纯属造谣，警告仍在传谣者，明确表示将追究法律责任。启事全文如下：

《陈独秀启事》，原载于上海《时事新报》，　　《陈独秀启事》，原载于上海《民国日报》，
1921 年 10 月 22—24 日。　　　　　　　　　1921 年 10 月 22—24 日。

陈独秀启事

　　鄙人在粤时，曾有无耻的懦夫，不敢与我正面为敌，躲在人背后造下流谣言中伤我，说我主张"仇孝""讨父""公妻"，说我演说"万恶孝为首，百善淫为先"等语。居然传语报章，我比即撰《辟谣》一文，登载《民国日报》辩正此事，不图仍有一二家报章传载此种无稽之言，更不图法租界会审公堂竟据此项谣言，对于鄙人有所怀疑。兹特声明，今后各处倘有印刷物公然传载此类谣言者，即认为有意损害鄙人名誉，立即诉诸法庭，以儆邪僻，决不取从前置之不理态度。此布。

上述这则约二百字的启事，从10月22日至24日，连续三天，刊登在了《民国日报》《时事新报》的头版与二版，刊登位置也较醒目。可见，陈独秀是决意辟谣，对传谣者已忍无可忍，公开发出了"立即诉诸法庭，以儆邪僻"的警告。

此启事一经刊布，沪上报刊关于陈独秀倡言"仇父公妻"的谣传，确实一度有所收敛，几近绝迹。然而，非指名道姓，实影射讥刺的文章，依然大行其道，仍然无从追究。这样的情形，一直延续到二十世纪四十年代末，至陈氏逝世后仍没有完全杜绝。后世以所谓"掌故"或"逸闻"形式，来继续记述这样的谣传者，对此始终津津乐道，乐此不疲，也仅仅将其视作一桩近现代史上的"趣谈"或"奇闻"，并没有对这一桩"无中生有"的造谣案，予以确凿的考证与明确的辩正。也正是在这样一种只求谈资，不辨真伪的心态之下，这一谣传一度得以长期流传，并没有得到真正有效的澄清与纠正。

胡适的"叛徒"之交

——胡适与刘海粟交谊新考

◎ 小引

话说自古友朋交往，交情有深有浅，有长有短，有谓之"生死之交"或"性命之交"者；有谓之"君子之交"或"泛泛之交"者，但从未见过两位自称"叛徒"者交谊甚笃，还能被时人交口称誉，简直可以生造出一个新成语"叛徒之交"来了。

这样特别的交谊，这样特异的称谓，就曾出现在一个世纪之前的上海，也真是一桩值得再三探究的文化"奇案"了。后世读者为之拍案惊奇之际，一切都还得从曾自号"艺术叛徒"的刘海粟（1896—1994）的晚年

"文学叛徒"胡适之与"艺术叛徒"刘海粟，原刊于《上海画报》1925 年 12 月第六十四期。

"文学叛徒"胡适之

"艺术叛徒"刘海粟

忆述说起。

据刘氏晚年回忆称，他与时人称之为"文学叛徒"的胡适（1891—1962）相识于1921年的岁末。据此推算起来，二人结交距今已整整一百年了，所谓"叛徒"之交距今恰恰已一个世纪了。这一对百年挚友，究竟有些什么交往事迹，有些什么交道交谊，或许也是时候做一番较为精细的梳理，作一次较为充分的回顾了罢。

时为1921年12月，时任上海美专校长的刘海粟，受曾任上海美专校董，时任北大校长的蔡元培之邀，北上讲学。到京后，因蔡氏患脚疾，入东交民巷的一所德国医院治疗，刘氏遂前去探望。据其忆述称：

"在医院里，我结识了李大钊、许寿裳、经亨颐、胡适、顾孟余、高仁山等新朋友……还遇到了当时的新派人物陈独秀，胡适便是他介绍给我的。"①

遗憾的是，《胡适日记》②中1921年的记录，只到当年11月14日为止，并没有相应内容与这段刘氏忆述的二人初识之

① 详参：《追忆蔡元培》，中国广播电视出版社，1997年。
② 详参：《胡适日记全编》第三册，安徽教育出版社，2001年。

情况相印证。更为遗憾，也颇为巧合的是，《蔡元培日记》①中1921年记录，也只到当年10月11日即止，亦无从佐证这段初识因缘了。

到了1926年，二人又因面晤康有为，似乎有了更进一步的交谊②。虽然这次面晤康有为，按照刘氏的说法，是胡适托其介绍才得以会面的，而这仍然只是刘氏后来的个人忆述，至今无法从已知的相关文献中加以证实。因为这一年云游欧洲的胡适，只留下了自6月以来的"欧游日记"，并没有留下面晤康有为或是委托刘氏谒见康氏的任何记载。

◎一信求办四事，胡适做成两件

从现存的，已经整理公布的刘海粟致胡适两通信札来考察，再结合胡适致刘海粟的两通信札来分析，二人的交谊似乎并不是十分密切，至少还称不上"好友"的程度。

仅就一般读者与研究者而言，目前所习知的，刘海粟致胡适的第一通信札，写于1925年11月17日，信中谈到四件事情（1. 康有为请吃饭；2. 写叛徒扇；3. 题写彩菊图；4. 做上海美专校歌）。后来，这其中两件事情胡适没有照办，只有两件勉强做成。信文照录如下③：

适之：

　　西湖你大概没有去，到新新招（找）你几次也没有招（找）到。南海对你

① 详参：《蔡元培全集》第十六卷，浙江教育出版社，1998年。
② 详参：《刘海粟散文精选》，人民文学出版社， 2011年。
③ 详参：《胡适来往书信选》，中华书局，1979年。

颇器重，有一天他在康山请吃饭，请你也请不到。你几时回京？近来精神上当多安慰。你在海上写了不少扇面，好了，现在都招（找）到我的头上来了。他们都是一样说：要合两叛徒于一扇方成完璧，但是苦了我了！

前次请你题的两幅彩菊，请你快写好寄沪，因为我们不日要开展览会。

上海美专要想请你做校歌，想来你一定乐意的，因为美专的校歌，实在非你不能办，等你歌词做好再作曲。

志摩会见么？他近来十分努力，想必精神也已经有了归束（宿）了！再谈吧。

海粟　十一月十七日

通过此信内容可以揣摩得到，刘当时要邀约胡适并不容易，二人的私交也并不深。首先，可能刘曾邀约胡适去西湖游玩（实为上海美专外出写生活动），但胡适并没有去。其次，刘到西湖边的新新饭店（即新新旅馆）去找胡适，也未找到。刘甚至认为，胡适当时可能已经不在上海了，故在信中有"快写好寄沪"云云。可见，刘连胡适在上海的行踪都搞不清楚，更遑论邀约交游。那么，胡适当时在上海究竟在做什么呢？

据《胡适之先生年谱长编初稿》①记载，1925年10月，胡适在武汉讲学之后，又到上海讲学。10月28日，去了南京；11月3日，再次返回上海。13日之后，住在亚东图书馆宿舍的胡适，经常与陈独秀、汪孟邹等长谈，陈、胡二人还常因观点分歧而大有争论。从10月上旬抵沪，至11月17日刘海粟致信，

---

① 详参：《胡适之先生年谱长编初稿》，台湾联经出版公司，1984年。

这一个多月胡适在上海的讲学与访友，日程相当紧密，竟也没有日记存留下来，只能通过期间的来往信函略知其行踪。胡、刘二人可能曾经碰过面，但之后便没有联系与交往，所以刘可能发出过共游西湖之邀，但却不知胡适人到哪里去了。

正是由于刘无法知悉胡适的上海行踪，以至于信中提到的四件事之一——康有为请吃饭，无法即刻办到。原来，早在1925年，康有为就曾向刘提到过要请胡适吃饭，刘只能是"请你也请不到"。那么，1926年的二

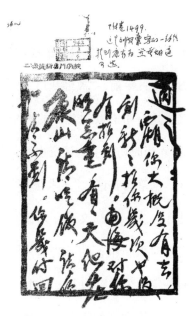

刘海粟致胡适信札，1925年11月17日。采自《胡适遗稿及秘藏书信》。

人面晤康有为，是否正是这次"请你也请不到"的"续请"，不得而知。但有一点则基本明确，胡适并非经刘介绍才得以面晤康有为的。恰恰相反，是康有为请胡适去的，只不过可能是再经由刘来邀请的。

◎两个"叛徒"之谓，究竟始于何时

再来看"写叛徒扇"这件事。"艺术叛徒"与"文学叛徒"合作，"要合两叛徒于一扇方成完璧"的这一做法，为何会一度在上海文化圈子里流行？要搞清楚这个问题，首先还得约略了解一下，两个"叛徒"之谓，究竟意味着什么？这样的称谓，究竟又始于何时？这样的称谓，始作俑者是圈子群体，还是个人？

所谓"艺术叛徒"之谓，无非是指刘海粟在二十世纪二十年代国内世风尚

未开化之时，推崇西方艺术及西洋美术，创办以西方艺术体系为核心的现代美术学校，采用人体模特的授课方式，引来众多非议，甚至受到当局取缔直至通缉。近百年前，"离经叛道"的刘氏，一度被称作"艺术叛徒"，他自己也乐于接受这一带有戏说意味的称号，有一段时间的画作落款还径直署有"艺术叛徒"。当时坊间引为谈资也罢，各界人士明贬暗褒也罢，总之确有其事。

据笔者查证，"艺术叛徒"这一称谓，最早见于刘海粟所撰发的《艺术叛徒》一文。这篇文章，刘氏写于1925年1月10日，于同年2月15日刊发于上海《时事新报》的《艺术》周刊第九十期之上，是为当期头条文章，当时应有一定的公共影响力。不过，这篇文章还并不是刘氏自谓"艺术叛徒"的自白书，这篇文章的主题乃是评述并纪念著名荷兰画家梵高的。文末有刘氏感叹"吾爱此艺术狂杰，吾敬此艺术叛徒！"云云，与文题相照应，颇有感染力。

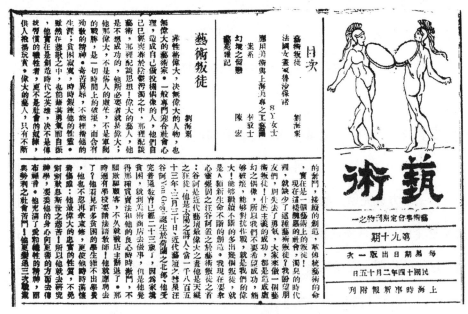

刘海粟《艺术叛徒》，刊发于《时事新报》，1925年2月15日；版面整体及版头局部。

可能正是源于此文，坊间开始将"艺术叛徒"的称谓，转而为刘氏"加冕"了；而刘氏本人也乐意接受这一"加冕"，于是乎，不久即自行坐实了这一称谓。同年8月30日的《艺术》周刊上，已有人将刘氏题画诗句搜集起来发表，径直命名为"艺术叛徒题画"。可见，至迟在这个时候（即1925年8月），刘氏已被时人称为"艺术叛徒"了。

"文学叛徒"之谓，则是用来指称胡适当时在倡行"白话文"，力排"古文"；推崇"活文字"，痛斥"死文字"；主张"新文学"，反对"旧文学"；力行"新文化"，称"国故"而不称"国粹"的种种言行，似乎也是适宜的。只是，这一称谓，从未见诸胡适本人的言论与文章，也从未见载于北平各大报刊之上。这一称谓，似乎只在上海文化圈中有一定的流行，在"新文学运动"的中心——北京文化圈中，反倒闻所未闻。胡适本人，也从未以"文学叛徒"自况；与时常见诸上海报端的"艺术叛徒"之名相反，平津地区的报刊却一直未见"文学叛徒"之谓。

那么，这两个"叛徒"称号，又是大概于何时同时出现的，并成为上海公共领域中的一种"文化现象"的呢？仅据笔者所见，这两个"叛徒"称号，同时出现，同时见诸报端，开始公共传播之时，大概为1925年10月。当月刊行的《上海画报》第三十九期上，印有一幅题为"画家刘海粟速写之胡适之"的素描画像；图片下方还有署名为"秋梦"所撰介绍文章《两个叛徒》，原文如下：

两个叛徒（秋梦）

刘海粟，自承为艺术叛徒，今夏入京，与胡适之遇，相与鼓掌谈。胡适

画家刘海粟速写之胡适之，原刊于《上海画报》第三十九期，1925 年 10 月。

刘海粟画的胡适之，原刊于《晨报·星期画报》第一卷第三号，1925 年 10 月。

之日，君为艺术叛徒，我乃文学叛徒，两叛徒今日握手矣。刘海粟曰，是不可以无纪念，遂出铅笔，为胡适之速写一照，题其上曰"艺术叛徒刘海粟，为文学叛徒胡适之写照"。海粟南归，持此示其友丁悚，悚为铸版，印如上。俾世之崇拜此两叛徒，与反抗此两叛徒者览焉。虽然，刘海粟、胡适之，果成功叛徒欤？今日似犹未至决定之时期，特刘胡既乐为叛徒，吾人为尊重刘胡本人之旨趣计，亦只得从而叛徒之。

上述这二百余字的简短介绍，将这期《上海画报》上所刊印的刘海粟所绘胡适画像的来龙去脉，还是交代得比较清楚的。据此文可知，1925 年夏，刘、胡二人在南京偶遇，引为知己，相谈甚欢。二人以"叛徒"之说，皆以为乐，刘遂为胡画像纪念此次会面，据此"订交"。

这也说明，《两个叛徒》一文中关于画上题记的说法应当是可信的。只是出于制版或印刷效果的原因，《上海画报》上刊印的画像，已无法清晰辨识画幅上的题记了。另据此文可知，1925年夏，刘、胡二人在南京偶遇，引为知己，相谈甚欢。二人以"叛徒"之说，皆以为乐，刘遂为胡画像纪念此次会面，据此"订交"。

只是据文中所言，画像上曾有刘氏"题其上曰'艺术叛徒刘海粟，为文学叛徒胡适之写照'"的字迹未能看到，只能依稀看到画像右上角有"文学叛徒胡适"字样，刘氏签名则位于画像左下方。

胡适1924年存照，与刘海粟素描像颇为近似。

如此这般，二人被冠以"叛徒"之名，可溯至1925年夏。不过，这样的"冠名"，似乎完全是因为刘海粟为胡适画像时的题词所一手造成的。换句话说，两个"叛徒"的始作俑者，正是刘氏本人。

另据上海刘海粟美术馆所藏的一件二人订交时的胡适题诗落款，"十四年九月初识海粟，写小诗乞正，适之"，可知二人初识时间为1925年9月间，确为当年夏末初秋之际[1]。

时至1925年12月，《上海画报》第六十四期之上，又将刘、胡二人各自的肖像照片印出，且在照片一侧或下方，明确标注"文学叛徒胡适之"与"艺术叛徒刘海粟"。奇特的是，除了这两张照片之外，并无任何其他相关介绍或评述类的文字附印。这样的做法，好像只是要向读者与公众确认，两个"叛徒"

---

[1] 本文开首曾提及，刘氏晚年忆述称二人订交于1921年，显然记忆有误。

剛忘了昨兒的夢，
又分明看見夢中
的一笑！

海粟·寫小詩句

正·逸梅

甲年九月初藏

胡适为刘海粟题诗，1925年9月，今藏
上海刘海粟美术馆。

称谓已然成立；好像只是要坐实两个"叛徒"之谓确实已经流行了。

◎ "叛徒扇"掌故真相

且说郑逸梅所著《艺林散叶》一书中，明确记载了他所见闻的一把"叛徒扇"之来龙去脉，这已是如今大多数读者认定的一桩近代"掌故"了。文中称"刘海粟有艺术叛徒之号，胡适之有文学叛徒之号，钱化佛曾请刘画胡书，合成叛徒扇"。郑氏"掌故"与前述刘信内容暗合，似乎确凿无疑了。

刘信中所言，胡适"在海上写了不少扇面"赠予友朋，这些人后来又找到刘海粟，"他们都是一样说：要合两叛徒于一扇方成完璧"。这是要将胡适先题写过的扇面，再交给刘氏于另一面补作绘画，来"完璧"之举。这样的扇面，虽确可称胡、刘二位"叛徒"之合作，但并不是同时向二位"叛徒"提请合作的，刘画与胡题，乃是由好事者各自请求而来的。而郑逸梅所言的"钱化佛曾请刘画胡书，合成叛徒扇"之掌故，则说明世间至少存在过一把由钱化佛提请，刘画胡题同时完成的，一件真正意义上的两位"叛徒"合作的"叛徒扇"。

郑逸梅所言，似乎可以将刘、胡二人的"叛徒合作"就此坐实，似乎刘、胡二人都确曾以"叛徒"自况。这样的说法，很容易让人以为，刘、胡二人在二十世纪二十年代的上海文化圈子中关系密切，经常为友朋欣然命笔，合作书画了。那么，这一把钱化佛提请刘画胡题的"叛徒扇"，究竟是否真实存在过，究竟又是何模样呢？

在此，还有必要先了解一下这一把"叛徒扇"的主人，原藏者钱化佛的生平。钱化佛（1884—1964），原名苏汉，字玉斋，江苏武进人。早年留学日本，参加过同盟会，是那个时代的"老革命"。民国成立后，许多同盟会员都成了开国元勋与达官显贵，可钱氏却解甲辞官，到上海开始了"新生活"。他组织新剧社，创办影业公司，曾主演电影《春宵曲》等，成为我国第一代电影明星，在上海最早创办的亚细亚影戏公司摄制的无声滑稽短片中饰演男主角，其表演风趣幽默，有"中国的卓别林"之称，轰动一时。

不过，钱化佛的"戏剧人生"之外，还有更为戏剧化的"癖好人生"。这位擅画佛像，喜演电影的资深玩家，对各种古今中外的小玩意儿都有着浓烈的"收集癖"，广为搜罗与收藏。书札、古币、火柴盒、香烟盒、贺年片、明信片、请柬、传单、小广告纸片，甚至连讣告都不放过，皆收入囊中。从收藏门类与收藏数量上讲，钱氏都是国内藏界的多项"第一人"，至今也没人能破这纪录。

钱化佛与胡适的交道，还远不止这一把"叛徒扇"可资见证。在收藏界，钱氏总是别出心裁，要将当代名人的影响力渗透到他的藏品之中，诸如请数十位名人在同一把扇面上题写"钱化佛"之名并落款签名，又有请诸名流为其所画佛像多次题跋等等。仅就笔者所见，胡适为钱化佛所题名、题跋、题诗者至少有一扇面、一画跋、一册页题诗、一单幅题诗，共计四件之多（均曾现身于拍卖会）。所以，胡适与刘海粟既皆有"叛徒"之号称，钱氏恐怕确实对二人合作"叛徒扇"颇感兴味，确曾有提请二人合作之举。

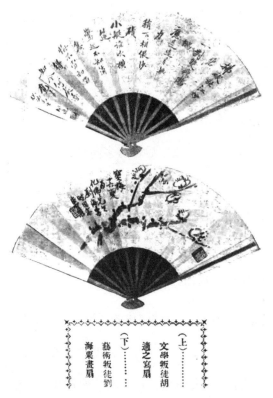

胡适与刘海粟为钱化佛所作"叛徒扇"，原刊于《联益之友》1927年第五十二期。

不过，这一把钱氏促成的"叛徒扇"，颇不易寻，也未曾见诸拍卖。笔者也曾一度以为，此"叛徒扇"要么已无存世，要么从未有过，换句话说，郑逸梅书中的"掌故"，有可能只是道听途说，并无实证。

经年搜求，笔者近日偶然在一册《联益之友》（1927年第五十二期）杂志上，终于获见此"叛徒扇"真容。此扇正面为刘海粟所绘《寒梅图》，题有"寒梅十六变，为化佛先生，刘海粟，时同客东瀛"。背面则为胡适题诗一首，落款为"化佛先生，胡适"。题诗原文如下：

拂破秋江烟碧，一对双飞鸂鶒。

应是远来无力，捎下相偎沙碛。

小艇谁吹横笛，惊起不知消息。

悔不当时描得，如今何处寻觅。

题诗并非胡适个人作品，乃是宋代朱敦儒所作《双鸂鶒》。而刘海粟所绘

《寒梅图》,也是笔墨粗放,数笔即成的"急就"之作。应当说,"叛徒扇"上的刘画胡题,应酬之意是比较明显的,二人并没有精心的构思与合作,诗画之间也没有明确的主题照应。甚至,一度在画作落款时要署上"艺术叛徒"的刘海粟,这一次并没有署上这一名号。

虽然如此,可为了突出这一特殊藏品之价值,此扇拍照刊印于杂志之上时,还是均标注上了"'艺术叛徒'刘海粟画扇"与"'文学叛徒'胡适之写扇",以此标榜此"叛徒扇"之独特。

此外,需要特别注意的是,此"叛徒扇"可能并非在上海造就,而可能是在1927年的日本造就的。据考,钱化佛曾于1927年赴日本考察艺术。而刘海粟在1926年间因使用人体模特写生"有伤风化"的罪名被"五省联军"总司令孙传芳密令通缉,于1927年"四一二"政变之后,逃亡日本。时至1927年8月,应蔡元培之招请,刘氏方才结束日本流亡生涯,返归上海。也即是说,在1927年4月至8月这段时间里,刘、钱二人才有可能"同客东瀛"。

另一方面,胡适于1927年1月赴美国讲学,原本定于4月12日从西雅图登轮归国,可因为"四一二"政变的消息传来,陆续收到很多友人的来信,劝其暂不归国,以规避国内政治风波之影响(当时胡适某些言论曾触怒国民党当局)。4月24日船抵日本横滨之际,胡适决定在日本逗留观望,至6月方才返归上海。这样一来,刘海粟与胡适"同客东瀛"的时间区间,也就限定在了1927年4月至6月之间。

综上所述,可知此"叛徒扇"如果确为刘海粟与胡适"同客东瀛"期间为钱化佛所作,那么二人绘画与题诗的时间,则应当在1927年4月至6月之间。在此期间,二人恰恰巧遇正在日本考察的钱化佛。在收藏界颇多"好事"之举的钱氏，即刻提请两个"叛徒"合作，遂成此"叛徒扇"。

当然，也还不能排除另一种可能。在日本考察的钱氏可能先是偶遇到了刘海粟，遂请其画扇，回到上海之后，意犹未尽，再请胡适补题，亦可造就此"叛徒扇"。总之，无论是同在日本请两个"叛徒"分别画题扇面，还是回到上海后再请胡适补题，刘、胡二人都极可能是先后分别画题扇面，而不是共同拟订一个主题，或是同席同时画题扇面的。这样的状况，从扇面上的各自落款中彼此毫无照应，连一句相互酬应之语亦无的情形，是可以看出来的。

◎另一把刘海粟自藏的"叛徒扇"

除了钱化佛旧藏的，被郑逸梅写成"掌故"了的这一把"叛徒扇"，还有一把"叛徒扇"如今尚存于上海美专博物馆中。此扇虽亦为"刘画胡题"，但题扇的远不止胡适一人，还有黄炎培、张君劢；且也并不是赠予他人的，而是刘海粟自藏之物。[①]

应当说，这把"叛徒扇"并不"纯粹"，并非只是刘、胡二人的"合作"。因为扇面上还有张君劢、黄炎培的先后题扇，这样的群体"合作"，更像是一种友朋酬唱之纪念。且黄炎培的题诗几乎占据了半张扇面，张、胡二人的题诗在另一半扇面上各踞其所。严格说来，这幅扇面的画作与题诗，并非刘海粟与胡适二人的"专题"合作。换句话说，除却这幅扇面之外，如果再没有另一幅"纯粹"的刘画胡题的"叛徒扇"存世，郑氏"掌故"就有可能只是道听途说，属捕风捉影之谈而并无其事。

---

① 详参：《民国名流与上海美专》，南京大学出版社，2012年。

据此进一步推测，刘信中提及的"写叛徒扇"之请，胡适可能也并未答应，而只是在某次友朋聚会上，与大家一道题扇留念罢了。刘海粟在这张画末落款时写道："写西湖高庄，乙丑大暑，海翁自赏。"胡适的题跋则为：

我来正值黄梅雨，日日楼头看烟雾。才看遮尽玉皇山，回头已失楼前树。海粟作了这幅革命的画，要我在反面写字，我却规规矩矩地写了这样一首半旧不新的诗。海粟也许笑我胆小咧。适之

从刘氏在扇面上的落款与致胡适的信来看，这张1925年大暑时（7月23日）画的扇面，也属"旧画新题"，交由胡适等题画时应当远远晚于其作画时间，是希望通过友朋品题来给自己留作纪念的。胡适为之题画，亦可算作应了刘氏信中之约。

耐人寻味的是，胡适的题诗刻意写在了扇面右侧起始处，仅占据了整个扇面约三分之一的尺幅。显然，这并不是"刘画胡题"的专题合作，而是要为后来题写者留有余地的。再从题字的语气来看，胡适也并不想做所谓"文学叛徒"，也不愿与这"艺术叛徒"做所谓的"交相辉映"；且题字颇有自

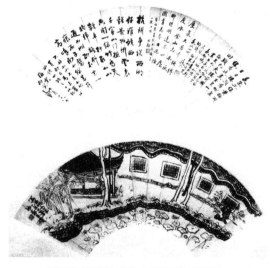

刘海粟《西湖高庄》扇面及胡适等题诗。

嘲之语，亦可看作是推托之词。那首题诗，也并不是专为刘画创作的"新作"，而是胡适两年前的旧作。据《胡适日记》载，此诗为"烟霞洞杂诗之一"，作于1923年9月29日，时值胡适在杭州烟霞洞休养期间。

此外，仅以黄炎培题诗落款时间"丙寅七月二十八日"，换算为公历已为1926年9月4日。且黄氏题诗恰位于胡、张、黄三人题诗之末，似可将其题诗时间视为三人题诗时间之下限。也即是说，虽然胡适的题诗没有时间落款，但其题诗时间不会晚于1926年9月4日，应当大致在1925年7月23日至1926年9月4日这一年多一点的时间之内。

前边已经提到，胡适1925年10月上旬抵沪，至11月17日刘海粟致信（请写"叛徒扇"），这一个多月期间，胡适应当都还没有为刘画题诗。至1926年5月8日，胡适离沪北上；至迟应当在1925年11月下旬至1926年5月上旬这段时间内为刘画题诗。然而，因为这段时间内，胡适没有日记存世，故题诗确切时间无从详考。

无论如何，1926年10月17日印行的《晨报·星期画报》（第五十七号），还是为这件"叛徒扇"留下了最早的存照，令广大北京读者及时知悉了两位南北"叛徒"的最近合作。显然，这件"叛徒扇"对外公布也是相当及时的，与前边提到的钱化佛收藏的那一件"叛徒扇"，当年在国内公共文化领域里，应当都有过不小的影响。

◎《彩菊图》与《寒梅篝灯》，两个"叛徒"的两次合作

辨析与探研了"叛徒扇"的来龙去脉之后，可以接着来探研刘信中提到的"题写彩菊图"这件事了。此事，倒确有其事，胡适也的确答应了刘海粟的

请求。

1925年12月末，上海《三日画报》第五十一期上，刊出了有胡适题诗的刘海粟《彩菊图》一幅。胡适题诗为：

寒不怕，老不怕。朋友们，看此画。胡适　十四、十一、八

刘海粟的题字为：

乙丑九秋写于存天阁，艺术叛徒刘海粟

报社方面为刊出此图另加有附注"艺术叛徒刘海粟先生画，文学叛徒胡适之先生题"。

1926年1月10日，北京《晨报·星期画报》第十八号上，同样刊出了此图。这一南一北两家画报，先后发布此图，让刘、胡两个"叛徒"合作书画的声名在国内公共文化圈子里，当时可谓人尽皆知了。

胡适在《彩菊图》上的题诗，于1952年由胡适本人辑入《尝试后集》，将此诗冠名为《黄菊与老少年》。此诗乃是总题为《为刘海粟题画》两首诗中的一首，另一首则为《寒梅簃灯》。两首诗均未注明写作时间。对于后世读者而言，如果不能有幸看到原作，或者竟连印有原作的旧报刊也未寓目，是不会明晓这两首诗的写作时间与历史背景的。

刘海粟《彩菊图》，有胡适题诗，原刊于　　　　刘海粟《彩菊图》，有胡适题诗，原刊于 1926
1925 年 12 月的《三日画报》第五十一期。　　　　年 1 月 10 日的《晨报·星期画报》第十八号。

　　不过，胡适逝世后，由台湾影印出版的《胡适之先生诗歌手迹》[①]中，从书中所辑胡适诗稿的手迹影印件中，则基本可以获知这两首诗的大致写作时间。原来，这两首诗稿，胡适曾用毛笔写在同一张纸上，冠以"为海粟题画"的总名，笔迹确实也是同时写就，还有胡适本人后来用钢笔作的批注：

　　以此纸看来，此二诗写在十四年。

---

　　① 详参：《胡适之先生诗歌手迹》，台湾商务印书馆，1964 年。

"十四年",即民国十四年,也即是说,这两首题诗可能都写于1925年11月间。仅从《彩菊图》的题诗落款来看,胡适先于刘海粟来信十一天前就已在图上题好,只是因故一直未能送达刘氏手中。而刘信中所谓"两幅彩菊",则可能是记忆有误,实为一菊一梅两幅画作。

事实上,1926年7月12日,《上海画报》第一百三十期就曾刊发过题为《寒梅篝灯》的刘海粟画作,画上也确有胡适题诗。当时的报纸"图注",称其为:

文学叛徒(胡适之)艺术叛徒(刘海粟)合作书画
画作上胡适题诗为:

不嫌孤寂不嫌寒,也不嫌添盏灯儿作伴。海粟嘱题,胡适

而刘海粟的题字为:

寒梅篝灯,乙丑十月二十八,艺术叛徒

胡适题诗没有时间落款,但刘海粟题字的时间落款非常明确,"乙丑十月二十八",即1925年12月13日。由此可见,胡适在诗稿上的批注"以此纸看来,此二诗写在十四年"倒是颇为准确的。

值得注意的是,仅就《三日画报》《晨报·星期画报》刊印的《彩菊图》,

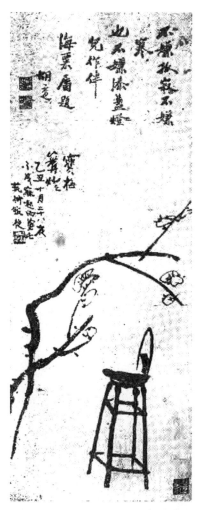

"文学叛徒"（胡适之）"艺术叛徒"
（刘海粟）合作书画，原载《上海画报》
第一百三十期，1926 年 7 月 12 日。

与《上海画报》刊印的《寒梅篝灯》两幅图而言，刘海粟皆以"艺术叛徒"落款，胡适却并没有署以"文学叛徒"的落款。可见，刘、胡二人对"叛徒"之谓，虽皆可会心默契而付诸一笑，可是否引以自况且公开自称，在各自的心态上还是有微妙差异的。

最后来看"做上海美专校歌"这件事，对此胡适没有明确的答复及相关信件存世。有案可查，上海美专校歌最终是由蔡元培撰写的，胡适没有参与这件事。归结起来，刘信中所提四件事，除了题画两件事勉强完成之外，康有为请吃饭与做上海美专校歌都未能应约。这就不得不让人产生一种看法，即胡、刘二人的交往似乎仅仅是泛泛之交，而并不是什么亲密挚友。胡要通过刘的介绍，去面晤康有为的可能性，那就更微乎其微了。更何况，刘信中已经表明，大致是康托他去邀请胡，而绝非反过来胡要通过他去结识康。

◎"屡次相左"的泛泛之交

再来看现存的，已整理公布的胡适致刘海粟的两通信札，更印证了前述的考析与推测。1927 年 11 月 3 日，此时已离开北京赴上海暂寓，任光华大学教授的胡适，屡次推托了刘的相邀之后，有些过意不去，给刘写了一封短信，信中的措辞颇可玩味。信文照录如下：

海粟兄：

屡次相左，前承邀吃饭，又不能到，抱恨之至。因忘了你的住址，故不曾作书道歉。久别甚思一见，何时到这边来时，请来一谈。我下午总在家时居多，如怕相左，请先用电话（西六九一二）通知。

你的新地址，也请告我。

适　十六，十一，三

从这封短信，可以看到胡、刘二人当时的交往状况。刘邀胡吃饭，胡"屡次相左"；胡已记不得刘的住址；胡提出可以在家中约见刘；刘之前也不知道胡的电话等等，从这些状况来看，胡、刘二人只能称之为普通朋友，或仅有一面之缘而已。

至1931年12月15日，徐志摩因飞机失事罹难之后，胡适整理徐氏遗物之际，偶然看到刘赠徐的画作一幅，不禁一时为之感慨，加之即将赴上海与诸友商议处理徐氏后事，遂又写了一封短信给刘，刘亦有回信①。至此，胡适日记、书信中的二人交往史告一段落，再无任何记录。

综上所述，胡、刘二人应当没有特别深厚的交谊。所有这些尚存世间的点滴史料，都无法与刘在晚年忆述中，多次提到的二人交往细节，形成一一对证

---

① 以上胡、刘通信内容，详参：《胡适书信集》，北京大学出版社，1996年。

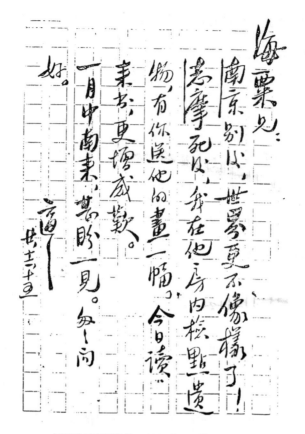

胡适致刘海粟信札，1931 年 12 月 15 日。

的关系。简言之，刘的晚年忆述，可能并不十分确凿，至少有一些溢出史实之外的表述存在。而后人所津津乐道的，如掌故大家郑逸梅所言之凿凿的——胡、刘二人的"叛徒合作"，似乎也可以点到即止，无须再作二人交谊如何如何之类的联想了。

试想，以胡适在文化教育界中的广交博涉，以其社会交际与知人论世之丰富经历且颇喜记述，似乎总应当对刘海粟晚年还记忆犹新的二人交往之情形有所述及。然而，令人费解的是，胡适在1931年那封信札之后，却终生未再提到"刘海粟"这个名字。

诚然，胡适本人对艺术，尤其是绘画方面研究不算精通，算不上行家里手，但也总有过涉足。如其考订校编的《齐白石年谱》，从1947年写定，1949年出版，到其晚年还有校订；又如1941年在美国耶鲁大学所作"一个史学家看中国绘画"的英文演讲，条理明晰地阐论了中国绘画、宗教、文学之间的互动发展史；再如1943年为纽约现代中国绘画作品展所作《中国绘画介绍辞》，以及同年为纽约大都会博物馆所作的《中国古代与欧洲近代绘画介绍辞》等等。

这一切都说明，胡适即使不是专业的艺术研究者，但也有相当的眼光与自己的评判。这不禁使人揣想，胡适与刘海粟交往的浅尝辄止，以及后来的绝口不提，恐怕还不是对"叛徒"称谓的不以为然，或许其中还别有什么不为人知的意味罢。

◎新见：胡适为刘海粟题诗"送行"

1927年12月15日，《上海画报》总第三百〇三期为"海粟画展特刊"。四开四面的报纸之上，除了头版头幅为刘海粟与王一亭合作的《松鹰图》，以及蔡元培所题"得心应手"四字煞是醒目之外，第二版上琳琅满目的名家题词与撰文，更是令人目不暇接。其中，蔡元培、徐志摩、滕固等名流专家均撰文介绍刘氏艺术，更有经亨颐、王一亭、胡适等题词以贺。其中，胡适题词为：

招子庸自题画竹云：

画竹应师竹，何须法古人？

心眼手俱到，下笔自通神。

海粟作画颇有此气象，现在他将有远行，我很盼望他此行眼底所现，心中所成，都可以增益丰富他将来笔下的创作，故写招先生的诗送他的行。

胡适

诚如胡适题词中所言，刘氏"将有远行"，这一题词可以视作"送行"之作。那么，刘氏将远行于何处？因此行与刘、胡二人交谊之考察，皆有相当关系，所以在这里就有必要约略介绍一下了。

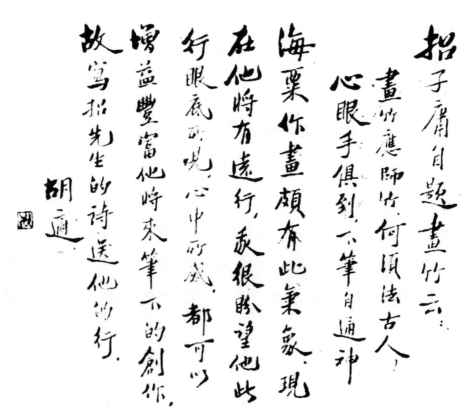

胡适题词赠刘海粟，原刊于《上海画报》第三百〇三期，1927 年 12 月 15 日。

据考，1926年，上海县知事危道丰发布命令，严禁上海美专使用人体模特写生。"五省联军"总司令孙传芳致函刘氏，要求撤销模特写生的课程。在各方压力之下，刘氏不为所动，仍公开致信，据理力争，遂招致孙氏震怒，密令通缉，上海美专也一度被关闭。1927年"四一二"政变之后，为躲避通缉，刘氏逃亡日本。

时至1927年7月，蔡元培出任中华民国政府大学院长，负责大学教育和科学研究的管理工作，致信给逃亡日本的刘海粟，请其归国任教。8月，刘氏结束日本流亡生涯，返归上海，并于同年10月，主持上海美专复校。不久，在蔡氏授意之下，教育部发布了派遣刘氏赴欧洲考察西方艺术的决定。

胡适题词中的"将有远行"云云，应当即是指刘氏此次受命赴欧之行。因此，题词中虽无确切的时间落款，但联系到特刊印行时正处于月中，不妨就将胡适题词时间暂定为1927年12月上旬。当时，胡适确实身在上海，且受聘为光华大学教授。遗憾的是，这一时段胡适没有留下日记，仍无从考察胡、刘二人交往事迹，更无从考索这一题词的确切时间了。

反观胡适题词本身，仅从题词内容与行文语气来看，与同一版面全是激赞与推崇的各家题词、撰文相比较，还是有区别的。题词予人的观感，一方面是"送行"正当其时，必得有所表示；另一方面也表达了对其艺术水准更上一层楼的期许与寄望。这样的题词格调，不太像是关系十分密切的"密友"，更非艺术观念上非常有默契的"知己"所为。

时隔约一年之后，时至1928年11月17日，上海《时事新报》第二版刊发了一则联名启事，乃是胡适等为"刘海粟去国纪念展览会"所作联名启事。全文如下^①：

> 刘海粟先生，吾国新兴艺术之先导，其艺术之价值，早为中外人士所公认，不待赘言。兹已定下月乘法邮Porthos赴欧。此去周游各国，归无定期，同人等请其将最近国画七十点^②（多数为《海粟丛刊》原作），于本月十六日起，迄二十日止（每日上午九时至下午六时），假西藏路宁波同乡会公开展览五日，留别国人。敬请贺临评览，无任翘企。

蔡元培　蒋梦麟　杨铨　史量才　徐朗西

戴季陶　经亨颐　胡适　高鲁　陆费逵　仝启

值得一提的是，这一联名启事，《胡适全集》《蔡元培全集》俱未收录，归入胡、蔡二氏"佚文"之列皆可。胡适虽署名靠后，可这一联名启事，颇可视作胡、刘二人这一时期交往的又一"注脚"，自是又一难得的见证。

实际上，在这一联名启事刊发两天之前，刘氏诸友朋即开始为其去国之行有所表示，在公共文化领域中已集体"造势"，隆重郑重为之送行，以壮行色。

1928年11月15日，《上海画报》第四百一十二期，推出《刘海粟先生去国纪念展览会特刊》，蔡元培、贺天健、张丹斧等名流专家均撰文介绍刘氏艺术，可这一次，却未见胡适题词或撰文之举。

综上所述，可知1927年6月方才在上海租定居所暂寓，1930年11月又携眷北上，此后定居北平的胡适，与这一时期长期旅居国外的刘氏，恐怕交往不

---

① 原文无标点，今依通行标点符号酌加。
② 报载原文为"点"，疑为"幅"之误印。

会太多。毕竟仅从二人同在上海的时空区间考量，二人有所交往与接触的机会实在是较为有限的。应当说，仅就目前已知的二人交往事迹之记载，尤其是明确见诸报端，见于《上海画报》或《晨报·星期画报》者，主要仍以所谓"合作"展示，以及调侃式的他人评述为主，并没有什么具体的事迹可资记述。

在此，还有必要简要介绍一下，版面上令刘、胡二位"叛徒"频频现身，为二位"叛徒"之交屡造声势的《上海画报》。该报是1925年6月由毕倚虹在上海创办的一份三日刊画报，每刊四版，至1933年2月，八年间共出版八百多期。

该报自创刊后不久，从1925年10月至1927年12月，整整两年间，不时出现关涉刘、胡二位"叛徒"的图文报道，以公共媒体的影响力与传播力，自觉或不自觉地塑造了"艺术叛徒"与"文学叛徒"有所交往、结为挚友的"新掌故"。后世但有称引此"新掌故"者，但有言说刘、胡二位"叛徒"交谊者，其内容大多源自《上海画报》。

最后，要强调的是，当时流行的所谓"叛徒"之说，无论是刘海粟"自承"，还是经刘氏之口转述的胡适"自述"，仅就目前已知的文献考察，都是出自刘氏自己的言说（或经报刊编辑与友人转述），并经由《上

1928年11月17日，上海《时事新报》刊发胡适等为"刘海粟去国纪念展览会"所作联名启事。

劉海粟先生吾國新興藝術之先導，其藝術之價值早爲中外人七所公認，不待贅言。兹已定下月乘法郵Porthos赴歐，此去周遊各國歸，本無定期。同人等請其將最近國畫七十餘幀（多數爲海粟戳刊原作），於西藏路於歸審波月十六日會開迳二十五日止（每日上午九時至下午六時）假西藏路

戴季陶　蔣夢頤　胡適　高魯　陸費逵　楊銓　史量才　徐朗西　仝啟

"刘海粟去国纪念展览会"联名启事（局部）。

海画报》传播至公共场域。北京《晨报·星期画报》对此也略有响应，遂形成有一定影响力的南北"呼应"之状。而郑逸梅等所谓"掌故大家"，应当也是经由坊间传闻或阅自《上海画报》等报刊，遂知悉这一"新掌故"的罢。

◎附录：刘海粟致胡适的八通信札

前述提及与引用的刘海粟致胡适信札两通，乃是现存的已经整理公布者。实际上，现存的未经整理公布者还有六通，共计八通，今存中国社会科学院。随着《胡适遗稿及秘藏书信》①的出版，这八通信札被影印辑入，使后世读者与研究者可以进一步据此考析刘、胡二人的交谊。

在此，笔者不揣陋简，将此八通信札酌加整理，转录原文如下（不能辨识者以□标示）：

（一）

久未晤谈，云何不思。弟以友人陆君伯鸿薄撰□□□□迟迟未能出国，杜户三月，草草成书，约七月后即可以西航。刻天气潮炎，同人不谅，多以画箑相邀，拒之不情，应之则又无如此闲情。公苟有此同□或拟与公合作书画箑，

---

① 详参：《胡适遗稿及秘藏书信》，黄山书社，1994年。

一月以百笺为限，每笺十二金，□□亦限止。如同意，请公撰一告白，嗣后弟去知布。适之，六月二十六，海粟。正来各笺，扇店来询合作，求画者众。

（二）

适之侍者：宗岱南来知公近状为慰，十月十五日至十一月五日上海市政府为弟举行作品展览会于沪，届时极盼驾临。平正兹如各版均将临时印特刊，若乞序文于适之，艺术叛徒冠冕作品者，因得文学叛徒为之传序，两叛徒相合才足完璧。你无论如何忙，请必为我写千言。昨寄赖序傅文当可收到，独立评论能（寄）我一份不？□再教正。敬颂□安。弟海粟叩。

（三）①

略

（四）

适之：京中畅叙快意。南归为俗务所困，寄□旧别□□，请正之。速写学容告子美速步下返。日京中情况如何，志摩在此每日晤面，余再复，不一一。海粟，九，十三

（五）

适之：日前寸缄，当达记室。大驾何日南下？时局糟到如此，无话可说，

---

① 信文已见本文前述。此信札原件首页有《胡适来往书信选》编辑者批注："附卷1499。这是刘海粟写的一封信，提到康有为器重胡适，可选。"

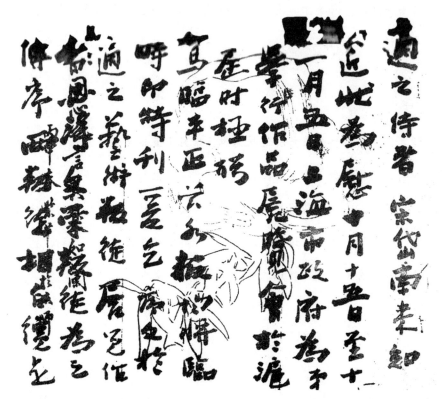

刘海粟致胡适信札，谈及"艺术叛徒"向"文学叛徒"求序事，即所录第二通信札；采自《胡适遗稿及秘藏书信》。

唯有放声痛哭而已。此间定二月十日公祭志摩。昨晤申如先生，渠愿瘗之于硖石。其余一切均待吾兄到沪商定。朔风多厉，希珍卫。弟海粟状。前函尊字误笔为□，请谅。[1]

（六）

适之：想你已经安抵北平了。昨日文柏来谈，知道你要办一周报，阅之欣

---

[1]　此信内容已经整理，刊于《胡适来往书信选》，但末句未录入。

跃。希望早日实现。美专日在进展，议决加聘你和梦麟为校董，想你们不至拒绝吧。

海粟，一月二十日

（七）

适之：我十六日东行，小作品一件送给你。普陀日光存，苟复补壁。刻日再通函。海粟，六，十三。□毅士来□美术学校，拟借重大名，为名誉讲师，属转达。公以提倡学术为己任，当蒙俯评。又及。

（八）

适之：许久不见，深以为念。友人郑午昌兄创制正楷活字，不日问世，谨附样子一份，请你题几个字提倡提倡，余不尽言，□□安。海粟。

胡适的两次"做寿"

——以北平、台湾两地相关文献与报道为线索

◎ 小引

2021年，恰逢胡适先生一百三十周年诞辰。海峡两岸学术界（尤其是胡适研究者群体）或召开研讨会，或出版论文集；或推出杂志专刊，或发表个人文章，以学者特有的方式，予以了形式简单却又有着特别意义的纪念活动。

事实上，胡适个人生前也不喜铺张，加之个人涉足领域广泛而致各项事务烦冗，实在是分身乏术而无暇他顾，因此生前也很少正式"做寿"，晚年更是在自己生日当天主动外出"避寿"。

唯四十岁时，胡适重归北平之际，众多文教界友朋为之祝寿，在当时有一定的社会影响力。胡适的四十寿辰，之所以竟然一反"常态"，公开"做寿"，且似乎预先就产生了"广告"效应，一方面，这当然与其友朋遍天下，各界联络紧密有关；另一方面，恐怕也与其当时开始撰发中年自传《四十自述》有一定关系。

　　1930年6月26日，胡适写成中年自传《四十自述》首章"我的母亲的订婚"，以文学笔法记述自己的童年生活与感悟。同年11月，又写成"九年的家乡教育"一章。这两章均在上海完稿，于次年陆续刊发于《新月》杂志。这样的自传写作，标志着胡适有意总结自己的前半生，有意对自己即将来临的四十岁生辰有所纪念。

　　时至1930年11月28日，胡适陆续辞去在上海的几份教职，毅然携眷北上，在北平后门内米粮库四号租定新宅，决定重归北平定居。在这样的人生情态之下，胡适的众多北平友朋，久别重逢之际，自然会踊跃参与到"祝寿"的活动中去。

　　后来《四十自述》迭经多次海内外印行，曾被译作英、日、德等多国文字，从二十世纪三十年代至今，仍有新版面世。或因其个人生前的社会影响力持续存在，或因其中年自传《四十自述》的独特魅力一直保持，胡适四十岁寿

胡适自传《四十自述》，1933年9月初版。

胡适自传《四十自述》，1937年2月第四版，钱玄同题签。

胡适自传《四十自述》中所附四十岁留影。

辰的"实况"，亦令越来越多的后世读者颇感兴趣，颇愿对这位新文学、新文化运动发起者与代表人物生前规模最为浩大的寿辰"现场"一探究竟。

四十岁之后的胡适，个人生涯极其丰富多变，也因之颠沛辗转，行踪不定，也再未有过声势与规模可与其四十岁寿辰相提并论的"做寿"之举。胡适晚年一度流寓美国，后定居台湾终老。这一时期，胡适力避各种形式的祝寿之举，其"避寿"之切，在台湾各界众所周知。然而，当其七十寿辰来临之际，台湾各界均表热烈祝贺，新闻记者如影随形，使之避无可避，不得不客随主便，遂又公开"做寿"一次。不到两年之后，胡适因心脏病发，猝然长逝。因此，这一次七十寿辰，也是其生前最后一次公开"做寿"了。

值此胡适一百三十周年诞辰之际，笔者以为，上述这两次有着独特历史意义及社会影响的胡适寿辰，其"现场"实况究竟如何，还有哪些不为人知，少为人知的事件细节，都是后世相当一部分读者乐于探知并希望加以研讨的罢。

毕竟，作为开一代风气之先的名士名师，胡适其人其思其言其行，以及其间关涉与牵扯出来的诸多人事与世事，共同构成了一部个人表达与社会互动最为充分的"专史"。在这样一部"专史"之中，通过考察胡适生平，以及胡适个人生活史上的诸多细节，都可以对同时期的学术界、教育界、文化界、出版界、公共传媒界等社会各界各领域重新赋予更为充分细致的认知。可以说，只是研究胡适这一个人，却已然达至"牵一发而动全身"式的中国现代社会的近乎全景再现之境况。

因此，完全有理由相信，胡适生前的四十、七十寿辰，这两次看似仅为个人生活史上的私人事件，却蕴藉着足以令后人为之考察再三，思之再三的诸多极其难得的历史信息。

◎胡适四十岁生日当晚收到的"贺寿信"

时为1930年11月28日，已辞去中国公学校校长一职的胡适，结束了暂寓上海三年的生活，终于携眷北上，在北平后门内米粮库四号租定新宅，决意在四十岁之后定居于此。

1930年12月17日，正值胡适四十岁（虚岁）生日。当天，胡适收到了与其同龄且同城的北平才子黄秋岳（1891—1937），寄来的一通"贺寿信"，信中还附有黄氏自撰的两副"集宋词"贺寿联。信文如下[①]：

适之先生：

您今天四十岁生日，我实在想不出拿什么东西来送您。记得六七年前，我替人家作一段戏剧说明，您说我白话文做得好，真是谬奖。我不会做白话文，连新式标点都不会呢。旧式颂扬体文章，想您也不喜欢，您很说辛稼轩词做得佳妙，我集两副对联都是稼轩词，送给您罢。

一副是：

---

① 原文无标点，笔者酌加整理。

适之先生　您今天四十生日　我实在想不

出合手什麼东西来送您　记得六七年前

我替人家作一段戏剧说明　您说我白话

文做得好　真是谬奖　我不会做白话文　连

旧式捆选都不会竟　旧式颂扬辞文章

想您也不喜欢　您很说辛稼轩词做

得佳妙　我集两副对联　都是稼轩词

送给您罢

一副是

刘伶元自有贤妻　乍可倒杯疆

郑贾应求腐鼠　看来持献可

无言

上联实在很妙　不用注解了　下联即是

關和阼说的必与人设政权之意指此

對以杜诗但是我遍稼轩词中注香又

容的若安子将丟却须向别家词中寻觉

一副是

状样下视　屈贤降旗　閒管兴亡

则甚　蕭晓还知　渊明心事　不应诗酒

皆非

远联主意也不过如上联所云　但是拿屈贾阶

旗来视您的文学运动的胜利　会渊明来

加止渊今手战呪来切连赛冬　弄些小巧而已

这是一副半锺讯的成绩　您若不样我寫

得不好　改天拿宣纸伶您上

今天熱石　东拜生日　跋日去诗天荒

秋岳

十二月　日

黄秋岳致胡适的"贺寿信"

刘伶元自有贤妻，乍可停杯疆吃饭；

郑贾正应求腐鼠，看来持献可无言。

上联实在很妙，不用注解了。下联即是尔和所谓何必与人谈政治之意，虽然对得不佳，但是找遍稼轩词中没有更好的，若要更好更切，须向别家词中寻觅。

一副是：

扶摇下视，屈贾降旗，闲管兴亡则甚？

岁晚还知，渊明心事，不应诗酒皆非。

这联意思也不过如上联所云，但是拿屈贾降旗来祝您新文学运动的胜利，拿渊明来切止酒，拿岁晚来切这寒冬，弄些小巧而已。

这是一句半钟头的成绩，您若不嫌我写得不好，改天拿宣纸给您写上。

今天恕不来拜生日，改日来谈天罢。

秋岳　十二月十七日

这一通"贺寿信"，胡适一直珍藏于北平宅中。十八年后，1948年12月15日，胡适五十七岁生日前夕，匆促乘坐专机飞离北平，此信连同其珍藏的数百通个人信件，以及数千册私人藏书文档遗留了下来。复又过了三十年，1979年由中华书局"内部发行"的《胡适来往书信选》中册，

黄秋岳书赠胡适贺寿联手迹，原载于《北京画报》第一百五十二期。

胡适，1930 年 11 月重返北大任教时存照。

选录了此信。

一直以来，胡适对此信有无回复，怎样回复，无人知晓。目前已知的胡适致黄秋岳的信件，只有一通 1935 年 5 月 5 日所写，研讨《红楼梦》版本的信。这是《胡适书信集》《胡适全集》中所披露了的，唯一一通胡适致黄秋岳信件，此信写成的时间距黄氏那一通"贺寿信"，已时过近五年之久了。

◎胡适四十岁生日当晚回复的"答谢信"

不过，故纸堆中的"奇获"，往往是一直期待则遥遥无期，随遇而安则可不期而遇。笔者近日偶然寻获一份九十年前的旧报，关于胡适如何回复黄氏"贺寿信"的这一桩逸事旧案，终可迎刃而解了。

原来，就在胡适收到这一通黄氏"贺寿信"之后不久，四十岁生日当晚，即伏案致书复信，要表达一下感谢之意。这一通手札，内容如下：

秋岳先生：

谢谢你的信。集词联两幅都佳，请您有工夫时，写了赏给我。请勿用红色纸，白色黄色都好。

第一联的上联真是好极了；下联也好，但没有上句的浑成。

我也曾试集联句，但不敢试集词。曾集《楚辞》自赠云：

吾方高驰而不顾，

夫孰异道而相安？

友人储皖峰曾集《胡适文存》中句云：

大胆地假设，小心地求证。

少说些空话，多读些好书。

此联颇为侪辈所喜。

匆匆草此，敬谢厚意。

胡适。

十九，十二，十七夜

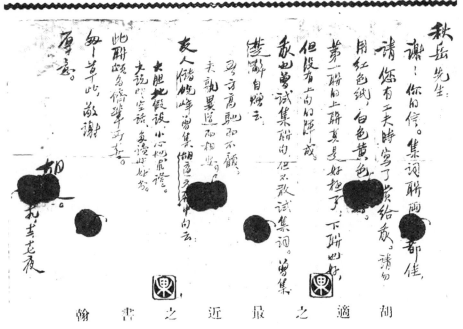

胡适致黄秋岳手札，原载《北京画报》第一百五十二期。

这一通手札，于次年1931年2月6日，被影印刊发在了《北京画报》第一百五十二期之上。与此札同时刊发的还有"黄秋岳集辛稼轩词赠胡适之联"影印图片一幅。显然，这应当是黄氏一并交付报社发表的。

手札之上，特有的"胡适之体"书法，生动展露，舒展豁然。信文中对"贺寿联"书写于何种色泽的纸张上有明确的建议，足见对黄氏作品的珍重与郑重其事。另一方面，对"贺寿联"下联，也明确提出了个人观感与意见，认为"下联也好，但没有上句的浑成"。随后，还列举了自己"集楚辞"与友人"集胡文"联各一副，以作交流切磋。真诚之意充溢于笔端墨间。

有意思的是，胡适此札书写于一种印有果子图样的特制信笺之上，除了图样还有"果"字纹章，别是一番天真意趣。仅据笔者所见，这样的笺纸，在已披露公布的胡适信札中，似为首例。当然，也正因为信笺中有横向排列的数枚果子图样，胡适书写其上的字迹间或被遮掩，加之受当年报刊影印效果局限，对辨识手札中的个别字迹反倒有所障碍了。

这样的情形，也很容易让人联想到，胡适建议黄氏用白、黄纸而不用红纸书联，或许同出此理。红纸书写"贺寿联"，本为惯例，并无不妥，但考虑到若将来要影印发表，则白、黄纸书联的影印效果，自然更胜一筹。同版刊发的"黄秋岳集辛稼轩词赠胡适之联"，应当即是黄氏采取胡适关于书联用纸建议之后的作品罢。

时过整整九十年，不但《北京画报》本身已颇不易寻，更少有人知胡适这一通短札的影像。据查，不但《胡适书信集》《胡适全集》《胡适文集》未有收录此札，即便新近出版，增收颇丰的《胡适全集·胡适中文书信集》[①]也未收录，确为"佚札"。

◎黄秋岳的贺寿联与胡适戒酒"掌故"

弥足珍贵的胡适"佚札"，暂且搁下不表，且再来看这一副被胡适激赏的，随后由黄氏亲笔写定的"集宋词"贺寿联，究竟如何高妙，联文如下：

刘伶元自有贤妻（定风波），乍可停杯彊吃饭（玉楼春）。

郑贾正应求腐鼠（瑞鹧鸪），看来持献可无言（玉楼春）。

适之先生四十生日，集辛稼轩词奉赠。上联所说大家朋友都知道的。下联即是尔和所谓何必与人谈政治之意也，可算今年的一段公案。只是词句不如上联浑成。我还集一联句云：扶摇下视，屈宋降旗，闲管兴亡则甚；岁晚还知，渊明心事，不应诗酒皆非。意思重复，且嫌有些纤巧，不再写了。秋岳黄濬。

仅从黄氏联语之外的题词来看，黄、胡二人当有一些交道。题词中拈提到的胡适遵从妻训戒酒之"掌故"，汤尔和所赠贺寿联之"公案"，以及回应胡适复信中所称"下联词句不如上联浑成"的意见，都在表明，黄氏相当重视与胡适的交谊，颇有迎合之意。

黄氏题词中提到所谓"上联所说大家朋友都知道的"，即是胡适遵从妻训戒酒之事。当时的胡适朋友圈中，普遍流传一种说法，即胡适一直戴着一枚

---

① 台北胡适纪念馆编印，2018年。

"止酒"戒指，乃是其夫人所赐，但逢酒局酬应，胡适即展露戒指，意谓遵从妻训，恕不能饮酒。时间一长，当年的圈内笑谈与圈外传说，渐归于"掌故"，至今仍为热衷于将名人生活史引为谈资者所津津乐道。

传说归于传说，掌故归于掌故，似乎总不能让人，尤其是后世读者十分相信。没关系，除了红口白牙，口口相传的所谓"掌故"之外，也还有白纸黑字，言之凿凿的所谓"文献"记载的。

原来，就在胡适四十岁（虚岁）生日当天，一大帮新朋旧友登门贺寿，胡宅中自然备有酒席，要欢宴同喜一番的。次日，1930年12月18日，北平《世界日报》刊发了一组简讯，报道的即是这胡适寿筵景况，以及那枚传说中的"止酒"戒指。报道中称：

昨日胡适寿辰，晚六时在本宅设宴，招待亲朋。到陈大齐、陶孟和、余上沅、陈衡哲女士等百余人。席间各亲朋向胡氏敬酒毕，余上沅即起立，约求胡太太向胡致戒酒训词。胡夫人当起立笑言曰，外子每于酒后多厉色，而其身体素弱，本人为爱惜其身体计，故日前特制戒子一枚，以为劝其止酒之纪念云云。

报道中胡适那枚"止酒"戒指的出现，恐怕即是这一"掌故"最早见诸报端者。遗憾的是，当天的寿筵情形细节究竟如何，《世界日报》方面并未详加报道，胡适自己的日记、书信、晚年忆述等相关文献中也没有明确记载，一时无从确考。

◎胡适四十岁生日与北大建校三十二周年纪念会

因为胡适的阳历生日（12月17日）与北大建校日期相同，故胡适经常以"双生日"为由头，在师友间提及这一时间上的巧合，乐此不疲。

早在1923年12月17日，北大建校二十五周年之际，胡适即撰有一篇《祝我们的双生日》，以为纪念。此文收入《北京大学廿五周年纪念刊》，在北大校友群体中广泛流传。时至1930年12月17日，北大建校三十二周年与胡适四十岁生日再度遇合，北大纪念会上，胡适又抛出"双生日"话题，作了一场即兴讲演。

次日（12月18日），《华北日报》的"教育新闻"栏目头条，即刻刊发了北大校庆与胡适讲演的新闻报道。据此可知，胡适讲演内容大致如下：

今天是我的生日（按，昨日为胡适博士之寿辰），与北大三十二周年纪念，年年在一天。我比北大大八岁，过去的历史，已然过去，成了陈迹，还记得民国十七年因为校名，同学在南京请愿，没有成功，当时我主张名称没大关系，狗也好，猫也好，只要能把真正的精神保持着。可是现在复名北大了，将来是否只守着北大两个字去老大自守，或者去找新的道路呢？我觉得做生意的人要到年底结账，但是做学生的到了学校纪念，不要只搭个台唱几出旧剧就算完事，如何要算对得住这个纪念，必须再找一笔新账算算。在今天说，就是找三十三年的北大，应当如何刷新，我们应当打今天下决心，不要把这一年空空的混过去。我常说，三十二年不能算多，英国剑桥大学、牛津大学都有九百年的历史，欧洲列强所以有今日，也是全仗着有七百年或八百年历史的大学，继续不断的造就人才，各大学多半从中古传下来的。北大在中国虽然是老大，也不过三十二岁，有五千年历史的中国，只有这么三十二年的一个大学，请问人才打那里造起，所以国家才到这样。最要紧的希望是要望远处看，不要顾虑往后，更不要只搭台唱唱戏就了事。北大今天三十二周年纪念，是一个有意义的纪念，听说蒋梦麟先生二十二号要到校来了，蒋先生在政治上的事，因为碰过许多钉子，不作官了，专来干北大。这不是一个很好的机会么？等到蒋先生来的时候，不要用军乐队吹吹打打去欢迎，要和他一同去除旧留新的建设北大。各系的同学要仔细想想，究竟三十三年的北大是怎样的，这个机会要是错过去，依然还是这样，房子也旧，人也旧，那么明年我只在家里去过生日，不到这儿来过生日了。①

胡适四十岁生日当天在北大三十二周年校庆纪念会上的讲演，原载《华北日报》，1930年12月18日。

◎ "魏建功撰，钱玄同书"的贺寿文

话说就在《世界日报》报道胡适寿筵的简讯刊出两年之后，关于当年寿筵的一些细节，却由钱玄同在《世界日报》主持的《国语周刊》中屡有披露，尚可从中管窥一二。

---

① 此讲演内容未收入《胡适全集》，仍属"佚文"。

　　1932年12月31日，首先刊出了魏建功所撰《胡适之寿酒米粮库》一文（以下简称"魏文"）。1933年1月9日，又刊出了赵元任所撰《胡适之先生四十正寿贺诗》（以下间或简称"赵诗"）。同年1月14日，还刊出了钱玄同所撰《关于魏建功的〈胡适之寿酒米粮库〉》一文（以下简称"钱文"）。这三篇文章一经刊出，算是将胡适四十岁生日的寿筵情形基本勾勒了出来，后世读者对此也有了一些约略可知的"信史"了。

　　魏文以轻快晓畅的笔法，来介绍胡适生平及其新文化运动以来的种种成绩，但并没有怎么描述当天"寿酒"的情形。只是文章近尾声时，透露了一个拜寿名单，计有白涤洲、马隅卿、缪金源、丁道衡、黎锦熙、黄文弼、钱玄同、徐炳昶、周作人、庄尚严、孙楷第、魏建功等十二人。

　　在末段还提到，"十九年他再往北平，定居米粮库，便赶上是生日。他从自己诗里说，'幸能勉强不喝酒，未可全断淡巴菰'，那早已受了酒戒了；这次生日应该替他开戒，好比乡下老太婆念佛吃斋，逢了喜庆，亲友们来给他开了斋好饱餐肉味一样"，这当然是还未赴筵时写成的，试想临到寿筵上时，胡夫人戒酒辞一发布，这开酒戒的计划也就顿时落空了罢。

　　值得注意的是，魏文在落款时署有"魏建功撰，钱玄同书"字样。应当是完稿后由钱玄同亲笔誊写，作为"贺寿文"交与胡适了的，不知如今此写卷真迹尚在人间否。

魏建功《胡适之寿酒米粮库》

◎赵元任的"贺寿诗"与"七条屏"

且说已知构思高妙的黄秋岳"集宋词"贺寿联，又见"魏建功撰，钱玄同书"的贺寿文，遥思胡适那四十岁生日寿筵之上，已然是嘉宾满座，佳作琳琅，如笔者辈后世读者实在是可以如数家珍，蔚为佳话了罢。

且慢，可不要以为新文化、新文学运动代表人物的四十寿筵，仅仅就这么一些公开的或私下的文字游戏即可完场，更见巧思与创意的"贺寿诗"与"七条屏"，也曾隆重登场。

且看刊于《世界日报》之上的赵元任所撰《胡适之先生四十正寿贺诗》，笔法更为轻快诙谐，以近乎口语的方式写成。贺寿诗每一小节还附有章太炎创制的纽韵文注音与赵元任等创制的罗马字注音，可谓别出心裁。在此，酌加整理，仅摘录其文字部分如下：

胡适之先生四十正寿贺诗

最先人们说白话只能用来写小说；慢慢的承认它也可以用来写论文，做诗；但是要用它来作"寿诗"，可总还觉得有点"困难"。其实这是因为人们不会作的缘故；假如能做到好处，那比文言可就妙多了。不信，您看看下边这篇寿诗。这是去年胡适之先生四十正寿的时候，中央研究院的同仁们送给他的。这是谁的大手笔，您总会猜得出来，假如您一个人猜不出来，咱们一块猜，来："一，二，三：'赵元任博士'。"对咯！

适之说不要过生日，

生日偏偏到了。

我们一班爱起哄的，

又来跟你闹了。

今年你有四十岁了都，

我们有的要叫你老前辈了都；

天天儿听见你提倡这样，提倡那样，

觉得你真是有点儿对了都：

你是提倡物质文明的咯，

所以我们来吃你的面；

你是提倡整理国故的咯，

所以我们就都进了研究院；

你是提倡白话文的咯，

所以我们就啰啰嗦嗦的写上了一大片。

我们且别说带笑带吵的话，

我们也别说胡闹胡稿①的话。

我们并不会说很妙很妙的话，

我们更不会说"倚老卖老"的话；

但说些祝颂你们康健美好的话——

这就是送给你们一家子大大小小的话。

拜寿的谁呐？

一个叫☆刘复，一个叫☆丁山；

---

① 原文写作"稿"，或为"搞"之误。

一个叫☆李济，一个叫☆裘善元。

一个叫☆容庚，一个叫☆商承祚；

一个叫☆赵元任，一个叫☆陈寅恪，

一个叫☆徐中舒，一个叫☆傅斯年；

一个叫☆赵万里，一个叫☆罗莘田。

一个叫☆顾颉刚，一个叫☆唐擘黄。

一个叫毛子水，一个叫李方桂；

（有星儿的夫妇同贺，没星儿的非常惭愧！）

胡適之先生四十正壽賀詩

最先人們說白話只能用來寫小說；慢慢的承認它也可以用來寫論文，做詩；但是要用它來作「壽詩」，可總還覺得有點「困難」。其實這是因為人們不會作的緣故；假如能做到好處，那比文言可就妙多了。不信，您看看下邊這篇壽詩。這是去年胡適之先生四十正壽的時候，中央研究院的同仁們送給他的。這是誰的大手筆，您總會猜得出來，假如您一個人猜不出來，咱們一塊猜，來：「一，二，三：『趙元任博士』。」對咯！

適之說不要過生日，
生日偏偏到了。
我們一班愛起鬨的，
又來跟你鬧了。

Syhjy shuo buyaw guoh shengryh,
Shengryh pianx daw le.
Woomen yihban ay chiihonq de,
Yow lai gen nii naw le.

今年你有四十歲了都，
我們有的要叫你老前輩了都；

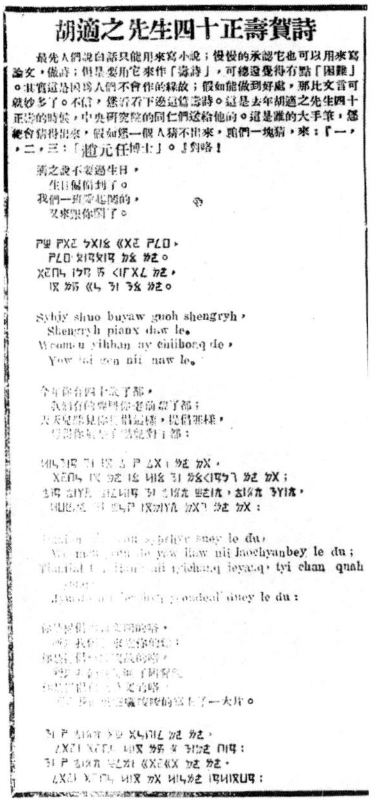

赵元任《胡适之先生四十正寿贺诗》

以白话文作的贺寿诗，当然颇为别致；可以想象得到，这首贺寿诗一经呈上，寿筵上的气氛一定会相当欢快热烈。诗中还透露了一个重要信息，即所谓“拜寿名单”；在这个名单上，共有十六位同仁，其中十四位还是偕夫人同贺的，共计达三十位之众。

值得一提的是，赵诗在《世界日报》上发表之前，可能已经在北平《晨报》上发表过了，但文字上稍有差异。1931年末，百城书局曾印行过一册《中华民国有趣文件一束》，书中就辑入过发表在北平《晨报》上的赵诗，但只有诗文，没有诗序部分，且也没有标注星号。据此可知，赵诗的先后两次发表，可能在内容上有所修订。当然，赵诗先后两次在北平主流报媒上发表，以及被选入书籍出版这一现象，也间接说明了，胡适寿筵在当时公共文化界的影响力罢。

在此，需要特别加以说明的是，赵诗还曾被书写成一组条屏，呈献给胡适。这一事迹可以通过《钱玄同日记》[①]，得到确证。不过，究竟有几条屏，屏上书写的贺寿诗内容与《世界日报》所发表者有何异同，一直以来并不十分清楚。

时至2017年，北京荣宝斋展出自藏近现代书法作品，世人方知此组条屏至今尚存六条。条屏虽不完整，却尚可从中一窥贺寿诗原迹，实属难得。事过八十余年，如笔者辈后世读者得观此条屏者，无不为这一群以胡适为首的“新文化”朋友圈的乐观活力，以及他们以“新文学”方式改创生活的旨趣而大感兴味。

荣宝斋藏赵元任撰、毛子水书《胡适之先生四十正寿贺诗》（展出时未依次列置，此为笔者据赵氏原文重新排列之图像）

---

① 详参：《钱玄同日记（整理本）》，北京大学出版社，2014年。

◎钱玄同用七个小时亲书贺寿手卷

再来看钱文，带有对魏文与赵诗的总结评述之意味，也主要以忆述当年的胡适寿筵情形为主。

钱玄同在文中，首先提到了将魏文写成手卷之事，称"魏先生这篇是用'平话'体做的，由我写成手卷，送给胡先生。那时曾经把它摄影一打，分给送礼的十二个人，当本周刊发表赵先生的诗之日，我就打算把魏先生这篇'平话'的照片找出来接着发表。"但"只因人事栗六，兼复赋性疏懒"，久拖未果，也就放弃了这一想法。由钱文可知，除却由其本人亲书的贺寿文手卷真迹之外，还拍摄有十二张手卷照片散存于拜寿者手中，亦不知如今尚在人间否？

综合魏、钱文与赵诗的内容来揣度，至少可以统计出四十二位当年前去给胡适拜寿者的大名单。可以想见，除却这四十二位平日交往较为密切，堪称"朋党"的友人（及家属）出席之外，其余未被圈定在"朋党"之列的同仁、同道、同事之类，更兼北大众多弟子晚辈等，总体人数应当与《世界日报》简讯中所称"百余人"之规模相符——当天胡宅中的热闹情景，已如在目前。前来拜寿者群体几乎涵盖了当时国内学术界、教育界、文学界中所有的精英人才，堪称一场新派学者"嘉年华"式聚会，也再次印证了"我的朋友胡适之"这个朋友圈的精英本色。

《钱玄同日记》中还有一些关涉胡适四十寿辰的记载，可为这段史实做一番旁证与脚注。譬如，1930年12月14日记：

魏建功谓适之十七日四十大庆，中央研究院诸公有寿序，顾撰而毛子水书。拟国语会与西北科学考察团合送一文，拟魏作钱写（凡十二人，白涤洲、马隅卿、缪金源、丁仲良、黎劭西、黄仲良、钱玄同、徐旭生、周启明、庄慕陵、孙子书、魏建功）。①

12月15日又记：

午后建功来，将寿序做来，有二千余字，用平话体，题为《胡适之寿酒米粮库》，拟定用高丽卷纸书之。五时至戴月轩购笔墨，晚七时写起，至十二时毕。②

12月17日再记：

下午因前日所书平话中两处有错字，因割下重写三分之二，二—四时写毕。晚五时顷去拜寿，见有研究院诸公所赠泥金寿屏，元任作，子水书，大开玩笑。胡夫人赠以戒指与适之，刻"止酒"二字。吃到半中晦，他受戒了。我过去看看，被胡夫人推为"证戒人"。③

《钱玄同日记》透露并确证了一系列重要信息，即不但魏建功所撰《胡适之寿酒米粮库》一文，曾经钱氏写成手卷赠予胡适；赵元任所撰《胡适之先生四十正寿贺诗》一文，曾经毛子水（1893—1988，又名毛凖）书写，且制作成

---

① 详参：《钱玄同日记（整理本）》中册，北京大学出版社，2014年。
② 详参：《钱玄同日记（整理本）》中册，北京大学出版社，2014年。
③ 详参：《钱玄同日记（整理本）》中册，北京大学出版社，2014年。

钱玄同《关于魏建功的〈胡适之寿酒米粮库〉》

了寿屏赠予胡适（即前述今藏于北京荣宝斋的六条屏残件）。除此之外，可能还有一件"顾撰而毛子水书"的，代表中央研究院的贺寿序文。这里提到的"顾"，应当即是刚刚于1929年出任中央研究院特约研究员的顾颉刚（1893—1980）。不过，这一写件至今尚未见传世品，故具体内容及相关情况都还无从说起。

再者，日记中还提到钱氏所写手卷，初写费时五个小时；寿筵当天下午，又因发现错字，"割下重写三分之二"，又费了两个小时，一幅手卷，竟足足写了七个小时，足见其郑重其事，亦可知这幅手卷的书写水准应相当精湛。那么，这幅钱氏所书手卷，如果尚存于世，且有朝一日能被发现，定当成为"新文化"与"新文学"运动以来极为重要的历史文献之一，其文艺价值与文史价值都是独具一格的。

◎张元济抱病补写贺寿联

最后，还有值得一提的是，在胡适四十岁生日期间，与胡适有着深厚忘年交谊，于出版文教事业上也多有精诚合作的张元济（1867—1959），因病未能致贺，事后还补写信函致贺。1931年1月12日，张元济致胡适的信中写道：

适之先生阁下：前日辱荷枉临存问，不胜感谢。贱恙已痊，医生谆嘱避寒，故不下楼，不出门，致未能趋答，万分悚歉，幸祈原宥。去岁先生四十大庆，先未闻知，致失祝贺，至为惭愧。谨据报纸所载，制为联语，翼附汤、丁二君之末，别纸写呈，藉博一粲。①

又据《胡适书信集》②可知，1931年1月14日，胡适复信张元济称：

谢谢先生送我的联句，这副对子好极了。将来先生病痊愈后，我想请先生写了送给我。

张元济确于四日后，1月18日即将这副胡适称赞的贺寿联写呈寄示，他在信中称：

前日奉还示，谨诵悉。戏撰联语，藉博一粲，既承不弃，自当写呈，翼附丁、汤二君之后。③

只是张信中提到的"别纸写呈"的贺寿联，至今未见披露；《张元济全集》所辑录的信文提及贺寿联事，也到此为止，未有附录这一"别纸"。不过，笔者后来曾有幸在上海图书馆馆藏信札中得见这一"别纸"，终可一睹张氏贺寿

① 详参：《张元济全集》第一卷，商务印书馆，2007年。
② 详参：《胡适书信集》上册，北京大学出版社，1996年。
③ 详参：《张元济全集》第一卷，商务印书馆，2007年。

联原貌。且《胡适遗稿及秘藏书信》第三十四册（黄山书社，1994年）中，不但收录了上述信札的影印件，亦附录有这一"别纸"的影印件，其图像似即取自上海图书馆馆藏。在此，转录原文如下：

适之先生四十大庆，谨就报纸纪载，制为联语补祝：

我劝先生长看着贤阃戒指，从今少喝些老酒

你做阿哥好带了小弟壮大，享个无限的逐龄

张元济拜撰

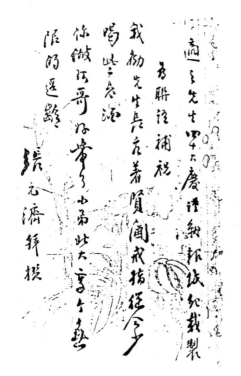

张元济书赠胡适贺寿联手迹

至此，张元济所撰贺寿联，终现"真容"。上联仍以胡适戴妻子所赠"止酒"戒指为戏说，下联则以"我的朋友胡适之"这个朋友圈的精英众多来发挥。

应当说，这副寿联不但写出了胡适家庭和谐，互敬互爱的生活状态，也明确指出了胡适在新派学者群体中，有着一呼百应，带头大哥式的领袖风貌。

这一副贺寿联内容与古语"世间难得惟兄弟，贤阃调和更罕稀"（语自《杀狗记·孝友褒封》）相仿佛，但语言更为直白通俗，完全符合胡适一贯提倡的"白话文"写作旨趣，可谓亦庄亦谐，恰如其分。

遥思时年已六十五岁的商务印书馆掌门人张元济，以这样一副"新风尚"的贺寿联，为其忘年交胡适的四十寿辰致贺，亦堪称近代文坛中的一桩"新掌故"罢。

此外，张信之末提到的"冀附丁、汤二君之后"云云，是指将自己所写的贺寿联附于丁文江、汤尔和所写寿联之后。丁、汤二人所撰贺寿联，之前早经刊布，黄秋岳"贺寿信"与"贺寿联"中也均已拈提到汤氏所撰贺寿联，足见当年传布之广，影响之大。在此，也一并转录如下：

寿胡适四十联

丁文江

凭咱这点切实工夫，不怕二三人是少数

看你一团孩子脾气，谁说四十岁为中年

寿胡适四十联

汤尔和

何必与人谈政治

不如为我做文章

◎三十年之后的七十寿辰，在台湾最后一次"做寿"

时至1960年12月17日，已是胡适的六十九岁生日，按照中国传统的虚岁

计寿法，正好是其七十大寿之时。自1958年11月，从美国飞赴台湾，已出任
"中央研究院"院长的胡适，正式定居台湾，此刻接受台湾"朝野"各界的贺
寿，于情于理，都顺理成章。依常理推想，胡适的七十寿辰，应当是继其正式
"做寿"的四十寿辰三十年之后，最为隆重的一次寿辰罢。

　　不妨回顾一下，1940年胡适五十寿辰时，正值抗战军兴，他在美国出任
全权大使，公务繁重，又逢国难，自然无暇"做寿"。1950年胡适六十寿辰时，
又逢国民党溃逃台湾，其人辗转流寓美国，虽仍有一帮同寓美国的旧友前来
祝寿，但也只不过吃顿便饭，叙旧感怀而已。只有到了这1960年七十大寿时，
住进了台湾"中研院"院长专邸，算是脚跟落定，生活上稍得稳定，心境上也
渐复安定；加之以蒋介石为首的台湾国民党政府，对其也算是有着相当的礼遇
与待遇，正式"做寿"才成为可能。

1952年11月19日，胡适应台湾大学及台湾师范大学之邀，首度由美国赴台湾讲学，受到热烈欢迎。

1952 年 11 月 30 日，胡适在台湾讲演《国际形势与中国前途》，现场座无虚席，盛况空前。

1953 年 1 月 17 日，胡适第一次自台湾暂返美国，陈诚等至机场送行。

然而，查阅《胡适日记》可知，胡适本人对七十寿辰的情形却没有任何记录。究其原因，这恐怕与其当时的应酬太多而无暇记录，或者是尽可能腾出时间从事学术研究而不愿耗费精力记录这些生活琐事有关罢。倒是其秘书胡颂平所编撰的《胡适之先生年谱长编初稿》（以下简称《初稿》）及《胡适之先生晚年谈话录》（以下简称《谈话录》），对此有着比较详细的记载。

当时，除了蒋介石、陈诚等台湾政界要人的祝寿贺礼之外，"中研院"全体同仁的集体祝寿会与在钱思亮家举办的同仁寿筵，以及胡适的答谢辞、答谢函等均有详细记述，足可从中管窥此次"做寿"盛况之一斑。

据《初稿》记载，1960年12月15日（星期四）上午，黄伯度送来一个"总统"亲书寿字的大镜框。黄伯度说："'总统'问先生的客厅多大，他看见原先配好的镜框不好，这是他吩咐第二次配的镜框。"中午，庄莱德"大使"请先生吃饭。三时半，"中央研究院"全体同人一百五十五人，院士朱家骅、王世杰、凌鸿勋及评议员等六十多人作陪，连同绩溪同乡会代表共约二百三十人，在学人馆为先生举行祝寿酒会。由最年轻的数学博士王九逵代表同仁致词后，先生也致词答谢。

12月16日，又陆续收到林语堂、童第德、沈怡等人的祝寿函电。下午在钱思亮夫妇等友人陪同下，胡适竟还有"避寿"之举，为避免因前来祝寿者太多，应酬无暇，遂至石门水库暂避。当晚，蒋梦麟等设宴款待。12月17日，上午到南港胡适住所签名祝寿的文教界人士达二百多人，下午又参加北大六十二周年校庆纪念会，北大校友又为其祝寿。当晚，在钱思亮家设了寿堂，同仁寿筵开席。

关于在钱家举办同仁寿筵的细节，《谈话录》记载则更详。书中记载称：

胡适与蒋介石共进茶点，摄于 1954 年 3 月。

胡适在台湾"国大"发言，摄于 1954 年 3 月 25 日。

胡适在七十寿筵上举杯致辞，身后悬挂着蒋介石所书寿屏。

介公總統賜鑒：

十五日晨，黄伯度先生来南港，带来總統親筆寫的大"壽"字賜賀我的七十生日。伯度並说，這幅字裝了框。總統看了不很滿意，還指示重裝新框。

總統的厚意真使我十分感謝！

回憶廿七年三月十四夜，北平已在圍城中，總統派飛機到北平接内人和我同載家學人眷屬南飛。十六日午從南苑飛到京。次日就蒙總統邀内人和我到官邸晚餐，給我們做生日。十二年過去了。

總統的厚誼，至今不能忘記。

今天本想到衬致謝。因張岳軍先生面告今天總統有會議。故寫短信敬致最誠懇的謝意。並祝

總統與

夫人新年百福。

胡適敬上
一九五三九

胡适致蒋介石信札手迹，答谢所书寿屏及祝寿厚谊。

"晚上，钱思亮夫妇、张祖诒夫妇、鲍良傅夫妇、程维贤夫妇、钱纯等在钱家设了寿堂。他们还约了王志维夫妇作陪。"

在寿筵上，胡适风趣地赞扬了胡颂平的夫人及王志维、钱纯的夫人，席间又多是同人夫妇，在学术与政治之外，更多地洋溢着家庭聚会的轻松与和谐氛围。

除了生日当天及之前几天的相关活动之外，胡适的七十寿辰庆祝活动，一直持续到次年初，台湾社会各界均以各种方式对这位文教学政风云人物予以致敬与祝愿。直到次年1月26日，中国公学校友会都还在为这位曾经的中国公学校长补办寿筵，于右任、王云五等要人故友均在座。

◎三千字专访报道，"胡适七十依然卖药"

其实，除却《初稿》与《谈话录》的上述记录之外，当年的台湾报刊媒体对胡适七十寿辰也都有过新闻报道，只是大多比较简略，内容也基本雷同。唯有《新闻天地》周刊的报道，别出心裁，别具一格，不但内容翔实，还在史料细节上有更多记录。此次报道采写完稿于12月18日，对胡适在南港家中举办台北报刊记者集体祝寿会予以记述，其中一些细节颇具史料价值，为《初稿》与《谈话录》所未载。

此次报道刊发于1960年12月31日，在《新闻天地》当年的最后一期（总第六百七十二期）上，刊出了《胡适七十依然卖药》的新闻报道兼述评，以略带调侃，亦庄亦谐的笔法，报道了胡适七十寿辰台前幕后的一些情况。与先前胡适秘书及亲友的记述皆不同，这篇文章以场外第三者视角参与报道，又更兼一份写实特性。因资料难得，故在此酌加整理，转录全文如下：

胡适七十依然卖药

弃我去者，二十五年。不会回来。看江明云霁，吾当寿我，且须高咏，不用唧杯，种种从前，都成今我，莫更思量更莫哀。从今后，要那么收获，先那么栽。

前宵一梦奇哉！似天上诸仙采药回。有丹却能老，鞭能缩地：芝能点石，触处金堆。我笑诸仙，诸仙笑我——敬谢诸仙我不才，葫芦里也有些微物，试与君猜。

这是"中央研究院"院长胡适博士，在中华民国五年二十五岁生日时，填的一首词。

年复一年，今年十二月十七日已是胡适博士六十九岁整的生日了，这是西方的算法，但如果依照我国传统算法的话，今年恰好是胡博士的七旬大庆。"人生七十古来稀"，难怪关心和敬爱他的人都说："胡先生的年纪大了。"

"蒋总统"在胡博士生日前夕，特亲自题了一个"寿"字的寿屏，送给他祝寿，这一寿屏是大红作底，上款写"适之先生七旬大庆"，下款写"蒋中正敬祝"，中间是一个大寿字，灿烂悦目。由"总统府"副秘书长黄伯度于十六日上午送到南港胡博士寓所。

黄副秘书长于送寿屏时对胡博士说："这个寿屏不但是'总统'亲笔所题，而且框子也是总统亲自选定的。"可见"蒋总统"也和许多人一样，对这位誉满中外的学人是十分敬重的。

南港接见记者

早几天的一个下午，台北各报记者曾相约到南港去拜访胡博士，在"中央研究院"院长官舍里，胡先生亲自开门迎客，这天他穿了一套新制毕挺的藏青色西服，结着天蓝色领带，神采飘逸，满脸堆着愉快的笑容，但光阴似箭催人老，胡博士虽不是"红粉佳人白了头"，却也是昔日朱颜而今已是两鬓斑白的了。

在一间布置得雅洁宁静的客厅里，胡博士以"马丁尼"酒和包子待客。当记者们举起主人的高脚酒杯，为他称觞祝嘏之后，主人藉着美酒助兴，脸上闪过一丝淡淡的微笑，似乎有些歉然的说：

"刚才各位所见的这首词，在现在我自己看来，实在是太狂妄了，不过在年青的时候，我确实是具有这种抱负，想为国家民族，在思想、文学与教育上建立新的基础……"是的，从这首充满狂放与理想的填词中，我们可以想像和体味到当年的胡适之，是何等的英姿秀发！何等的抱负深远！

由于胡博士上面这首词里的最后两句是"葫芦里也有些微物，试与君猜。"一位记者反问胡先生："葫芦里卖的是什么药？请问灵不灵？"

胡博士笑着说："算起来已经是四十五年前的事了，当时我在美国留学，确实是以医生自比，怀着万丈雄心，希望学成归国之后，能为中国文化、教育思想打下一个新基础。但由于四十五年来，尽管我做医生的具有'割股之心'，而且也自信葫芦里的灵药能除百疾，但由于国人对于'医'的信念不够，不愿服我这剂药，或者又吃了别的药来抵消，所以我的药就不大灵了。"像感叹低回，胡先生又说："做医生的只能挂牌给人看病，却不能勉强别人非来看病不可；纵然有人来看病了，为他对症下药，开了丹方给他，但也不能强迫他非吃这副药不可。因此，效果并不理想。"他沉默半晌，又轻轻自信的说："虽然这样，我的药不会不灵，我认为我的药是灵的。"

胡博士喝了一杯"马丁尼"后，谈兴更浓，而且显得有点激动，竟从填词谈到对字、八股、律赋、骈文等，胡先生认为这些都是玩意儿，没有一点文学价值。这位中国文学革命的先驱者，认为今天还有人着意这些陈旧庸俗的东西，实在是非常不幸的事。胡先生说："这都是古时人走错了路，并且一错就是错了好几千年，本来很简单的中国文字，硬要把它弄成骈文、律诗、赋、八股；说话不好好的说，一定要成对子，自以为很美，事实上好像一个裹了小脚的女人，一点也不美。真是活受罪，开倒车，该打屁股。可惜这种话只有我胡适敢说，但不管怎样，我认为我是对的，如果说我胡适对国家有甚么贡献，我的答复就是我敢于指出这些死文字是荒谬错误的。"

胡博士的话匣忽然又转回到"对字"上面来，他以幽默的口吻说："从前在北平时，有人以'胡适'要我对，我信口就说，对古人就对元明诗人'方回'，对今人则对北平女师校长'方还'。后来有一次在上海，他的一位朋友请客，在座者有文化界人士，也有电影明星，一位朋友又以'胡适胡适'要他对，恰好女星'徐来'是最后才到的，他灵机一动，立刻就以'胡适胡适'对'徐来徐来'，因为徐来的丈夫黎锦堂是胡适的学生，马上就抗议说：'怎么老师能同学生的太太作对呀！'"此语一出，满堂为之哄堂。

僧众要围剿他

主人豪兴，一连干了两杯之后，又提到今年七月在西雅图参加"中美学术合作"会议的一篇演讲，他特别对"中央日报"记者说："因为你们的报上译我的讲稿时省略了一个字想不到竟开罪了佛教徒，他们竟扬言要来围剿我。"他一再强调，"我本来是恭维禅宗的，他们反而不识抬举，这简直是饭桶。"

胡博士当时在西雅图的演讲是《中国的传统与将来》，他很恭维禅宗是中国人对印度思想的一大革命。因为据他的估计，在唐朝以前，有关佛教的书，从印度文译成中文的至少有五千字到七千字，这些译出来的文字多半是中国人不易了解的，禅宗就以"不列文字"为口号，把那五千字由印度传人的佛教思想打倒了，而成为适应中国的佛国思想。所以他在演讲中仿照《圣经》的语气，对这些说大谎造假书的和尚们加以恭维，对他们祝福说：Blessed be Those Wonderful Liars and for Gers，可是中央日报却把他的 Blessed 一字省略掉了，才造成这一个大大的误会。

胡博士说："我们讲明和尚伪造说谎，其中最大的虚构故事便是禅宗的起源，这个故事据说有一天，释迦牟尼在神鹫山上讲道，有人送给他一个花球，他拿在手里只是微微一笑，什么话也不说，几千听众都不懂他的意思，只有他的大弟子迦叶领会了释迦牟尼的意思，也对着他的师父微微一笑，释迦牟尼就说：'我有一个秘密的道理，现在大迦叶懂了，我已经传给他了。'于是'拈花一笑'被造成了历史，而且成功了。神会和尚这样改写历史而获得成功，是中国思想史上的一大革命，但因宗派关系，却被埋没了一千多年，三十多年前我在巴黎、伦敦和敦煌才把它发现出来，今天的佛教徒们，不但不感激我，反而说是要围攻我，你们说这些是不是饭桶？"

父慈子孝　伉俪情深

有人问胡博士："胡夫人怎么老不回来？是不是博士另外有新发展？"这句话似乎是过分了一点，但在这种"忘年"之交，轻松愉快的场合里，胡博士不觉哈哈大笑起来："我今年快七十岁了，对漂亮小姐，也没有那份闲情了。"

谈到胡夫人，胡博士的兴趣像是越来越浓厚了，他用手往灰白头发上轻拂了两下，又一本正经地说：

"太太本来是要今年回国的，可是后来我儿子（胡祖望）奉调到'美国大使馆'帮经济参事王蓬当助手，因此连媳妇孙子也都去了美国，我的太太已经十多年不见祖望了，这次连儿子媳妇孙子都一起到了她的身边，当然先生就不重要了。"胡博士说到这里，像是特别怀念他的老伴，顿了顿又说："我太太在美国九年了，因为不懂英语，常常靠朋友帮忙，现在有了儿子在一块，当然是方便得多了，她不回来，我倒也不怪她，不过，她总是要回来的。"胡博士伉俪情深，令人钦羡。

清一清未了账目

如所周知，胡博士在文学上的成就是令人无限钦敬的，但在他垂老之年，却仍然悔恨他以往"生产"的太少，尤其他葫芦里的灵药，他总认为还不太灵。他希望今后的日子，能给他有些充分自由运用的时间，使他关起门来专心著作，整理一下未了账目。他说，他对他的老友张岳军先生"人生七十才开始"的看法，虽然不表反对，但却不同意。所以他决心想利用宝贵的余年，好好努力做点工作，几年之后，就可以有成绩给大家看看，不会像过去——尤其最近这一年，真是没有什么可说的。

希望明年退休

胡博士说："现代文明国家都定有退休制度，有的是六十五岁退休，有的是六十八岁强迫退休，有的则规定七十岁必须退休。我们现在也定有退休制度，而且也有勒令退休的规定，这是政府对公教人员的一大德政，所以我很想明年能获得政府给我勒令退休的命令。"他略停一会儿，似乎又感叹的说："明年，离开现在还有一年的时间，在这一年之内，我希望中央研究院评议委员，能考虑院长人选，照规定物色三位适当的候选人，准备明年给总统圈定一位来接替我的职务。那时我就可以搬出这所院长官邸，住到那边学人宿舍里去，安安静静的研究一点东西出来，给大家一个满意的'答复'。"

勉励北大校友

北京大学校友们，对胡博士总是格外尊敬的，胡博士生日那天，恰好又是北大六十二周年校庆。在台的两百多个校友，仍然像往年一样热烈，于当天下

胡适七十寿辰前夕接受采访。

胡適七十依然賣藥

牧海

「棄我去者，二十五年。不會問來。看江明雲霽，吾當壽我，且須高詠，不用啣杯，種種從前，都成今我，莫更思量更莫哀。從今後，要那麼收穫，先那麼栽。前宵一夢奇哉！似天上諸仙采藥間。有丹能却老，鞭能縮地；芝能點石，觸處金堆。我笑諸仙，諸仙笑我——敬謝諸仙我不才，葫蘆裏也有些微物，試與君猜。」

還是中央研究院院長胡適博士，填的一首詞。

胡適博士六十九歲整的生日，今年復一年，今年十二月十七日已是胡適博士的生日，但如果依照我國傳統算法的寫法，「人生七十古來稀」是阿Q的話，但今年恰好是胡博士七旬大慶。

心和敬愛他的人都說：「胡先生的年紀大了。」

蔣總統在胡博士生日前夕，特親自祝壽，還一個「壽」字，送給他——適之先生七旬大慶」，下款寫著「蔣中正敬祝」，中間是一個「壽」字，爛悦已。由總統府副秘書長黃伯度於十六日上午送到胡博士寓所。

自總統這個壽屏不是總統親筆所題，可見蔣委員長也和許多人一樣，對這位譽滿中外的學人是十分敬重的。

早幾天的一個下午，台北各報記者會相約到南港去拜訪胡博士，在中央研究院院長官舍裏，胡先生親自開

門迎客，還天他穿了一套新製舉起的藏青色西服，滿臉堆着愉快的笑容，飄逸，胡博士老，却也是昔日未顏而今已入白了頭上，却是阿Q斑白的。

胡博士一開佈置得雅潔漂亮的客室是西方式的高脚酒杯上閃着淡淡的微笑，為着有他斟酌親殷之後，主人着着美酒助興當記者們舉起主人的高脚酒杯裏，些，然的說：

「剛才各位所見的這首詞，在現不過在年青的時候，我是太狂妄了他自己看起來，想寫國家民族的在白話詞上很想成立新個，在思想，文似箭催人老，胡博士又是具有這，一絲淡淡的微笑。」

他納剳概親熱對胡博士說。

他種抱負的，從自充滿狂放與理想的胡適我們可充滿和懂味得當年的抱負？是何等的英姿秀發？何等的深之，由於胡博士上面還散散的兩句——「胡蘆裏有些微物，試與君猜。」由於這首詞興君最後猜測？——請問胡先生。「算起來還是四十五年前的事了。」當時我在美國留

「割股之心」，他以醫生自比，懷濟萬丈雄心，希望療成醫國之後，再為中國文化、教育思想打下一個新基礎。但由「割股之心」，儘量打下一個新基礎。

「靈藥能除百疾」，但由胡自信葫蘆裏的有效的信念不夠，不顧別人非來看病，為着要醫別人的消極。我這劑藥或他先不能掛牌不入，看胡先生或不願服胡蘆裏的醫又不能強硬這個別人的藥非吃不可」。做醫生的，縱然有人方有看，也就不大靈了。他沉默半晌，我的藥也不會不靈，像我這樣，我認為雖然這樣，我的藥又輕輕自信的醫生並不靈，我認

胡博士喝了一杯「馬丁尼」後，談與更濃，而且顯得有點激動，從文壇「詞」談到對字、八股、律賦、聯從壇「詞」等，又有一點文學價值兒，浚有，到這位中國宣意革命的先驅者不認為，今天還有人着學革命的東西，都是玩意，並且一錯就是錯了好

，竟着還這些陳舊庸俗的路，胡先生說：「這都是古非時人走錯了路，並且一錯就是錯了好時人走錯了路，並且一錯就是錯了好

幾千年，本來很簡單的中國文字，要把它弄成駢文、律詩、賦、八股，自說話很不好的說，一定要成對子，以為美，事實上并不美，小脚的女人，一打屁股上好像一個藏了子，自開倒車，一點也不美，可惜是活受罪不有，如果我這樣，我胡適對國家有甚麼我的答復就是胡適對國家有甚麼貢獻呢？我說就是荒謬錯誤的是，我不過復活過來到死文字是荒謬錯誤的。

胡適博士的話忽然又轉回到對我從字前在北平時，他就是我們的長人「方向回」就說，對着人則我很客氣的，但對古人則我說，後來今人則我以幽默的口吻說對我以幽默的口吻說，在座者有文化界人，他長一次在上海女校長王女士，恰好友文化界人，他王女士對古人朝敬的詩對我胡適錦堂同立女星！」此話一出，滿一是最後才到胡適博士，他緣起一「適之適之」一點立刻就的電，就說，「徐來來來」，因要同以夫婆錦堂能同「徐來來」一是對，「徐來來」對對「怎麼老師能同學生對」士上面在北平時，他就先生對呀！」

又提到今年七月在西雅圖參加中美學術合作會議的一段演說，他略了一篇演講，竟把今日報記者省略了「因為你們想不到竟開我日報記者省略了罪了」，他特別上面報上譯出了佛教徒，他們竟揚言想不到竟開罪了，他一再強調，說本來沒有甚麼主人豪興，一連乾了兩杯之後，他們反而不識抬舉，這簡直是飯桶。他們反而不識抬舉，這簡直是飯桶。

《胡适七十依然卖药》专访报道，原载于台湾《新闻天地》周刊。

午在静心儿童乐园开会庆祝和聚餐。

胡博士在那天庆祝会中致词，除了就北大的校庆与他的生日巧合加以说明，并追述有关北大的一些往事之外，最后特别勉励北大校友，从精神上去纪念北大。

胡博士说："我们北大同学，经过这么多的患难，今天仍然在此时此地举行校友纪念会，真不是一件容易的事。"他说："现在有许多大学在台湾复校，可是北大的同学却不考虑这件事，我也很表赞同。因为要办一个第一流的大学真不是一件容易的事。"胡博士又说："一个学校是与人一样的，一个人虽然做了许多事，最后还是免不了要死，但他的精神却是值得纪念的。所以我们要纪念北大就应该从精神上去纪念它，从历史上去纪念它，从我们的努力和奋斗中去发扬北大的学术精神。"

博士并不衰老

寄语关心胡博士的读者们，尽管人们都说："胡先生的年纪大了！"尽管他自己更说他已是垂老之年，并打算明年决定退休，但实际上胡先生却并不衰老，凡是接近过他的人，从他谈笑之间，可以体味着他那份真挚热烈的情感，仍然具有普通一般青年人一样的冲劲。我们但愿这位四十五年前就以灵药仙翁自许的博士，仍然保有当年的万丈雄心，继续为世人悬壶治病，使他葫芦中的炼丹能收到更好的效果。

（四十九，十二月，十八）

◎古稀之年献"灵药"，台湾岛上终难"济世"

这篇三千余字的专访报道，真实生动地反映着胡适赴台之后，台湾社会对这位曾经的"新文化"运动旗手，"自由主义"先驱学者的一般印象与普遍评价。在普通民众对其崇敬有加的同时，政界、知识界、宗教界对其也有一定的负面评价与不同看法。

如在胡适赴台之初，就有相当一部分中青年学者认为其思想陈旧，老态已显；再如在禅宗史料的运用及辨析上，触怒佛教界人士及信众；又如后来在"雷震案"事发过程中，其言论又招致包括蒋介石在内的台湾军政当局反感；等等。诸此种种并不和谐的社会背景之下，胡适在台湾的社会形象，也呈现出复杂多元的各式评价。总之，在一片颂扬声中亦杂有颇多讥弹之音，在一众追随声中也不乏质疑之声。

在胡适赴台定居不足四年的短暂生命历程中，荣辱毁誉也接踵而来。疲于应付的各类社交活动，挤占着他本就有限的精力与时间，一直寄望着要完成的多个学术项目终未完成。社交频繁忙碌、治学进展缓慢的双重牵累之下，胡适在台湾的学术与社交活动中，却始终不改"新文化运动"以来的政治主张与学术理想，始终寄望于年轻一代能奋进图强，报效国家，他为之倾力做了许多激励后进，鞭策青年的工作。

实际上，胡适始终自信其疗效的"灵药"，就首先是在当时的台湾青年中予以"推销"的。虽然在这"七十胡适依然卖药"的报道中，始终未曾明确指出"灵药"究竟是何物，但这一答案，却早就在胡适于1960年6月18日的一次讲演中，已由其本人明确解答了的。

原来，当时胡适应邀出席台湾成功大学毕业典礼，为之作专题讲演，主题为"一个防身药方的三味药",提出三味人生大药,即"问题丹""兴趣散""信心汤"。这"三味药",当然是对于面临毕业即择业、从业、失业压力的毕业生们的"舒缓剂"。看起来岂止当年的台湾大学毕业生适用,即或放到六十年后的如今来看,也应当还是有一定"疗效"的。

其实,这三味人生大药,在1949年之前,国民党政府尚未溃逃台湾之前,胡适就曾针对北大、清华等北平大学生们,作过类似的演说与开导。但此时此刻,也并不仅仅是对台湾的大学毕业生而"旧方"重提,胡适的这"三味药",对于当时的台湾普通民众,对于当时前途未卜,政局动荡的整个台湾社会而言,也无异于一剂"对症下药"的"救心"良方。

这个表面上能起到舒缓生存压力,实质上更要求立身立志慎行的"药方",在胡适看来,在二十世纪的中国,任何时刻都还有"疗效",不会过时。胡适认定,中国社会的改变的复杂的、艰巨的过程,而所有成功的社会变革都源自国民自身的进步积累。所以,这"三味药"乃是国民自我启蒙、自我反省、自我变革的基础"用药",更是社会进步、民族复兴、国家富强的初步"疗程"。

实际上,如这"三味药"类似的说法与提法,胡适自五四运动以来,在各个历史阶段,各种时代变局之下,皆有过变通演说。但究其宗旨,始终只有一个大方向上的诉求——即要求民族自省自警,希望民众自立自强;国民做好自己学业、职业与事业的分内事,立志报国;而政府当局则应保障民生,尊重民权。国民与政府同心合力,自由、民主的中国方可迎来民族复兴伟业。

由此可见,从重建中华文明,重塑民族信念的宏大构想层面上去观察,自"新文化运动"以来,胡适对国家国民的基本立场与诉求主张四十年来未曾改变。当然,同时也应当看到,这种始终保持着一定容忍度与理性力量的"药

胡适七十寿辰当天，在北大校友祝寿会上，与王世杰等友人相聚。

胡适七十寿辰当天，在北大校友祝寿会上发表演说。

方"，在二十世纪上半段国家政局动荡不定，民生极其艰难的大背景之下，在社会各方矛盾激化，各方力量极不均衡的大条件之下，并不能为这一时代的各方同时认同与接受，甚至有可能任何一方都无法接受。

在这样的情势之下，也就不难体味到，胡适在或左或右的政治思潮中始终力求以调和姿态去维系的那个民族复兴大计，是多么的可望而不可即。无论如何，当局与民众都会有相当一部分人，是无法接受这种看似"和稀泥"却又异常自信的姿态及立场的。

胡适六十九岁时存照，1960年9月摄制，逝世后成为其肖像纪念照。

翻看这份六十年前的新闻报道，七十寿辰之际的胡适，其"悬壶济世"之态栩栩如生，跃然纸上。此刻，健康状况已极不乐观的古稀老人，却仍在相当奋发，相当乐观的心境之下，坦然面对着眼前矛盾交织的情势，还要壮心未已，老有所为。

四百多天之后，1962年2月24日，因心脏病猝发离世的胡适，给后人留下的种种思想史、学术史、文化史的诸多遗产，是否仍可做"济世良药"，还依旧在海峡两岸的论争声浪中保持着新鲜与活力。如今，在胡适离世六十年之后，再来重新回顾其七十寿辰的场景种种，真真如世事前尘预演，恍若天意早有安排，这又岂止"灵药"二字可解？

鲁迅"北平五讲"重探

——以北平《世界日报》等相关报道为中心

1932年11月9日夜，已在上海定居五年的鲁迅，突然接到北平来电，电文中有云"母病速归"。11月11日晨，鲁迅乘火车赶赴北平，两天后即抵达，"见母亲已稍愈"，可谓虚惊一场。之后数日，鲁迅为其母延请医士，登门诊治接连数次。期间，会晤北平故旧友朋，殆无虚日。

11月22日，鲁迅与台静农"同往北京大学第二院演讲四十分钟"，"次往辅仁大学演讲四十分钟"。[①]从此次讲演开始，鲁迅此行接续共计在北平各大学讲演五次，被后世研究者习称为"北平五讲"。就此拉开了"北平五讲"的序幕。依次列举如下：

在北京大学讲演《帮忙文学与帮闲文学》（11月22日）；

---

① 详参：《鲁迅日记》，人民文学出版社，1959年。

在辅仁大学讲演《今春的两种感想》（11月22日）；

在女子文理学院讲演《革命文学与遵命文学》（11月24日）；

在师范大学讲演《再论"第三种人"》（11月27日）；

在中国大学（学院）讲演《文艺与武力》（11月28日）。

"北平五讲"乃是鲁迅生前最后一次在北平开展讲演系列活动，无论于其个人生涯而言，还是就其历史意义而言，自然都有着极其重大且深远的影响。

诚然，"北平五讲"当年盛况空前绝后，各界反响热烈之状，散见于八十余年前的南北各地各大报刊之上。当时乃至后世的读者，都应当可以想见现场状况，对这一历史事件有所了解。然而，由于"北平五讲"的具体内容一直散见于报刊，鲁迅生前并未将之纳入其自选集中，后世所编各版《鲁迅全集》也没有全部收录，所以难免会予读者以"东鳞西爪"的支离感，难免会令一些亟欲了解五次讲演全程全貌的读者感到"云山雾罩"，仍不甚了了，颇有缺憾之感。即便十年前由鲁迅之子周海婴（1929—2011）亲任主编，隆重推出了《鲁迅大全集》①，搜采史料可谓空前，基本弥补了这一缺憾，可在甄选文献底本方面仍未尽善（详见后文）。

对于既需要内容相对详尽完善的讲演记录文献，又对这五次讲演的"现场感"抱有浓厚兴趣，更希望获知更多台前幕后的细节信息的新时代读者而言，无论是历年不断增订的各版《鲁迅全集》，还是新近推出的《鲁迅大全集》，都

---

① 详参：《鲁迅大全集》，长江文艺出版社，2011年。

1932 年 11 月 23 日，北平《世界日报》报道，鲁迅赴北平之首场演讲《帮忙文学与帮闲文学》。

还无法完全满足这样的品读需求。

为此，笔者曾着意搜寻关于"北平五讲"的多种文献版本，包括各类现场新闻报道与现场听（观）众的"听（观）后感"，以及相关图文及美术创作资料，力求能让历史信息的"端口"多元化，能让后世读者在"多管齐下"的历史境遇中，更为丰富充分地感受历史事件的多面性。

在此，谨选取"北平五讲"中两场颇具代表性，且尚有较大探研空间的讲演（尤其是在师大的第四场讲演），通过目前已知的最佳版本的历史文献，并对这些珍贵史料加以整合与考述；在此基础之上，让我们重返历史现场，一起去感知与观摩那些台前幕后的历史细节罢。

◎首场演讲：在北大讲《帮忙文学与帮闲文学》

1932 年 11 月 22 日，鲁迅在北京大学的讲演，为其当年赴北平的首场讲演，也是其阔别北平五年之后首场讲演。当天的讲演内容，次日即由北平《世界日报》刊发，原文如下：

帮忙文学与帮闲文学

——鲁迅昨日在北大之讲演

【特讯】小说家鲁迅，新近由沪抵平，北京大学国文系，昨日下午三时，特请其在该校第二院大讲堂讲演，讲题为《帮忙文学与帮闲文学》，此次讲演系临时发出布告举行，故该校学生及外校学生多有未知者，然听众仍甚拥挤，约有六七百人。未讲演前，先由该校国文系主任马裕藻略事介绍，鲁迅即登台讲演。鲁迅青布棉袍，黑须长发，面色苍白，较四年前面目苍老。兹录其讲词大意如左：

自五四运动以来，因为受西洋文学的影响，大家都在那里提倡作小说，而小说的地位于是提高，社会上一般人好像以为不看小说就不是人。但是那时为什么要作小说？作小说的目的是什么？老实说，就是给人家消闲，给人家作酒后茶余的消遣资料，这种文学我无以名之，名之曰"帮闲文学"。其职务完全是为蔑片之职务，古时司马相如就专会弄这些玩艺，文学作品是专为有闲阶级作的，因为有闲阶级及官僚是文学作者的主人。主人忙，他们就帮忙，主人闲，他们就帮闲。开国的时候文人就作些帮忙文学的作品，来替主人帮忙，亡国的时候就要帮闲了。所谓开国时帮忙文学，不外诏令宣言电报等等，后来将文学分为二大类，一是廊庙文学，二是山林文学，也可说一是在朝文学，一是在野文学。在朝文学是官僚的玩艺，在野文学是隐士的玩艺，有人作中国文学史，把中国文学史叫做官僚文学史。现在所谓帮忙文学，与帮闲文学，比以前更来得巧妙，说什么"为艺术的艺术"，看一个人的学识如何，要先来考他的文章如何。社会上一般人都相信"文以载道"，一般文人对社会不敢批评，对压迫者不敢抵抗，结果：所有的作品，都变成帮忙文学，或帮闲文学。主张"为艺术的艺术"的人，对"俗事"是不问的，人家若是有什么反抗，他可就问起来了。他们专会骂骂人的人，人家起来斗争，他即出来给你个打击，他的任务是刽子手的任务。现在社会上的文学，不是帮忙的文学，就是帮闲的文学。我并不是要大家看不起这两种文学，诸君能懂得我讲的这题目的意思，那么，社会上什么事都可了解，文人常常自称自己是高尚的，自己所作的事，与"吃饭"不发生关系，这话我却不信。别人不说，没饭吃的时候，我是不能写文章的，便非得出去借钱买饭吃不可。我以为能以文字写文章，至少要中学毕业，或大学毕业。若专为写文章而写文章，那么忙时写的就是帮忙文学，闲时写的就是帮闲文学。二三年前上海革命文学的空气很浓厚，大家都说这个人是革命的，那个人也是革命的，政府怕他们闹，逮捕来就杀头。结果有些人的作品，又变成帮忙文学，与帮闲文学。据说也真有革命文学，而政府就根本以为文人是无用的，他们的文学作品，不是"帮忙"，就是"帮闲"，殊不知其中是思想的转变。在"诗经时代"，文人只知有"钱""军阀"等等，但是也难怪他们，若说他们不对，就等于骂老子庄子不懂唯物史观一样，小资产阶级是重理想的，他们可将帮忙文学与帮闲文学分开。虽然他们有时亦可有像似无产阶级文学出来，然终究还是不是帮忙文学，就是帮闲文学，都不是无产阶级文学。新的文学终是要人看下去的，作出来人不能看便不成其为文学，所以今后的文学趋向，还得走向新的文学方面。

　　上述一千二百余字的讲演报道及讲演内容摘要，是目前能够寻获到的，《帮忙文学与帮闲文学》这场演讲的最早披露者。《鲁迅大全集》中所收录的这场讲演内容摘要辑自1932年12月17日天津《电影与文艺》创刊号上的报道。虽然这篇报道字数达一千八百余字，较之《世界日报》的报道多出六百余字，内容更臻完善，但毕竟刊发的时间已较《世界日报》晚了近一个月之久；若论"新闻现场"效应及新闻报道的及时性原则，应当远不及《世界日报》。

须知，当时的《世界日报》，乃是以北平为中心，覆盖华北地区的国内主流媒体（1925年即创刊，日均发行量突破万份），无论从印发数量还是传播效率方面，都远比天津的《电影与文艺》杂志更具优势，因之该报报道当年在公共文化领域所产生的影响力也应远远大于后者。所以，这篇最早见报于《世界日报》的鲁迅演讲报道，自有其独特的历史价值与研究价值。

◎第四场讲演：在师大讲《再论"第三种人"》

值得一提的是，继首场《帮忙文学与帮闲文学》讲演之后，当天鲁迅又至辅仁大学作《今春的两种感想》讲演；11月24日赴北平女子文理学院作《革命文学与遵命文学》讲演，11月27日又到北平师范大学讲演《再论"第三种

1932年11月25日，北平《世界日报》报道，鲁迅赴北平之第三场演讲《革命文学与遵命文学》。

人"》，次日在中国大学（学院）讲演《文艺与武力》之后，晚间即乘火车离开北平。这四场讲演，《世界日报》均有报道与讲演内容摘要的刊发，为鲁迅这次短暂的北平之行留下了可资后世集中考索的珍贵文献。

事实上，"北平五讲"的第二至第四场讲演的基本内容，《世界日报》均有现场记录得较为完整的报道，这些报道均被辑录至《鲁迅大全集》中，后世读者也因之有幸一览这些不可多得的珍贵文献。然而，遗憾的是，第四场讲演《再论"第三种人"》的报道被辑录时，个别字词与报刊原文略有出入，可能是在转录过程中，旧报原版底本不佳造成的出入（甚至有整句漏录处）。

为此，笔者不揣谫陋，酌加校理，将1932年11月28日《世界日报》刊发的此次演讲报道原文，重新转录如下：

鲁迅昨在师大讲演
题为《再论"第三种人"》
观众达二千余人，临时改为露天举行
讲演毕，鲁表示"我不得不赶快卷土重去"

【特讯】昨日下午二时，师大文艺研究社请鲁迅在该校风雨操场讲演，一时前后，会场中即已十分拥挤，鲁迅于一点三刻到场，届时开讲，未及三分钟，因后来者愈挤愈多，无可插足，纷纷声请改为露天演讲，当即群赴该校大操场，团团围集，众约二千余人，讲题为《再论"第三种人"》。缘最近上海出版之《文化日报》曾登载鲁迅《论"第三种人"》一篇，对于文艺阶级性，有所主张，兹录其演词大意如左：

这个题目应该从五四运动的时候讲起，那时所谓文艺的园地，被旧的文学

家，关住了，占领了，西装先生的皮鞋踏进来了，这就是胡适之先生、陈独秀先生的"文学革命"。

于是，那时一些文学家发生了斗争，结果，新文学家胜利了，他们占了当时的文坛。时代的进展，是没有停止的时候，不料想三四年前，下等人的泥腿插进了文坛，此时前者反对后者，即是皮鞋先生反对新兴普罗文学，因而他们说，左翼的文学家竟是拿卢布的，陈独秀反而称革命的工农为土匪了。不过事实已经证明，左翼作家的确没有拿卢布，工农也确实不是土匪，于是旧文学的保护者想起了另一种的办法，于是"第三种人"之说便出来了。他们说，文学是"镜子"，没有阶级性的，现状的情形怎样，所照出来的也怎样。不过这话是不对的，就说是一面"镜子"吧，它所照出的，也是由于实物的不同而各异，何况，在阶级社会里的人绝不是一面镜子，因为阶级的背景不同，所有的观察，也是一副眼镜，他怎能超阶级呢？

他们又说文艺是为将来的，譬如托尔斯泰是写现在的，对于将来才有价值，他的文学，到现在还有价值。不过这话也不对的，托尔斯泰写东西时，是写他那时的现在，并不是写将来的，如果他写的时候，为了将来，那末，他离开了现实，到了现在，就失掉了价值，不成东西了。他们又说喜欢文艺的人们，要写东西，可以被批评家骂回去。这也是不确实的，社会一般的群众的需要，可以决定作家，不是批评家可以生杀予夺了的。他不是因为批评家的苛酷而作不出东西来。

因为作品懂得人愈多，力量就愈大，价值就愈高，艺术作品普遍的，须要大众化的，许多人想保存旧艺术，这是不合理的，而且是不可能的，许多的资产阶级，不当摇摆于高潮中，当与群众接近，要不怕衣裳的沾污，不怕皮鞋的染土与群众接近，新兴艺术的前途，无论如何，时代必然趋势，甚么办法也阻碍不住的。

有人以为知识阶级要灭亡了，其实知识永远是需要的，知识灭亡的事情，绝没有这种道理。但是新知识者与旧知识者完全不同，在我小的时候（四十年前），所谓知识者，他们只知道写信的方式，——祖父抬头几个字，以后祭祖应该怎样设置——摆几个碗，几个碟子，这种东西，现在已经灭亡了。现在所谓知识者——就是外国留学的先生们，讲孔子的经济学，回国讲罗素杜威学（胡适等标榜的主义），他们最漂亮，最阔绰，他们可以坐汽车，也可住洋房（坐汽车的事，今天我也是这样来的，不过，这是诸位的盛意），但是，这能否长久，实属问题，恐怕也要灭亡的。将来的知识者，研究为将来有用的东西，是另有其他有益于群众的一个人，他们在现在，把握住实际问题，来求自己的艺术，并不是抱着个人主义的，个人主义也是不能存在的，与其说是研究知识阶级的灭亡，倒不如说，研究为将来而斗争的艺术。讲到知识的存在与否，虽然好像为己，他的事业既然同群众结合，那末，他的存在，也就不是单为自己了。

鲁迅讲毕，多数群众，更争相紧随，拥入休息室，有询以何时返沪者，则答以最近日内；有争相挽留请即在平教书者，则曰"我一到此间，即有人说我卷土重来，故我不得不赶快卷土重去"；又有问"周先生住在上海感觉怎样"，则答曰"现在上海租界也不稳当了，统治阶级极灵敏，但被统治阶级也灵敏，所以无碍"，听者莫不大笑云。

事实上，《再论"第三种人"》的演讲内容，鲁迅生前未将其纳入自选集中，鲁迅逝世后也长期湮没，《鲁迅全集》中也未载，因此后世读者对此知之甚少。与早于此次讲演二十多天发表的《论"第三种人"》相比①，其影响力似乎不可同日而语。

◎鲁迅来平离平与"卷土重来（去）"之说

值得注意的是，当现场听（观）众中对鲁迅"有争相挽留请即在平教书者"，鲁迅却这样回答道，"我一到此间，即有人说我卷土重来，故我不得不赶快卷土重去"。以鲁迅的品格性情而言，之所以会这样回答，恐怕并不是随口调侃而已，而是当时确有某种并不欢迎其赴北平讲演的流言传闻之类，方才在应答热情听（观）众之际，对此捎带有所回应。

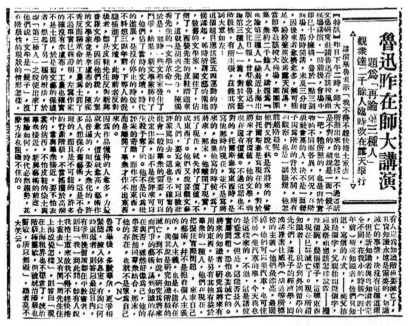

1932年11月28日，北平《世界日报》报道，鲁迅赴北平之末场演讲《再论"第三种人"》。

① 　此文于1932年11月1日发表于上海《现代》杂志第二卷第一期，后辑入《南腔北调集》及《鲁迅全集》。

时至1932年11月30日，鲁迅已经离开北平两天之后，《世界日报》仍在刊发其在辅仁大学所讲《今春的两种感想》记录稿，同一版面上还刊发了一则题为《鲁迅前晚返沪》的简讯，算是正式告知读者大众，鲁迅终于没能"卷土重来"，确实已经"卷土重去"了。这则简讯的措辞，也颇耐人寻味，似有意犹未竟，但又欲言又止之意。不妨细读原文如下：

> 鲁迅此次来平，连日应各学校之请，在各校讲演，极受群众之欢迎。现已在平事毕，业已于前晚乘车返沪，有人询以留平日期，鲁迅即答以有人说我卷土重来，日内即将卷土重去云云。记者晤彼于中国学院，叩以行期，则告以尚未决定，现则彼业已前晚卷土重去矣。

显然，《世界日报》记者对"卷土重来（去）"之说，颇为注意——短短百字简讯之中，记述里竟接连出现三次。而鲁迅在中国大学（学院）作此次赴平最后一次讲演之际，还向记者表示归期"尚未决定"，却于当晚迅即乘车离平。此举如果不是确属随意之举的话，则恐怕只能理解为鲁迅并不希望外界知道其在北平期间的日程安排，并不希望外界对其此次赴平有别的什么猜忌与揣测，宁可予人以一种"来也

1932年11月30日，北平《世界日报》报道，鲁迅赴北平之第二场演讲《今春的两种感想》。

匆匆，去也匆匆"的观感而已。

无独有偶，对鲁迅来平离平及"卷土重来（去）"之说予以报道的，还并不只是《世界日报》独家，北平老牌小报《实报》对此也曾有过关注与评述。就在鲁迅此次来平逗留的最后一天（11月28日）当天，《实报》不失时机地刊发了一篇带有"综述"性质的新闻报道，简要概括了鲁迅在师大讲演的现场情状，其中还不乏一些观察入微的细节描述。且看报道原文如下：

大文学家鲁迅（周树人）来平后，一般学校，纷纷请其演讲。昨日为师大文艺研究会敦请其在该校风雨操场演讲，乃开讲未及三分钟，因后来者愈挤愈多，无可插足，乃改赴该校大操场露天演讲，团团围集，众约六七百人，讲题为《再论"第三种人"》，第三种云者大意谓穿皮鞋西服而踏进文艺园地的是一种人，泥脚农工劳苦大众踏进了文艺领域的又是一种人，这两种人起了激烈的斗争，于是便有第三种人之产生。再论之者，因其在沪之《文化月报》上曾一论之，最后则曰此时代非"皮鞋脚"之时代……讲毕后多数群众争相紧随，情形狂热，为从来所未有。鲁迅着青布大褂，戴油垢呢帽，蹬青面胶皮运动鞋，面貌清癯，须发已苍白，而神采奕奕，被拥于人丛中，与一般皮鞋西服之男女青年，相映成趣。休息室小住，人众竟将休息室塞满，水泄不通，纷纷争挤向前，极欲一亲睹为快。有询以何时返沪者，周答以最近日内。有争相挽留请即在平教书者，则曰"我一到此间，即有人说我卷土重来，故我不得不赶快卷土重去"；又有问"周先生住在上海感觉怎样"，则答曰"现在上海租界也不稳当了，统治阶级极灵敏，但被统治阶级也灵敏，所以无碍"，貌庄语谐，颇堪发噱。后出室留影，即被人众围于廊际，倚于墙壁，刺刺不休，争亲谈唾，三数

密斯，自其身后以瞻此新文艺巨头之风采，而其饰貌如穷酸学究，此其所以为

鲁迅欤也。

　　上述五百余字的报道，刊印在每日仅有四个版面的《实报》头版之上，其

篇幅与刊发位置，都是比较醒目的。因办刊旨趣与版面规模所限，《实报》自

然不能如《世界日报》那样，对鲁迅此次来平的行踪履迹、言说谈论俱有持

续追踪式的系列报道。然而，这篇报道对鲁迅的师大讲演也有相当细致精微、

"现场感"十足的描述，亦有着可圈可点的史料价值。

　　譬如，报道中记载称"鲁迅着青布大褂，戴油垢呢帽，蹬青面胶皮运动

鞋"，以这般特立独行的穿着搭配，即刻予现场听（观）众"混搭"风格的观

感，恐怕不但令当时的摩登青年听（观）众大感特异，九十年后的新时代读者

也会觉得莫名惊奇。谁会想到，那一场盛况空前，足以写入中国新文学史的重

大讲演，鲁迅竟然是身着大褂，脚穿"青面胶皮运动鞋"，昂然步入会场的？

　　又如，报道末尾记述称"后出室留影，即被人众围于廊际，倚于墙壁，刺

1932 年 11 月 28 日，北平《实报》报道，鲁迅赴北平之第四场演讲《再论"第三种人"》。

刺不休，争亲谈唾，三数密斯，自其身后以瞻此新文艺巨头之风采，而其饰貌如穷酸学究，此其所以为鲁迅软也"，这一方面既是对当天讲演现场之热烈景况的侧面描写，同样也是在间接肯定鲁迅特立独行的风貌与风度。当然，这些关涉鲁迅个人风貌的细致描述，对于《实报》所定位的那部分读者群体，应当是有相当吸引力的，随之产生的社会影响力也应当十分可观的。

据考，创办时间比《世界日报》稍晚，于1928年在北平创办的小型报纸《实报》，读者群体更为广泛，在北平市内的影响力与传播率之高，也并不亚于《世界日报》。该报以下层民众为主要对象，采取"小报大办"的方针，对稿件进行精编、浓缩，版面编排也生动活泼，受到读者欢迎，单日发行量最高时曾达十万多份，一度居华北各报之首。

也正因为如此，这篇现场细节描述颇为生动的报道，其中关涉鲁迅个人风貌的部分固然引人入胜，其中同样提到了的鲁迅来平离平及"卷土重来（去）"之说，也应当随之为相当一部分北平读者所周知。那么，在当年报纸竞相报道，读者大多周知的情形之下，究竟有没有确实的线索，可对鲁迅"卷土重来"之说的源出之处有所探究呢？或者说，这"卷土重来"之说，究竟是鲁迅个人单方面的臆断，还是确有始作俑者呢？

遗憾的是，至今还未能见到关于这一疑问的合理解释与确切考证。不过，曾于1932年11月27日上午（鲁迅讲演为当天下午）亲访、邀请鲁迅的师范大学学生三代表之一潘炳皋（1908—1994，另外两位是张松如、王志之），在四天之后即刻写成的《鲁迅先生访问记》一文中[①]，曾约略道出了一些其中原委与

---

① 此文于1933年5月刊于师大《北国月刊》第一卷第四期。

隐情。文中有这样的记述：

　　偶然在《世界日报》上看见鲁迅先生在北大的讲演稿，知道鲁迅先生确实地已经来到北平了，但是就在他讲演的那天晚上，我们曾会过在文坛上还有着相当位置的两个教授，他们怎么就连提也没有一提呢？……

　　从《华盖集》上知道，他是住在西城的一个角落里，但是不知道确切的住址，在一个大黑天走到苦雨斋，我想岂明老人（周作人）还不至于就连他的住址也不告诉我，虽然我知道他们兄弟是不和睦，那知岂明老人那一晚还不到七点钟就睡觉了，这出我意料之外。回头又在一个同乡的地方才知道他的住址，他说如果去访的时候最好请钱（玄同）先生写一封介绍信。

　　第二天的早晨，我就和钱先生打电话，一天也没有打通。别的同学打通了，他说钱先生不请，钱先生说："我和他（鲁迅）没有交情，他净骂人，你们要请，你们就自己请去，我也不阻拦。"想不到鲁迅先生和北平文化界的统治阶级这样坏，其人缘还不及陈独秀，这也是先生的"杂感"使之也。

　　读罢上述这三段摘录文字，可知当时师大学生想要邀请鲁迅赴校讲演，并不是一件十分容易的事。问题倒不是出在鲁迅愿不愿意，能不能来，而是出在师大校方及曾与鲁迅相识相亲的那部分教授同仁，皆没有明确表示出欢迎与主动邀请的姿态，甚至作为当年《新青年》编辑同仁的钱玄同（1887—1939），都明确表示"和他没有交情"，不便也不愿邀请。

　　在既无师友确切指引，更无"介绍信"与"邀请函"的情况下，潘炳皋等人仍执意要邀请鲁迅赴师大讲演，三人约定一起登门请求，"决定要冒险去扣先生之门"了。为了找寻鲁迅来平后的确切住处，潘炳皋等人几经周折，凭着模糊的记忆，在宫门口西三条胡同不断寻找，几乎是挨家挨户地叩门询问，终于"走出胡同来，凭着洋车夫的指导，才在西口路北第二个门叩着了"。

在宫门口西三条胡同二十一号的鲁迅家中，潘炳皋等人即刻代表师大青年学子，表达了切盼鲁迅亲临校中讲演的热忱之意，还不失时机地谈及不少鲁迅感兴趣的，关涉文化、文学、教育等各个方面的热门话题。其中，关涉到"卷土重来（去）"的有这样一番对话：

"这边有好多学生希望先生在北平教书。"

"我和这边的统治阶级不和气，他们又说我和他们抢饭吃了。"

"这是青年的意思呵，先生和钱玄同熟不熟？"

"久矣不通音信了，在北平还就和马幼渔先生有来往。"

当时在场师大学生三代表之一的张松如（1910—1998，笔名公木），也在此次面见鲁迅三天之后，写成一篇《鲁迅访问记》[①]，对上述这番对话也有类似记述，原文如下：

"北平的同学们，都希望周先生留在北平。"

"啊，那可不成。我这次一来，便有很多的人放冷箭，说我是来抢他们的饭碗，说我是卷土重来。何苦叫这些人不放心，倒不如赶快卷土重去！"

---

① 此文于1933年6月刊于北方左联《文艺月报》创刊号。

1932年12月2日，北平《华北日报》报道《鲁迅先生的北来》。

　　两相对照之下，可以知悉，鲁迅来平离平与"卷土重来（去）"之说，的确是事出有因——其历史背景乃是确实有相当一部分北平文教界"要人"与"要员"，甚至还包括鲁迅曾经的亲友同人，都并不关注，也不欢迎鲁迅来平；因彼此思想立场或阶层地位不同，对鲁迅来平有所避讳猜忌，进而有意无意冷落，都是显而易见的。

　　无怪乎，已创刊三年的，报社也在北平的，当时华北地区唯一的国民党机关报《华北日报》，当鲁迅来平时只字未提，片言未及，一直保持缄默，不予任何报道。不过，也终于在鲁迅离平五日后，于1932年12月2日这一天，该报副刊版面终于突破层层"阻力"，在版面头条刊发了一篇带有当日"社论"性质的文章，题为《鲁迅先生的北来》。文章写于鲁迅离平的当天（11月28日），对"卷土重来（去）"之说颇为感慨，为之不无沉痛地感叹道：

　　说到我们中国文坛的，——不，整个中国社会的这颗彗星鲁迅先生，他的光芒，在晦暗的域内，是不论爱者和不爱者无不深感到他的辉耀的。……然而像这样的人物，却颇令他感到"中国居，大不易"！今天报载（《世界日报》所载）对师大同学的谈话……他是说得那么冷静，我们听了又作何感想呢？这怕是中国之所以为中国，这些地方表现了它独特的精神。因为文人倒霉，思想家受罪是古今中外的通例；尤其是在变革剧烈的时代中，文人更不易做。所以今日在中国生活的文人，极容易受到意外的倒霉。

◎如何"看"鲁迅在师大讲演

当然，无论北平"要人"与"要员"的态度如何晦暗与冷漠，也无论"卷土重来（去）"之说里有多少令人哭笑不得的成分，此次鲁迅师大讲演规模极其可观，听（观）众反响十分热烈，已定格为毋庸置疑的历史画面。

当天，鲁迅站在北师大操场中央的一张桌子上讲演的情形，即刻就被现场听（观）众拍摄了下来；这一场景，后来亦有多人曾在忆述中提到，而后世读者对此次讲演的初步接触，大多也是从这一场景开始的。至于演讲内容，却一直无法确切获知，从演讲主题揣测，大致都认为就是《论"第三种人"》的再发挥，再解释而已。《世界日报》上的讲演摘要，破解了长期以来的揣测，使鲁迅讲演的内容大致可知。

值得一提的是，1933年2月，在上海出版的《现代》杂志第二卷第四期上，有一页铜版插图，题为《鲁迅在北平》。在这一页插图上，印有两张鲁迅在师大讲演时拍摄的现场照片，以及一张鲁迅讲演时的"速写像"；更为特别的是，在两张现场照片之间还印有一张《世界日报》报道的"剪报"，明确注有"《世界日报》所载之鲁迅演说辞"。

须知，鲁迅《论"第三种人"》的讲演内容，曾在三个月之前，即首发于这份《现代》杂志之上。此时，依常理而言，续刊鲁迅《再论"第三种人"》的讲演内容，理应颇受读者追捧。可《现代》杂志并未刊发鲁迅在北平四场演讲的

魯迅在北平

演操師在
講場大女

世界日報載迅
之報導所說魯迅演講辭

「幫忙文學與幫閒文學」

魯迅昨日在北大之講演

【特訊】小說家魯迅，新近由滬抵平，昨講其在北大第二院大講堂之講演……

演講時速寫之像

在大場演
講之操師

1933 年 2 月 1 日，上海《现代》杂志第二卷第四期，铜版插图《鲁迅在北平》。

任何内容，而是以一张《世界日报》报道的"剪报"与鲁迅讲演现场照片来回应读者，意即报上皆有报道，看报即知；照片亦为现场所摄，一睹风采可矣。

近五十年之后，时为1980年，当年《现代》杂志主编施蛰存（1905—2003）对这一页杂志铜版插图仍念念不忘，又将关涉其中的"掌故"点滴，付诸笔下，娓娓道来。在其所撰《关于鲁迅的一些回忆》一文中①专列一章，为之这样写道：

在十二月中旬（1932年），有北京的朋友给我寄来了有关这次演讲的两张照片和一方剪报。照片的说明，一张是"鲁迅在女师大操场演讲"，一张是"鲁迅在师大操场演讲"。剪报是一段登载在《世界日报》上的《帮忙文学与帮闲文学》。我得到这两张照片，非常高兴，肯定他们是新文学史上的重要史料和文物，当时还未见别的刊物发表。我于是把它们编在一九三三年二月出版的第二卷第四期《现代》杂志的《文艺画报》中，三件占一页。

按照惯例，我把《文艺画报》中所用的图片编定以后，就交给书局中一位美术员去制版拼版，我不再过问。岂知这一期的《现代》印出来之后，发现《文艺画报》这一版上多出了一幅鲁迅的漫画像。这幅漫画把鲁迅画成一个倒立的漆刷，似乎很有些谐谑意味，也可以认为有些不敬的讽刺。我看了很不愉快，立即去问那位美术员，这张漫画是从什么报刊取材的，他为什么要擅自加入这张漫画。那位美术员说：因为这一页的两块铜版、一块锌版的大小比例没有做好，版面太空了，所以他临时画一个漫画来补空。

---

① 此文原载《施蛰存散文》，浙江文艺出版社，1999年。

　　我听了他的回答，实在有点哭笑不得。这位美术员是个老实人，画这个漫画只是出于好玩，并无恶意，况且书已印出来了，无法消除，只好默尔而息。

　　除了美术编辑临时所绘"漫画像"（版面上标示为"演讲时之速写像"），为《现代》杂志上这一页铜版插图平添"奇趣"之外，还需特别注意的是，印制于插图版面上端的那一张"鲁迅在女师大操场演讲"的照片，即是前边提到的被现场听（观）众拍摄了下来的鲁迅站在北师大操场中央的一张桌子上讲演的照片。这张照片后来被平沪两地及南北各地的报刊广泛采用。尤其是鲁迅逝世之后不久，在用于悼念其人的各类专刊专号上，这张照片的"出镜率"都

1936年12月，北平《实报半月刊》第二卷第二期"悼念鲁迅专号"，封面为鲁迅先生题签与已故画家陶元庆所绘鲁迅像。

"悼念鲁迅专号"，内页及鲁迅在师大操场讲演存照。

颇高，堪称其 "工作照" 中的 "标准像" 之一。

譬如，1936年12月，北平《实报半月刊》第二卷第二期 "悼念鲁迅专号"，即在内页插图中使用了这张照片，并加图注称 "民廿二年间在师大操场讲演时摄（为鲁迅最后之来平留影）"。这样的图注，无疑平添了这张照片的历史价值，也为悼念鲁迅的读者提供了一帧弥足珍贵，颇具纪念价值的图像。

两年之后，著名画家、艺术家陈烟桥即据这张照片为原型，创作了木

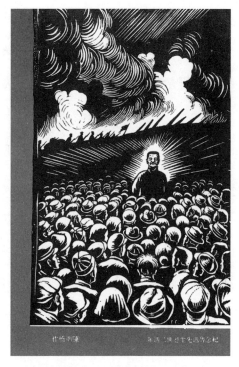

1939年11月15日，上海《良友》杂志第一百四十八期，刊发木刻版画《纪念鲁迅先生逝世二周年》，陈烟桥作品。

刻版画《纪念鲁迅先生逝世二周年》。时值中国全民族抗战如火如荼，版画画面中，增添了战火密布与部队进军的远景，寓意着鲁迅精神鼓舞着全民族抗战。1939年11月15日，上海《良友》杂志第一百四十八期，刊发了这一幅木刻版画。

除了实拍照片、刊载图片与木刻版画等图像史料之外，值得注意的是，在当年的北平《世界日报》之上，除却前述那一篇报道为鲁迅《再论 "第三种人"》讲演内容的唯一载录之文献外，还曾刊载过一篇以听（观）众身份撰写的现场观感记的文章，题为《看鲁迅讲演记》。标题中的一个 "看" 字，已然提示着读者，这篇文章的 "现场感" 与 "画面感"，应当是其最大 "看点"。

通过这篇现场观感记，鲁迅讲演的现场情形及诸多细节得以再现，对后世读者充分了解此次讲演，有着不可或缺的参考价值。这篇现场观感记，至今尚未见有研究者提及，更无全文披露。为此，笔者仍酌加整理，转录原文如下：

看鲁迅讲演记

孤萍

（一）前致词

我们那儿——太原——是说"看戏"的，我以我初听见北平人说"听戏"是总不以为然，后来慢慢想道："戏又何尝不是听？除了看作工作而外。"那么这话就说在本题上了，周树人先生在师大讲演"再论'第三种人'"，我去领略了回来，心有所感，于是便执笔为这所谓文，而不说"听"周树人或鲁迅先生讲演，偏标题为"看"鲁迅讲演；"是亦令人大惑不解者矣！发热乎？中疯乎？"大概免不了有人作如是想。其实，乃"大谬不然者"呢：因为戏既可说"听"，讲何故不可说"看"呢？如果实际上只是看了看而未听着的话。至于既不称周树人先生亦不称鲁迅先生而要鲁先生迅者，亦是甚有根据的，因为主办这讲演会的诸公及其他人多"鲁先生！鲁先生！"地呼着的。

（二）会场花絮

讲演地点初在风雨操场，既然是风雨时操之场，当然谈不到听讲时有坐之凳了。于是便蜂拥蚁绕地抢找板凳。人来的愈多了，所以有从窗户入里的，有在较后的靠墙地方树长梯而立其上的，有偷——姑如是称，并非拿往他尊府之谓——预备好给笔记先生用的靠椅自己享受的，有打窗户上的玻璃的，有"通"的，有"嗤"的，有长啸的，有谈的，有笑的，叫的……总之，声音复杂的可以，人数达千余的时候。这时我和我的几位朋友已捷足先登在和阔人们听戏时怕吃臭土相当的那排了（台下第一排），可是在我们诸位当时是非常满足，除掉一位"年纪"大而"气量"窄的朋友，说我们侵占了他的地位，表示了些不很高明的"态度"而外；因为在我们想来此鲁先生者，至多亦不过讲到用"打倒"二字时，攒拳怒目如革命家似的踩踩脚罢了——五花洞绝不至于开演——况讲演有无"打倒"，还在未卜。

鲁迅先生在欢声雷动中，被大家扶在台上，当文艺二字刚出口时，便有"请到操场讲"的哄叫声。那声音可怕，和市民大会捉到"汉奸"时喊"杀掉"一般。主席先生未征众意而便循其请，在我当时是十分以为不然的，一则先前说过了，我是坐在最前排，二则要求者不过不肯如我们似地花两个钟头候等的少数。

北风怒吼中，到大操场了，密密层层的把我们所谓鲁先生围在中央的高桌上，甚像南城的天坛圜丘。人，攘攘攘，风，号号号；密斯们，嗳哟，嗳哟。我挤在人丛中，挥着汗看完了讲演。

（三）关于鲁迅的零碎

容仪："气量"我不知，"态度"沉寂，"年纪"确系"老头子"——据其本人云，不能再有四十几岁了——数月未理的二毛平头，丛小的胡子，黑而油抹的皮袍，黑腿裤，陈嘉庚式的黑鞋——具体说来，面孔和我脑中的构想差不多；胡须的不修，身材的弱小，和衣服的不修边幅，到出我意料多矣了。

动作：由风雨操场要迁到大操场时的过程中，大众出走的当儿，鲁先生曾站在讲台之一角，取出一枝香烟来燃吸，——因他被挤的虽一时出去——那时我暗想："是否彩凤牌？并且不时还留心他老先生的下巴，是否吊下来，因为那儿——师大——是不乏好女人的。"结果看见那老先生的咬劲倒是很强的，又想"是否能咬碎胡桃？"此外，鲁先生由屋内往外走时"行不由径"地从窗户跳出去的。

谈话：讲完时，曾去师大学生自治会休息，和围住他的人随随便便谈话：问，"大家为瞻仰您的道范……"答，"不很好看，三十年前时还可以！"问，"先生现在有何著作？"答，"正译的几种小说。"问，"在北平教书吧？"答，"不能，因为人家又要说'鲁迅卷土重来'，我看还是'卷土重去'吧！"问，"再在我们那儿公讲一次吧，北方青年对您太渴望了！"答，"不能了，要走。大家盛意可感的很，我努力写文章给诸位看好了，因为口头说并不比文章能生色；看文章大家还不要挨挤。"

（四）送鲁迅走和大家走

鲁迅被几位洋装学生伴往琉璃厂去了，坐的是汽车。当把鲁先生拦在那汽车的一角和几位洋服客比起来时，会使人想到一家的主人在和听差讲"平等"。车已去的无影了，大家的小手还是拍拍拍。大家四散的路上，尽谈着些"华盖……而已……三闲……二心"似乎都很清楚的。

至于这"再论'第三种人'"是如何论的，请恕我这看的人未知其详吧！

1932年12月1、2日，北平《世界日报》连载，《看鲁迅讲演记》。

◎鲁迅讲演临时换场——师大"风雨操场"与"大操场"

与前述转录的鲁迅讲演报道篇幅相当，上述这篇现场观感记亦有一千五百余字，且分两次连载，分别于1932年12月1、2日连载于《世界日报》。由于现场过于拥挤，听（观）众反响过于热烈，该文作者径直以《看鲁迅讲演记》为题，生动地描述了现场只能尽可能抢占最佳的位置去"看"鲁迅演讲，而因人声鼎沸，众声嘈杂而无法"听"鲁迅演讲的现场实情与实况。

据此文可知，鲁迅在师大的讲演原定地点为"风雨操场"，而非大操场。此文作者提前两个小时到"风雨操场"候场，占据了讲演台下第一排的绝佳位置；可鲁迅刚上讲台，即被现场听（观）众要求挪至"大操场"进行讲演，这就让此文作者懊恼不已了。这个细节非常生动，也因之说明了鲁迅讲演的地点最初是在室内的，而非室外。那么，"风雨操场"是怎样一种场地性质，难道是室内的操场吗？这就需要约略了解一下，"风雨操场"这种场地的基本特点与设施情况了。

所谓"风雨操场"，乃是一种学校专用场地的概称。它是学生进行室内体育活动的场所，是功能相对简单而个性比较鲜明的中小型体育建筑。它多为集体操、篮球、乒乓球、礼堂、演出、集会、体育器材存放、体育教师办公于一体的多功能的体育教学建筑，为有顶室内操场。风雨操场虽然为有顶室内场所，但与体育馆又有所区别。"风雨操场"一般不设观众座席（有时可设活动看台），采用自然采光，主要供教学、训练使用。从围护结构上，可分为敞开式和封闭式；从功能上，可分为有看台和无看台；从平面布局上，可分为独立建设和与教学楼、体育馆等合建。

当年的北师大"风雨操场"，就是这样一种专供学生室内体育活动的场所。

1932 年 11 月 27 日，鲁迅在师大操场演讲存照。

如此一来，就不难理解，鲁迅讲演地点由"风雨操场"改作"大操场"，看似皆为"操场"，又究竟有何不同了。正是因为现场听众过多，室内已拥挤不堪，故临时将讲演地点改为室外大操场。作者把之前在室内抢座位，得知改换讲演地点之后的懊恼种种，以及最终奔向大操场听讲的全过程，描述得极其生动，读来真如身临其境。他把站在大操场一张桌子上的鲁迅与围绕着他的千余名听众比喻成北京"南城的天坛圜丘"，由此也足可想见，当年讲演规模之浩大，听众之踊跃。

此外，作者还将近距离观察鲁迅的诸多细节，都一一记录了下来。诸如容仪、动作、讲话及讲演之后的送别情形，皆尽可能详尽地描述。这样的记录与描述，为后世读者充分了解鲁迅此次讲演实况提供了丰富的细节信息，实在是颇为难得的"现场"史料。

鲁迅演讲"伟人的化石"

◎ "盖棺论定"声中，迟迟未见的演讲稿

1927年10月3日，鲁迅从广州回到上海。据《鲁迅日记》可知，本月末鲁迅有两次演讲活动。

一次为10月25日，应上海劳动大学之请，前往该校作《关于智识阶级》的演讲。正在该校编译馆工作的黄源，被指定为鲁迅演讲的记录人。此次演讲稿由黄源记录，复经鲁迅本人校改，载于《劳大论丛》，后收入《集外集拾遗》。随后的一次为10月28日，鲁迅于当天下午赴立达学园演讲，但这一演讲记录没有公开发表，无从确知其完整内容。

不过，鲁迅逝世后不久，也即是其在立达学园演讲近十年之后，此次演讲的主题及大致内容终于发表了出来。1936年11月1日，上海《多样文艺》杂志第一卷第六期为悼念鲁迅，特意辑印了"为鲁迅先生致哀"专号，刊发了大量追悼及忆述鲁迅的纪念文章。其中，胡行之所撰《关于鲁迅先生》一文，就以当年的听讲者身份，约略透露了此次演讲的一些历史信息。文中开篇即语：

鲁迅去光华大学讲演，1927 年 11 月 16
日摄于上海。

说到鲁迅先生，我是看到过一面的。大约是民国十七年吧，一个秋天的下午，在上海，由含戈通知，说是鲁迅在立达学园演讲，我就和王任叔同由交通路出发……走进了立达学园，已挤满着一堂，有千百道的目光，直射讲坛上，好像想擒住一个久享盛名的健将一样。

接着，胡氏笔下又将鲁迅"不爱修饰"，以及"随便的衣着"的现场仪态，十分生动地记述了下来。文中这样写道：

一霎时，掌声雷动，讲坛上便挺立着一个老头儿。他的模样呢，黄黄的脸，唇上堆着一撮黑须，发是乱蓬蓬的，穿着一件颇肮脏的老布长衫，面色黄黑，赛似一个鸦片鬼，又似一个土老儿，如果没有读过他的文章，怎会知道这是一个文坛健将呢？

最为关键的是，胡氏随后还记述了演讲主题及其内容大概，这就为后世读者及研究者初步了解此次讲演提供了重要线索。文中称：

这次演讲，尚记得题目是"伟人的化石"，大意是说伟人在生前处处高享是受人嫉视，合不上道儿，及其既死，则又无点不受人欢迎，含意深刻而沉痛！

　　遗憾的是，关于此次演讲的具体内容，除了仅此一句的概述之外，胡氏并没有再凭个人记忆转述出一句鲁迅的"原话"来。应当说，这样的记述，也就相当于"存目待考"性质的记载，只能是留予后世一条可资追索的线索罢了。

上海《多样文艺》第一卷第六期，1936年11月。胡行之所撰《关于鲁迅先生》一文，首发于此。

　　胡氏此文首发于《多样文艺》杂志之后，即刻就被辑入《鲁迅先生的盖棺论定》一书之中，此书于1936年11月初版，1939年8月再版，具有一定的社会影响力。后世读者研究者也大多依据此书，对鲁迅在立达学院所做"伟人的化石"演讲，有了初步了解，但却始终无法更进一步，始终未能寻获此次演讲"原文"或"全文"。

　　诚如书名所谓"盖棺定论"，随着鲁迅的逝世，其言其行其事迹，正越来越多地被搜集与发掘，世人亟待更为充分地回顾与认知这位文坛巨擘。事实上，在当年一片"盖棺定论"声中，包括《伟人的化石》演讲稿在内的，诸多亟待寻获与披露的鲁迅演讲内容，也是一直萦绕在众多鲁迅追随者与研究者心中的谜题与课题。

◎研究专家两度宣称，"伟人的化石"演讲稿"失传"

　　时至1944年8月3日，上海《时事新报》副刊"青光"版面头条刊发了一

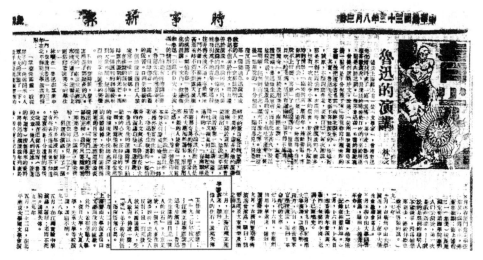

《鲁迅的演讲》，原载于上海《时事新报》，1944 年 8 月 3 日。

篇题为《鲁迅的演讲》的论文，作者署名为"林辰"。此文篇幅颇巨，将鲁迅历年来所做演讲，做了一番"总账"式的统计，逐一为历次演讲"系年"并做"提要"，实为鲁迅研究领域中的一大贡献。

值得注意的是，此文明确称，"1927 年 × 月，在上海江湾立达学园演讲，题目：伟人的化石。讲稿失传"。也即是说，在胡行之撰文近八年之后，此次讲演"原文"或"全文"，仍然下落不明。不过，此文征引了王任叔《一二感想》一文中的记述，对此次讲演内容的概括略有补充。文中称：

一九二七年秋天……江湾立达学园请鲁迅先生演讲……鲁迅先生讲的题目是《伟人的化石》。大意是说，一个伟人在生前总多挫折，处处受人反对；但一到死后，就无不圆通广大，受人欢迎。佛说一声"唵"，弟子皆有所悟，而所悟无不异。

《鲁迅演讲系年》，原载于重庆《大公晚报》，1947年10月25日。

此文发表近三年之后，1947年10月25日，重庆《大公晚报》刊发《鲁迅演讲系年》一文，作者署名"岱霞"。此文实为《鲁迅的演讲》一文之修订版，在关涉《伟人的化石》演讲一节，没有任何修订与增补的内容，仍称"讲稿失传"。

这一前一后两篇以鲁迅演讲为"总账"式统计研究的论文，分别署名为"林辰"与"岱霞"的作者，实为同一人，正是著名鲁迅研究专家林辰（1912—2003）。林辰，原名王诗农，贵州人。二十世纪四十年代起，开始从事鲁迅生平史实考证，长期从事鲁迅著作的校勘、注释、出版工作，先后参加了

1956年十卷本和1981年十六卷本《鲁迅全集》的整理、注释和编修工作，其研究成果曾辑为《鲁迅事迹考》《鲁迅述林》等专集。其中，《鲁迅演讲系年》一文，辑入《鲁迅事迹考》，由开明书店于1948年7月初版。

林辰在文中所征引的王任叔《一二感想》，原载于1936年10月23日《申报·文艺专刊》，比胡行之《关于鲁迅先生》一文发表时间略早数日，自然也是见证鲁迅此次演讲的重要文献之一。

不过，回首1927年鲁迅赴立达学园作主题为《伟人的化石》演讲之事迹，迭经胡行之、王任叔、林辰等人的忆述与钩沉，历经二十年时光，此次讲演的"原文"与"全文"，还是始终处于"失传"状况，终未能寻获与公布。

1949年之后，鲁迅研究工作如火如荼，进展迅猛。继林辰撰成《鲁迅演讲系年》之后，鲁迅各类"集外文"与"佚文"的搜集、整理与发布，均呈日新月异之势。《鲁迅全集》一再增订，新发现的鲁迅演讲稿（包括经其本人审订者、未经其本人审订者、已发表于报刊者、未发表于报刊之底稿等多种形式），也日益引起相关研究者的高度重视。

时至2001年，《鲁迅佚文全集》由群言出版社初版。遗憾的是，这一部足以代表鲁迅研究领域在"辑佚"方面半个多世纪的努力与成就的著作中，虽然已搜集到十余篇难得一见的鲁迅在南北各地所做的诸次演讲记录稿，却唯独没有这篇《伟人的化石》之踪迹。

复又过了十年，时至2011年，由鲁迅之子周海婴参与主编的《鲁迅大全集》由长安文艺出版社隆重推出。该书第十卷专列"讲演录"一部，并附注称"此处所收讲演录，系他人所记，未经作者审阅和校订，所以过去各种版本的全集均未收入"。令人深感遗憾的是，在这样一部规模空前，共计达三十三卷巨帙的"大全集"中，仍然没有收录《伟人的化石》。

◎《伟人的化石》演讲稿终于寻获

幸运的是，笔者经年搜求，偶然在一份1927年11月3日的上海《时事新报》之上，发现了《伟人的化石》演讲稿。此稿未经鲁迅本人审订，为当时一位名为"陈紫因"的听讲者所记录，刊发在了《时事新报》的"学灯"版面之上。

为披露与分享文献计，亦为便于后文考述，笔者不揣谫陋，酌加整理，转录此报载演讲稿原文如下：

"没有东西……"

——记鲁迅先生在"立达"之演讲

陈紫因

我是不会讲演的，而且也不喜欢讲演。因为讲演容易使人讨厌。我做了文章，欢喜看的人，不妨去看，不欢喜看的，尽可不必去看。而我讲演，是由空气的振动，你是非听不可；即使用手扪住了两耳，也是无用的！然而因我前次在劳动大学讲演过，X先生说，我必须也到"立达"里来讲演：这是所谓援例……而我是非常不喜欢援例的……

我今天讲的是没有东西……

——革新的文人是一种豫言者；但是因为他们的言论知觉，与同时代的人相差太远，往往遭他人的侮辱……非到他死后，人家才觉得他说的不差，而后崇拜起来。

从此，我们可以发现两个现象……一，革新的文人，只为外人所欢迎，二，要到他死后，方始为人们所尊重。德国的 Herber、英国的 Byron 都不是这样的么？说到现在的 Beruand Shaw，记不清是他六十还是七十岁的那年，英政府不许他借议员的房子公开做寿，但，同时，德国却有贺电给他。他非常高兴，便说，德国人能了解他，而英国人却是野蛮。德人后来有一封信给他，说，我们欢迎你，只不过因为是外国人。本国的文人总容易被人家发现缺点，所以倒是外国的好。但在中国，与德国情形又不相同。中国人是热心提倡国货的，他们不喜欢外国货。

在中国，无论你是文人，哲学家，思想家，宗教家……你非到死后不能成为伟人，和得人们的崇拜。这因为人一死，就不会讲话，在活的时候，他要发言，于别人听觉上去颇不方便，所以非弄死他不可。待他死后，便把他的意思，修正又修正，到与自己很便当了为止。于是乎崇拜起来。即使说差了话，那是死人的话，他是不负任何责任的。

在佛教中，有所谓小乘者，就是不吃荤不杀生的一种主义。譬如一只虫子来咬你了，你怎么办呢？杀死他？在小乘上说，这是对他不起的。最好是把它放在地上，然而像这几天的冷天，冻煞了，更对它不起了。必须用棉把它裹了，放在地上，然而还是对它不起，在棉花包里亦是不能久活的……有人以为这样太难了，于是有所谓大乘者出来攻击他。大乘的主张是，倘若吃荤，就譬如没有吃荤，我就不在吃荤了；去嫖就譬如没有嫖，便不曾嫖了；我在这里演说，我譬如我没有在演说。唐生智也是相信佛教的，然而他要打仗，因为在他，打仗与不打仗是相似的。……后来这两派争执起来，互相攻击他方为异端。可惜释迦牟尼已经死了，不然倒可以问一问他。然而设若释迦犹健在，要是他批评起来，说大乘对的，大乘对小乘必大喊"打倒"，如说小乘对的，大乘就被喊好"开倒车"了。然而释迦是死了，真是所谓"死无对证"。所以两方面都不妨拉他来做头领。

我对于这种伟人，名之曰"伟人的化石"，没有了生命之后，于是有人崇拜他，拥（护）他，如此的多起来。孔子在生前是何等的碰钉子，做了几任官也做不好，但死后他封了王了，而且还不够——一直封到至圣先师——非但和尚是自称孔教徒，而且道士也相信孔教；非但和尚道士是如此，外国人也知道尊崇起来……孔子曾说到夷狄说，"夷狄之有君，不如诸夏之无也"，这是明明在说外国人坏话的，但他又说，"道不行，乘桴浮于海"，这分明孔子也赞成出洋了，也有志去留学了，可惜现在孔子已经死了，不能够问一问他，到底他是什么意思。然而如活着，他必须开口，一开口，他必受任何一方面——说孔子看不起夷狄的，或说孔子是欢喜留学的——的攻击，幸而他现在已经死了！不明白，圆滑，不可捉摸，就是伟人之伟大的所在。

要自己的意见得生存，只要把伟人背在自己的身上就行。唐朝是极信佛的，有一个流氓，他在臂上刺了佛像，每逢捉去，总奈何他不得，因为唐朝那时，犯了罪便打手臂，而不打屁股的；但有一次，官发了狠，竟把他的手臂打烂了，你们以为他便吃亏了？他并不吃亏，他去募化修理钱——修理他手臂上的佛像！

起始信仰的人少，倒还可以发见一些真理，相信的人多了，就有了许多变化——而且是渐向于坏的，容易做的方面的。修正到于自己造宜了，并不费力去奉行的时候，真理便早失掉了。非战主义者也会不时的战争，据说，是为自由人道主义，与消灭将来的战争而战的。当小约翰（这是先生将出版的童话中

《小约翰》，鲁迅译，1928年初版，书中有"蚂蚁战争"故事。

的主人翁）①被打之后，他跑到蚁群中去，看见它们在战争，他很奇怪，问一个旁的蚂蚁道，蚂蚁也打仗么？回答说不！我们是平和蚁。于是这位平和蚁给他讲蚂蚁的历史，它说，在先蚂蚁们只是战争，当时，有一只聪明蚂蚁提倡和平，于是它被旁的蚂蚁咬碎。又有，又被咬碎……但以后赞成聪明蚂蚁的愈弄愈多了，简直咬不胜咬，只好反转来咬战争蚂蚁。它们是赞成和平的，应为和平而战：但是战争蚂蚁也会冒充和平蚂蚁；于是它们把昔日一咬啐就抛在路上的那只聪明蚂蚁的头供起来，而战争蚂蚁那面，却是并没有头可供的。

伟人化了石，方始能显出他的伟大。然而一化不便成（了）偶像，是与进步极有妨碍的。所以有打破偶像运动。

譬如从赞成孔子上说，喜欢喝茶的，他必在书中找出来，说孔子也喜欢喝茶的。爱看女人的，也可以说，孔子亦爱看女人的；因为书中有句"子见南子"的话。虽然下文便是"子路不悦"，但子路不高兴，也没什么要紧，子路是贤人，孔子毕竟是圣人。

---

① 荷兰作家望·蔼覃所著《小约翰》，鲁迅译，1928年初版，书中即有"蚂蚁战争"故事。

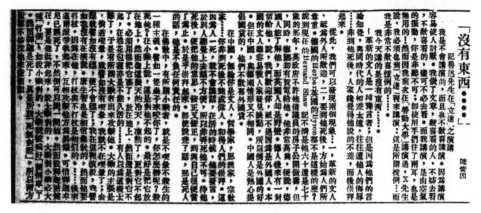

《没有东西……》，即鲁迅《伟人的化石》讲演记录稿，原载于上海《时事新报》，1927 年 11 月 3 日。

中山先生据说是非常了不得的，但是不知道怎么说出了许多的话。于是东也有表语，西也有表语，借了他的像说出了许多的话。那一种话是他的话，我们不知道。中山先生活的时候很危险，陈炯明曾用炮把他打出广东；现在他死了，什么人都是他的信徒。现在张作霖也相信三民主义了，虽然他还有什么四爱主义在。

有时旧偶像可以打倒新偶像。在民国革命时，往往以明朝之推翻元朝来比仿。Renascence——文艺复兴——也就是拿旧偶像来打破比较上更坏的新的偶像！然而有时却不行。如孙传芳想以投壶（我不知他怎样投的）来打破革命，那就不行，所以革命军革到江苏的时候，他只好逃。

新偶像也同样的可以打破旧偶像。但成功后也就成"化石"——由更新一些的"化石"去打破。——有两个我所不大认识——"憧憬"——大约是"神往"之意。——打倒了一个文人，然后才记起他。但那时他已成了偶像。于是可以利用。如不便当时，可以修改。及至他软化后，又可以打破。

中国人是不大喜欢动的，所以偶像少。但修改却增多了起来，真相更不易

立达学园全景图，1926年旧影。

明了，因为中国人是喜欢一点缺点也没有的圣人的。喝酒的，却说他并不会喝；犯罪的，偏瞒着说，没有那么一回事的……如诸葛孔明，那种"鞠躬尽瘁而后已"的精神是有的，但现在却说他是个穿八卦衣的什么都会的古人。关云长，确是一员猛将，他也喜欢女人。一次他爱上一个叫秦宜禄的女人了，这时他正在曹操那边，于是向曹操去要，但曹操以为，像关羽那样不爱女色的人，竟也爱上了的女人，必有了不得的地方，于是他自己要了。这在《三国演义》中是没有的，因为不喜欢他有什么缺点。

教员吃饭拿薪水，是极正当的事，但偏有人说教员是不吃饭不合薪水，如其我要证明我的话，我可以在书中添上一句"教员者必吃饭拿薪水者也"——圣人难学，而且极少，只得修改而又修改——。圣人诚然是难成就，第一个条件，就是非死不可！

我想了几日几夜，被我想出了两个成伟人的方法。（一）容易变化，去跟人多方面去主张。依着时势走，总不会错的。（二）模糊一些，同样的东西，可以这样说，又可以那样的解释。听说，北京的官僚，谈天只谈天气的。初到北京，我便遇着一位老前辈，第一次见面时他告诉我说：邹容是他的学生。当时他以为我大约是革命党的一类，对于这革命的老前辈，似乎不会不知道。以老前辈而做他的学生，则其资格之老亦可得而知矣。于是让我们听他谈话。

他第一句说："今天天气……哈哈……"果然妙到不可测。假使他说"天气好"，不妥，恐怕有人不赞成，偏以为今天天气坏。说坏，则主张天气好的人更将反对。说"今天天气……哈哈……"，那是放诸四海而皆准，说好的人也不会反对它，说坏的人也不会反对它，说不好不坏的人也没有不赞成的地方。此之所谓广大，此之所谓圆滑。

立达学园校徽

佛教的祖宗释迦牟尼的说话，其广大更不测量，他只说一个"唵……"（Om）没有下文。于是这个字没有人不懂。众生所解不同，然而对于他这一句"唵……"皆无异议。说话说到"唵……"其广大便无边了。

位于上海松汇西路的松江区教师进修学院附属立达中学，前身为立达学园。

总而言之，做伟人的条件，是（一）谈话能变化，（二）说出来"广大"，无所不包，一直能说到"唵……"

上述三千余字的演讲记录稿，终于将鲁迅此次演讲的"原文"与"全文"基本记录了下来。这一"存目待考"的鲁迅演讲，这一距今近百年的中国现代思想史、文学史上的重大事件，终于浮现"真容"，可为后世读者所周知了。

◎《伟人的化石》亦无异于鲁迅思想的"化石"

鲁迅演讲开篇有一段"客套话"，声称"我是不会讲演的，而且也不喜欢讲演"云云。这样的说辞，很容易让人联想到三天之前，其在劳动大学所做《关于智识阶级》的演讲中，也曾提到，"我不会讲演，也想不出什么可讲的，讲演近于做八股，是极难的，要有讲演的天才才好，在我是不会的。终于想不出什么，只能随便一谈"云云。

一般而言，这看似随意平易的"开场白"，终归是要将话语递延至演讲主题上去的。在劳动大学"只能随便一谈"的说辞之后，鲁迅紧接着就说"刚才谈起中国情形，说到'智识阶级'四字，我想对于知识阶级发表一点个人的意见"；于是乎，在场听众很快就知晓其演讲主题乃是"关于智识阶级"了。可在立达学园演讲"开场白"之后，鲁迅却称"我今天讲的是没有东西……"，这就颇令听众费解了。于是乎，在场听众之一陈紫因就径直将"没有东西……"，作了此次演讲的主题，给记录了下来。

鲁迅随后讲到了"革新的文人"在中国的生前遭遇与死后待遇，以及引出"在中国，无论你是文人，哲学家，思想家，宗教家……你非到死后不能成为伟人，和得人们的崇拜"这一论断，这样的演讲历程，对于一般听众而言，恐怕确乎难以引申到"伟人的化石"这一主题上来。在场听众之一陈紫因，恐怕记录至此时，仍然是觉得鲁迅确实是那么"随便一谈"，"没有东西……"。

不过，当时的另一位在场听众胡行之，因为后来可能又曾听过鲁迅约两个月之后（1927年12月21日）在上海暨南大学所作《文学与政治的歧途》演讲，对此次立达学园的演讲，就有了更进了一步认识与感触。对于此次演讲中提及的诸如文人、哲学家、思想家、宗教家……生前死后迥异的际遇，胡氏在《关于鲁迅先生》一文中，有过这样的思索：

这确是世界通同的现象，他曾在别处又演讲过《文学与政治的歧途》，以为文学是预言者，每在事前作传声的号筒，而政治者则是最讨厌这个，故政治每与文学的途径相左；及等到这样的文学家死了，则就无所顾忌，于是又把他称扬起来，可说与上题是含着同一的意义的。

胡氏通过对两次演讲主题及内容的回忆两相联系比较，发现《文学与政治的歧途》与《伟人的化石》两次演讲，是有着某种演讲主题上的传承性的，"是含着同一的意义的"。从这个意义上讲，二者一脉相承，《伟人的化石》可谓"先声夺人"者。

接下来的演讲中，鲁迅又以佛教宗派思想之争为例，引出大乘与小乘佛教徒虽皆以释迦牟尼为尊，却对其生前的种种教义加以各自利用，提出符合自身利益的变通说法。对这一现象，鲁迅总结称：

我对于这种伟人，名之曰"伟人的化石"，没有了生命之后，于是有人崇拜他，拥（护）他，如此的多起来。

至此，此次演讲主题方才烘托而出，即"伟人的化石"。演讲至此，较为熟悉鲁迅作品的听众或读者，应当都会联想到《无花的蔷薇》一文。此文收入《华盖集续编》，文中有言：

豫言者，即先觉，每为故国所不容，也每受同时人的迫害，大人物也时常这样。他要得人们的恭维赞叹时，必须死掉，或者沉默，或者不在面前。总而言之，第一要难于质证。如果孔丘，释迦，耶稣基督还活着，那些教徒难免要恐慌。对于他们的行为，真不知道教主先生要怎样慨叹。所以，如果活着，只得迫害他。待到伟大的人物成为化石，人们都称他伟人时，他已经变了傀儡了。有一流人之所谓伟大与渺小，是指他可给自己利用的效果的大小而言。

《鲁迅演讲系年》一文，辑入《鲁迅事迹考》，由开明书店于 1948 年 7 月初版。

《无花的蔷薇》一文写于 1926 年 2 月，早于此《伟人的化石》演讲一年有余。这不禁令人心生揣测，这一演讲的主体内容从很大程度上讲，乃是将鲁迅一年多之前写下的上述这一段文字的"扩编"而来的产物。或者说，这也恰恰体现了鲁迅看似跳跃，实则承续着的思想路径，一年之前曾经付诸笔墨的思想点滴，此刻又借演讲的方式即兴言说了出来。

不过，在此次演讲中，鲁迅对其一年之前即已萌生的"伟人的化石"之思想点滴，还有更进一步的拓延与阐发。继演讲点明主题之后，鲁迅随之又拈提出孔子生平，唐朝佛教徒，以及蚂蚁中的"战争派"与"平和派"等事例，再次总结道：

伟人化了石，方始能显出他的伟大。然而一化不便成（了）偶像，是与进步极有妨碍的。所以有打破偶像运动。

从树立偶像到打破偶像，鲁迅话锋一转，又将世人对孔子与孙中山的崇拜生动简明地剖析了一番。言下之意仍是，前已述及的经验之谈，即"待他死后，便把他的意思，修正又修正，到与自己很便当了为止。于是乎崇拜起来"。

在关于打破偶像的方法论层面，鲁迅指出"有时旧偶像可以打倒新偶像"，"新偶像也同样的可以打破旧偶像"。然而，无论偶像新旧，一旦被世人所利用，一旦"成功后也就成'化石'"，继续"由更新一些的'化石'去打破"。也即是说，任何偶像，任何"伟人的化石"都只能是暂时的偶像，世人迟早为了便于利用而去修改、软化乃至最终打破它。

至于后边一再列举的世人如何将诸葛亮、关羽等历史人物加以改造与利用等事例，无非是要再次强调："圣人诚然是难成就，第一个条件，就是非死不可！"那么，如果在未死之时，想学做"圣人"，想成为"伟人"，又有何妙法呢？鲁迅为此，又再一次以反讽的方式，揭批了"伪善"流行的社会风气，揭露了所谓"圣人"与"伟人"的言行实质。鲁迅这样说道：

《鲁迅的盖棺论定》，1936 年 11 月初版。此书辑有胡行之所撰《关于鲁迅先生》一文。

我想了几日几夜，被我想出了两个成伟人的方法。（一）容易变化，去跟人多方面去主张。依着时势走，总不会错的。（二）模糊一些，同样的东西，可以这样说，又可以那样的解释。……此之所谓广大，此之所谓圆滑。

演讲至此，鲁迅基本也言尽于此。归结起来，"伟人的化石"这一演讲主题，主要从两个方面着眼加以阐示。一方面，社会各领域的先行者，"无论你是文人，哲学家，思想家，宗教家……你非到死后不能成为伟人，和得人们的崇拜"，这是以其人其言行其思想皆成为"化石"为前提的。"化石"被世人利用，无论成为新旧偶像，都只有一个不断被修改、软化乃至最终打破的历程。另一方面，要想活着的时候学做"圣人"与"伟人"，就得学会"广大"与"圆滑"，换句话说，即是"伪善"。

对于此次演讲，没有记录下"原文"与"全文"的胡行之，恐怕比这位无意间留下较为完整的演讲记录稿的陈紫因，体会与感悟都要更为深刻一些。胡氏在《关于鲁迅先生》一文中，曾有过这样的总结之语：

这样的说明，就无异是"夫子自道"吧？啊！一个伟大的文学者的身世，真是悲哀呀！但不，伟大的人，是断不顾及自身的，若果以自身的打算为打算，就是不认识其伟大之所在，人是社会的产物，社会没有出路，何有于个人？所以真的伟大，不论艺术家，不论劳动者，是都为社会打算的。鲁迅的伟大，也就在这里。他之抑郁，他之沉闷，岂是为他个人！所以政治与文学之歧途，也就是在感叹社会之不协调；伟人之成为化石，岂是在感叹他的一身吗？

以胡氏眼光视之，此次《伟人的化石》演讲之内容，也无异于鲁迅思想的"化石"。今既有幸寻获此次演讲之近于"原文"与"全文"的记录稿，亦无异于中国近现代思想史、文学史的"矿层"中，再度发掘出了鲁迅思想"矿脉"里的一块湮没已久的"化石"，如笔者辈后世读者也理应对之珍视有加，继之以更为充分的研讨与更为深入的探究罢。

周作人的佚信佚文

◎回应读者批评，"感得一种说不出的寂寞"

1923年7月15日，北京《晨报副刊》上刊发了周作人（1885—1967）所撰《爱的创作》一文。此文后来收入周氏自选集《自己的园地》，为一般读者所周知。此文乃周氏评论日本女作家谢野晶子（1878—1942）著述，并借此表达个人情爱观及女权思想的一篇短文，在集子中似乎不是特别引人注目。

殊不知，正是这篇短文，当年还牵扯出了一段不大不小的波澜，至少是令时年三十八岁，正值壮年光景的知堂先生动了气，写了信，署了名，刊了报，公开发表了的。且不知何故，周氏的这一通公开信，既未收入其自选集中，亦未见载于后世诸多周氏文集、全集之类，甚至连周氏年谱、研究资料之类的基础文献中，也未有提及。

显然，这是一通久已不为人知的"佚信"。那么，此"佚信"所关涉的那一段尘封已久的文坛"逸闻"，又究竟若何呢？

原来，时为1923年7月26日，上海《时事新报·现代妇女》第三十二期，刊发了谢野晶子所撰《女子活动的领域》一文，并随之转载周氏此文。一位署名"远尘"的青年读者，因读到转载的周氏此文，有感而发，撰成《评〈爱的创作〉》一文。9月6日，此文刊发于《时事新报·学灯》版面上的"学生论坛"栏目之中。此文开篇即语：

> 周作人先生新介绍《爱的创作》一篇，登在"现代妇女"栏的上面，我读了以后，心坎里一时便冲动起来；觉得周先生这种主张，未免盲从洋货，持论偏激了。

显然，这是一篇十分明确的批评之作。随后的几个段落里，作者条分缕析，对周氏文中观点诸条予以质疑与批评。据文章落款为"一九二三、八、十，琼州六师"，可知此文作者当时远在海南岛。

1923年9月6日，《时事新报·学灯》，刊发远尘所撰《评〈爱的创作〉》（局部）。

中国文学系教授周作人，原载于1921年印行的《北大生活写真》。

据查，1920年秋成立的广东省立第六师范（前身为琼崖中学），为海南第一所省立师范学校。且因此文被编辑划归于"学生论坛"栏目之中，可知此文作者当为在此校就读的青年学生。也由此可见，上海《时事新报》的公共传播与国内影响力颇巨，即便远在海南岛的读者也能随时传阅该报，且还能向该报自由投稿与发表个人见解。

此文刊发不久，9月18日，上海《时事新报·学灯》版面上的"通讯"栏目，刊出了周作人的一通公开信，即是对此文予以回应的。信文转录如下：

远尘先生：

在九月六日学灯上见到先生的《评〈爱的创作〉》，不得不声明几句话。

"爱原是移动的"等四句，原本上边还有"著者以为"四字，所以虽然我赞成著者的意思，这里却不是我自己的话。后边引了嗜好饮食来证明的一节也是与谢野夫人的原文，前后本有引号为记，我绝不敢掠美。

爱伦凯女士的"贞操决不能约束的，只可以重新地赢得"这一句话，我说明是从凯本德的《爱与死之戏剧》中引来的，（见原书六七叶）所以倘若他真是"必不出这言"，那么这个作伪当然是由凯本德负责。

我平常对于自己很不满足，使得思想渐渐有点顽固起来了，又觉得总是太妥协的；现在却蒙先生评我为"持论偏激"，实在令我非常高兴，正如六十老翁被人奉承为"精力比少年旺盛"一样，这是我所应当表示感激的，——虽然反面也就感得一种说不出的寂寞。

周作人

应当说，上述三百余字的"公开信"，一方面是对"远尘"批评意见的公开回应，另一方面也是周氏当时的生活境况及心态的某种间接的公开表达罢。对"远尘"批评意见，可谓见招拆招，轻松化解。行文沉稳老练之余，又不失学者风度。末段对于"持论偏激"之批评的回应，则更像是一番独坐书斋中的喃喃自语，令人"感得一种说不出的寂寞"。

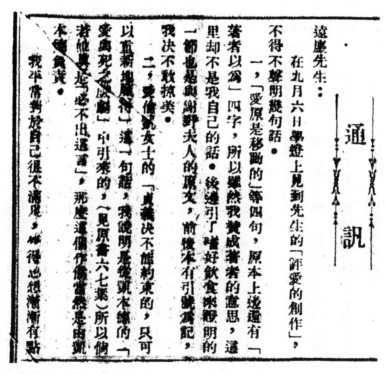

1923 年 9 月 18 日，《时事新报·学灯》，刊发周作人致"远尘"的信（局部）。

遥思这"一种说不出的寂寞",可能就在北京《晨报副刊》上刊发了《爱的创作》一文三天之后,即已笼罩在周氏心头了罢。同年7月18日,因为某种至今仍难以道明的嫌隙猜忌,周氏在八道湾胡同宅中,伏案写成一封与其兄鲁迅的"绝交信"。次日,交与鲁迅之后,兄弟二人至此决裂,分道扬镳,至死再未和好。

在这"一种说不出的寂寞"之中,上海《时事新报》转载其文,并随之刊发了"远尘"的批评之作,周氏即刻予以公开回应,或亦可从中窥见其仍有激愤却又略感寥落的当时心境罢。

◎楔子:开设日本文学选修课程期间的三通启事

十 三 日

日文小说班诸君鉴

小说集「寿寿」已经寄到,原价金二元八十钱

,今折算大洋二元五角,预定诸君请于一星期内

至阙文教授会付偿取去,以便应用如要。

周作人白。

1923年2月23日,周作人启事。

在与读者"远尘"的隔空对话中,感到"一种说不出的寂寞"的周作人,依旧在北大开设的日本文学选修课上,有条不紊地讲授着日本文学的种种妙处与好处。由其精挑细选的,从日本代购而来的各类日本文学书籍,也正陆续出现在北大学生的案头。

时为1923年2月23、24日,《北京大学日刊》头版接连两次刊发周作人启事,内容乃为学生代购日本文学书籍之事。原文如下:

日文小说班诸君鉴:

小说集《寿寿》已经寄到,原价金二元八十钱,今折算大洋二元五角,预定诸君请于一星期

内至国文教授会付价取去，以便应用如要。

周作人白。

1924年3月6日，《北京大学日刊》中缝刊发周作人启事，内容仍是为学生代购日本文学书籍之事。原文如下：

国文学系日文小说用书夏目漱石之《猫》，现已买到，请签名诸君往国文学系教授会领取，每本计价银二元二角。

二月二十七日，周作人白。

1924年10月27日，《北京大学日刊》头版刊发周作人启事，内容是召集选修学生会谈之事。原文如下：

周作人启事

选修日本散文诸君，务请于星期一（二十七日）上午，准十时至第一院国文教授会一谈为要。

据1924年10月1日《北京大学日刊》头版所刊《本年东方学系日文功课》一文之介绍，可知当时北大"各系学生，在不妨碍本系功课范围内，都可选修"。周作人开设有"日本文学史大纲"与"近代日本文学选读"（又分为小说、散文、戏剧、诗歌四类）两门课程，上述两通购书启事中提到的《寿寿》与《猫》两书，即是为选修其课程的学生代购日本文学书籍。

◎《破脚骨》里提及的陆祖鼎

话说因评论日本女作家而牵扯出来的一点波澜平息未久，书斋中"感得一种说不出的寂寞"的知堂先生，又因偶然阅及一位青年才俊评述《堂吉诃德》的文章，又不甘寂寞，写成了一篇说来话长的《破脚骨》。

且说1924年6月6日、7日，上海《时事新报·学灯》版面上的"介绍"栏目，连载了一篇题为《西班牙守文德的〈唐克孝传〉》的文章。此文乃是继1922年林纾和陈家麟译介《魔侠传》之后，又一篇较早向国人介绍塞万提斯的名著《堂吉诃德》的文章。

据考，此文作者陆祖鼎（1907—1998），字铭之，江苏吴江芦墟镇人。抗战期间，曾返归苏州崇伟中学、芦墟清华中学等校任教。不过，自二十世纪三十年代始，见诸报刊与文献中的陆氏，皆是以"陆铭之"之名行世的。

"陆祖鼎"之名首次登上《时事新报》，时为1921年9月6日，该报所刊《南京高等师范学校录取新生通告》中，其名列入"文史地部正取生"名单，可知其十四岁时即入南京高等师范学校就读。而据《西班牙守文德的〈唐克

1924年6月6日、7日，《时事新报·学灯》，连载陆祖鼎《西班牙守文德的〈唐克孝传〉》。

孝传〉》一文文末落款："五月二十九日于东大"，又可知此文完稿于1924年5月29日，约一周后即发表见报。另据其落款所称"于东大"，可知其于1924年时，即十七岁时或已在国立东南大学就读。

无须多言，陆氏年仅十七岁左右，即发表《西班牙守文德的〈唐克孝传〉》一文，自是难得的青年才俊；此文发表之后不久，竟还引起了正值不惑之年的文坛大家周作人的关注，这自然又是一桩颇可玩味的"文坛轶事"了。

时为1924年6月18日，周氏曾在《晨报副刊》上撰发《破脚骨》一文（署名"陶然"），文章末段就明确提到了陆氏此文，并对文中"盗贼文学"一词的译法，提出了自己的研讨意见。文中这样写道：

我在默想堂伯父的战功，不禁想起《吉诃德先生》（Don Quixote——林琴南先生译作当块克苏替，陆祖鼎先生译作唐克孝，丁初我先生在二十年前译作唐夸特），以及西班牙的"流氓小说"（Novelas de Picaros）来。中国也有这班人物，为什么除了《水浒传》的泼皮牛二以外，没有人把他们细细地写下来，不然倒真可以造成一类"流氓生活的文学"（Picaresque Literature）哩。——这两个英文，陆先生在《学灯》上却把它译作"盗贼文学"，啊啊，轻松的枷杖的罪名竟这样地被改定了一个大辟，（在现行治盗条例的时期）却是冤哉枉也。然而这也怪不得陆先生，因为《英汉字典》中确将"流氓"（Picaroon）这字释作劫掠者，盗贼等等也。

应当说，《破脚骨》这篇文章并非一般意义上的时论随笔性质的杂文，于周作人的个人生涯而言有着别样意蕴，因其撰发时间恰恰处于周氏兄弟互殴交恶之际。

据《鲁迅日记》可知，此文撰发约一周之前，即6月11日，与周氏已然决裂的鲁迅，返回八道湾旧居搬取书籍器物，周氏夫妇竟对之辱骂殴打，现场十分混乱。联系到这一事件，文章题目"破（pa）脚骨"，又是江浙方言中无赖泼皮的意思，或是对个人有所指涉，甚至可以揣测其中有泄愤谩骂的意味。总之，《破脚骨》一文极可能与周氏兄弟交恶有所关联，已成一桩令后世读者与研究者颇感兴味的"公案"。

在此，这一"公案"暂且搁下。且说陆祖鼎撰发《西班牙守文德的〈唐克孝传〉》一文之后不久，即为周作人读到且在其所撰《破脚骨》中提及，这是无疑的了。只不过，除了文末捎带提及之外，似乎却再无"下文"；二人并无后续的交往与研讨事迹可循，这确是令人颇感遗憾了。

◎化名"王退寿"，曾抛出《关于〈唐克孝传〉的话》

殊不知，在撰发《破脚骨》之前，周作人还于同年6月9日写有一通致陆祖鼎的公开信，且于6月14日就发表在了《时事新报·学灯》版面上的"通迅"栏目中，题为《关于〈唐克孝传〉的话》。

撰写时间早于《破脚骨》九日，发表时间亦早于《破脚骨》四日的这一通公开信的存在，或可为《破脚骨》一文的"公案"平添一份新的注脚。据此信内容可以推想，或许，周作人撰发《破脚骨》一文，并不是世人所揣测的与什么周氏兄弟失和有关，而是直接受到了《西班牙守文德的〈唐克孝传〉》一文的"激发"，初衷只是想探讨一下"流氓文学"的中外异同与现代可能性而已。至于在撰写过程中，是否因周氏兄弟失和这一事件而掺杂了一些个人情绪与主陆祖鼎先生：

　　读尊著《唐克孝传》的介绍，非常感激，因为我也是喜读 Don Quixote 之一人。唯此书上半部已由林琴南先生译出，名《魔侠传》，先生似未见到，又在《自己的园地》中周作人先生也有过一篇短评。

守文德（林译西万提司）的教训小说集（Novelas exemplares），理查特生的世界文学史上说是属于 Picaresque literature，但意著称之曰「盗贼文学」，似稍欠妥，因为 Picaros 本字的意义在英文为 Rogue 而非 Robber 也，关于这一点，奥斯福大学出版「欧洲文学研究」中有克拉克的一篇「西班牙的流氓小说」（The Spain Rogue—Story）起首三页解说流氓颜为明白，可供参考。

六月九日·王退耆·于北京

一通讯

关于「唐克孝传」的话

陆祖鼎先生：

读尊著「唐克孝传」的介绍，非常感激，因为我也是喜读 Don Quixote 之一人·唯此书上半部已由林琴南先生译出，名「魔侠传」，先生似未见到，又在「自己的园地」中周作人先生也有过一篇短评。

1924年6月14日，《时事新报·学灯》，刊发周作人《关于〈唐克孝传〉的话》（署名"王退耆"）。

观表述，虽亦有可能性，却并不能将这一可能性视作是撰文的原始动机了。

　　据笔者所知，此信并未辑入周氏生前的任一自选集，亦未辑入后世编选的各类周氏文集，甚至连《周作人年谱》《周作人研究资料》等相关文献中亦未有任何提及，同样可称"佚札"，其研究价值自是独特。

　　为披露与共享史料，亦为便于后文考述，笔者不揣谫陋，酌加整理，转录此信原文如下：

陆祖鼎先生：

　　读尊著《唐克孝传》的介绍，非常感激，因为我也是喜读 Don Quixote 之一人。唯此书上半部已由林琴南先生译出，名《魔侠传》，先生似未见到，又在《自己的园地》中周作人先生也有过一篇短评。

　　守文德（林译西万提司）的教训小说集（Novelas exemplares），理查特生的《世界文学史》上说是属于 Picaresqne literatnie，但尊著称之日"盗贼文学"，似稍欠妥，因为 Picares 本来只是"恶徒光棍"，并不一定是盗贼，这一个字的意义在英文为 Rogue 而非 Robber 也，关于这一点，奥斯福大学出版《欧洲文学研究》中有克拉克的一篇《西班牙流氓小说》（*The Spain Rogue-Story*），起首三页解说流氓颇为明白，可供参考。

六月九日，王遐寿，于北京。

不难设想，当年陆祖鼎读到署名为"王遐寿"的这一通公开信之时，可能并不知道此信乃周作人所写，只是对信中提及的意见与观点颇为重视。读到报刊此信之后次日，6月15日，陆氏即作复信，于6月24日仍发表于《时事新报·学灯》版面上的"通迅"栏目中，题为《答遐寿君》。此信原文如下：

遐寿先生：

数千里外，得文学同志共同讨论，非常欣幸。按守文德《唐克孝传》，久已风行欧洲。不过在中国，读者恐不多。论此书想像的丰富，文笔的巧妙，情节的离奇，实在是一部世界的名著。我读这部书，禁不住自己激赏。所以有介绍这书的动机，你既然也是一位爱读这书的人，那么我们可算是同志了。

讲到这书前半部，已由林琴南先生译为《魔侠传》，后来敝校有几位同学，也告诉我。可是不及更正了。这是因为我没有把林译的小说，一起读过。我觉得最大的困难，就是商务印书馆的说部丛书目录，只有中文译名，没有原著者和原书名。初看目录，往往不知道他译的是什么书，原著者何人——如《吟边燕语》，怎么会知道是蓝姆的《莎士比亚乐府本事》呢？我很希望商务印书馆，

1924 年 6 月 24 日，《时事新报·学灯》，刊发陆祖鼎《答遐寿君》。

把图书目录上的说部丛书，附以原著者和原书名，供给研究文学者的参考。如是销路一定更好些。

关于 Picaresque Literature，我译做"盗贼文学"，自己知道也是不妥。不过一时没有适当译名，姑且杜撰的。亏得下面还附有原名，读者不至误会罢。承你提出指正，我是很感激的。因此我希望国内学者，公定一个译名标准，免去许多翻译上的困难。想来这件事可以做得到的。

如蒙不弃，请示地址，以便互相讨论。

陆祖鼎　东大　六月十五日

上述近五百字的复信，足见陆氏对"王遐寿"的意见是颇为重视的。须知，"王遐寿"的致信只有二百余字，而陆氏复信的篇幅则两倍于此，大有解释己见，结交同道的一番赤诚之意。从行文语气来看，陆氏当时还并不知晓"王遐寿"即周作人，自然更无从知晓发表于《晨报副刊》上那篇《破脚骨》，署名为"陶然"的作者与这"王遐寿"实则为同一人。

◎陆祖鼎不识"王遐寿"，致信切磋再无回音

陆氏信末，有言"如蒙不弃，请示地址，以便互相讨论"云云，希望得到"王遐寿"的具体答复，以便日后继续交流切磋。不过，约略查阅《时事新报·学灯》后续各期之后，可知这样的请求，后来并无回音。稍一推想，也即可知这样的请求实在不太可能得到答复。因周作人化名"王遐寿"致陆氏信中首段即有"又在《自己的园地》中周作人先生也有过一篇短评"云云，已有自卖自夸之嫌，毕竟还要遮掩避嫌，要令其"现身说法"，于情于理都不太可能了。

且说1922年9月4日，周作人在《晨报副刊》上撰发《魔侠传》，以介绍与批评参半的笔法，首度发表了对林纾译介《堂吉诃德》的评述。时隔一年之后，1923年9月，《魔侠传》一文被辑入其自选集《自己的园地》一书中，由北京晨报社初版。

或许，正是在这样的知识传播背景之下，当看到1924年6月6日、7日连载于《时事新报·学灯》的《西班牙守文德的〈唐克孝传〉》一文，周作人才会认为如此大费周章地宣扬与重译原著书名及原著者名大可不必。于是，周氏以"王遐寿"的笔名写了一通致此文作者陆祖鼎的公开信，予以委婉的批评。至于陆氏迅即复信，希望能"请示地址，以便互相讨论"，恐怕周氏亦认为大可不必，遂再无回音了。

即便一年之后，时至1925年12月5日，周作人又写了一篇《塞文狄斯》（载于《语丝》第五十七期），文中再次提到《堂吉诃德》等相关内容，却没有

任何关涉陆氏的内容。有意思的是，此文后来又增订辑入《自己的园地》一书，于1927年2月，交由上海北新书局再版印行。

试想，如果陆氏因"王退寿"致信，而对《自己的园地》一书有所注意的话，应当购读过"北晨版"或"北新版"任意一种，也就应当对周作人的相关观点有所了解。只是恐怕从始至终，从中也看不到任何与"王寿退"相关的蛛丝马迹。除非，陆氏后来购读了《雨天的书》（1925年12月，北京新潮

周作人《雨天的书》，1925年北京新潮社初版，《破脚骨》一文辑入此书。

周作人在苦雨斋中

社初版，1927年6月交由上海北新书局再版），且非常仔细地读到了书中《破脚骨》一文末段，再细细思量，方能破解"王遐寿"的真实身份。

此外，值得注意的是，周作人使用"王遐寿"的笔名，在其创作生涯早期似不多见，但在1948年之后至二十世纪五十年代使用较为频繁，且有一些细微变化，如又写作"王寿遐""周遐寿""遐寿"等。

仅据笔者所见所知，1924年6月14日，周作人以署名"王遐寿"的方式，在《时事新报·学灯》撰发致陆祖鼎的公开信，极可能是其使用这一笔名的最早记录。

周作人与"太平洋会议"

——以《华北日报》相关报道为线索

◎小引："反日"的最后篇章

1931年11月7日，《华北日报》副刊版面头条文章，题为《太平洋会议之轩然大波》，署名"岂明"，作者乃周作人。此文至今尚未见辑入周氏各类文集、选集之中，亦未见学者有所披露，是为"佚文"，其史料与研究价值，毋庸赘言。

值得注意的是，此文关涉当时正在召开的太平洋会议，对中日两国代表在会议上的冲突表达了明确的反对日本帝国主义的政治立场，这是周作人在二十世纪三十年代之后，在七七事变之前，极其少见的"反日"时评性质的文章。

记得曾有研究者宣称，周作人撰于1928年7月10日的《山东之破坏孔孟庙》一文，实为其"反日"的最后篇章；此后，逐渐转而"亲日"并最终"投

周作人佚文《太平洋会议之轩然大波》（局部），原载于 1931 年 11 月 7 日北平《华北日报》副刊。

日"，因而此文在周氏生涯中实在是有"里程碑"式的意义。①殊不知，尚有周作人撰于1931年11月5日，于11月7日发表于《华北日报》的《太平洋会议之轩然大波》一文，撰发时间更晚于《山东之破坏孔孟庙》一文整整三年有余，这才应当是目前所知的其人"反日"的最后篇章罢。

◎周作人摘译《大阪朝日新闻》，撰文千字明确"反日"

基于此文的独特价值，也为了便于考述，笔者不揣谫陋，酌加整理，转录原文如下：

---

① 详参：袁良骏《周作人附逆考辨》，刊于《南通大学学报（社会科学版）》第二十七卷第二期，2011年3月。

太平洋会议之轩然大波

岂明

十一月一日《大阪朝日新闻》上有这样一节记事，题曰《太平洋会议支那代表又吐暴言》，副题曰《因新渡户博士追究而取消，我代表部极度愤慨》，其文曰：

三十日午前十时起太平洋会议圆桌会议中，支那委员会陈立廷氏（基督教青年会干事）关于治外法权撤废之演说中有侮辱日本的言辞，云：

英美均已原则的承认治外法权撤废，唯日本加以反对，盖因为有满洲的缘故，日本的态度殊令人有军国主义之感。

因此在演说中途新渡户博士要求议长对于演说者予以注意，及陈氏演说终了，鹤见氏起而指摘其事实谬误之点，高桥教授亦反驳支那之谬论，胡适博士等遂亦不得不承认日本的主张。其次有外国委员等力说治外法权之存在未必一定是侵略的。新渡户博士又复起立说：

陈立廷氏的言辞是侮辱日本的，如此言说是逆用了本会议的效力。强硬的加以攻击，声明保留对于陈氏之言辞要求适当的处置权利。陈氏乃取消前言云：

假如自己的言辞中侮辱了某一国，那并非我的真意，特此道歉。但日本方面委员以为此事系与太平洋会议成立之根本亦有抵触的大问题，大为愤慨，慎重协议如何对付之后，至下午五时乃发表声明如下：

三十日豫定被变更，从正午开总会，席上支那委员陈立廷氏言说中有日本在满洲有领土的野望等语，日本方面以为系侮辱日本，新渡户博士提出抗议。陈氏对于此事虽已陈谢，日本方面则以此陈谢尚不能满足，决议须使陈氏另取陈谢之方法。但陈氏托人谒见新渡户博士，声明愿取任何能使博士满意之陈谢之方式，故日本方面亦且待其明日之陈谢耳。

日本委员所发表者极简单，其侮辱的内容及日本委员反驳的内容一切均未发表，但日本委员之愤慨甚为激烈，开会后继续午餐时日本委员至无一人执刀叉者，但只陆续陈述意见而退出，可以想见矣。

关于太平洋会议的性质及其用处我不大知道，今年在杭州开会的情况我也不曾留心，虽然中国报章上当然必有详细的记载。晚上看日本报上这个标题有点刺目，便一读，觉得很有意思，译了出来。看这紧张的形势，似乎大有出兵杭州之势了，真不禁替陈立廷氏及其他中国代表栗栗危惧，但是今晨打开报纸就看见李石岑氏的电报，知道该太平洋会议会员四十人左右将光降北平，可见正式陈谢事件已经圆满解决，前回愤慨不堪的贵客可以在北平缓缓地执刀叉了，这是极可庆幸的事，只希望招待的人说话特别小心，免得在杭州没有闯成的大祸到北平来续演，那是北平市民所馨香祷祝的了。

中国有许多事实实在是不可思议。九月十八日辽吉事件发生以后，日本的水灾赈捐被退回了，而太平洋会议终于仍开，日本的代表们扬长地到了杭州，去开什么圆桌会议，闹什么陈谢问题。据我的意见，水灾赈捐是不应退回的，而太平洋会议则应停开。水灾赈捐是国民间一种同情，其中固然有些官吏富商的钱，却也有些真是无产阶级的真心的表示，虽在此时我们也该尊重的，至于太平洋会议的代表新渡户鹤见诸公呢，我们因为一则是"地主"，二则又怕引起交涉，不好怎么说，总之是帝国主义的辩士罢，从头就可以不必谈，何况又在这个时候。然而我国各位代表觉得非请教不可，结果是捋了虎须，一再陈谢，才算幸免。这真有点如吴稚晖公的比喻，真是自取其辱了。前事不忘后事之师，我希望以后太平洋会议要开得好一点。这只有两个办法，其一是就此不开，其二是仍开，……但是中国方面的代表应当改选，最好是请赵欣伯市长担任才行。十一月五日。于北平。

上述一千三百余字的时评文章，赫然刊于《华北日报》副刊版面头条。试想，时值"九一八"事变后一个多月，这样明确"反日"并对正在召开的太平洋会议予以指摘的文章，无论是对所谓的华北文坛还是北方民众，都理应有相当的影响力。当然，一般读者可能并不知晓"岂明"即周作人，否则以周氏当时的文坛地位而言，此文的影响力应当颇巨，绝不至于成为整整九十年间都少为人知的"佚文"。

据文中所述，1931年11月1日，周作人在读到当日的《大阪朝日新闻》之后，因一篇题为"太平洋会议支那代表又吐暴言"的新闻报道，令其颇感"这个标题有点刺目，便一读，觉得很有意思，译了出来"。对于太平洋会议上中方会员陈立廷的演说，遭到日方会员蛮横指责与无理抗议，且最终以中方不得不妥协而草草收场这一事迹，周作人为之感慨道："中国有许多事实实在是不可思议。"

这一场"轩然大波"，实际上是中日双方代表维护各自国家利益，而在国际会议上产生的一次正面冲突。中方代表陈立廷（1882—1947），山东福山人，1913年毕业于清华学校，赴美国留学，获耶鲁大学经济学学士学位。1919年归国后，曾任北平青年会总干事和上海青年会总干事。自1925年起即担任太平洋国际学会中国分会执行干事，一直是太平洋会议中方执委会成员。从首届至第四届太平洋会议，皆有出席；其中，首届与第二届会议时，还负责编撰了

《太平洋国交讨论会第一次报告书》与《最近太平洋问题：太平洋国交讨论会第二次会议报告书》。此外，还曾编校英译本《三民主义》，著有《关税问题》等书，长期致力于废除不平等条约、解决东北问题等诸多国际问题之研究；热衷于"国民外交"活动，也因此对太平洋会议的国际影响力抱有极大期望。

日方代表团领袖人物新渡户稻造（1862—1933），乃日本近代著名国际政治活动家、农学家、教育家。曾于少年时代即矢志成为"太平洋之桥"，将沟通与融汇西洋与东洋思想，视作一己之天职。1899年在美国用英文写成《武士道》一书，向西方各国阐示所谓"武士道"精神，认定"武士道"精神乃日本民族之魂，正是这一精神"全面完成了日本道德精神之建立，形成了日本的整体精神"，为日本军国主义思想"合法化"与"合理化"奠定了重要基础。新渡户曾担任国际联盟副事务长，也是东京女子大学的创立者，还曾出任在日本京都召开的第三届太平洋会议主席，在日本国内拥有极高声望，其肖像曾一度被印制于1984年到2004年间流通使用的五千日元面额的日本银行券之上。

新渡户稻造

应当说，仅就年岁、资历与声望而言，时年近五十岁的陈立廷，或许不能与时年已近七十岁，在日本国内被视作"精神领袖"的新渡户相抗衡。可热衷于"国民外交"多年，有着丰富国际交往经验，更兼怀有力争国权坚定信念，正值人生壮年的陈氏，如果与新渡户发生正面冲突，未必就一定会一败涂地，也未必就糟糕到只能用频频道歉来收

日本银行券 5000 元面额之币面人物：新渡户稻造。

拾的残局。

可是，仅以周作人摘译自《大阪朝日新闻》上的日文报道来看，却又显而易见——以陈立廷为典型的中方代表，与以新渡户为领袖的日方代表，在第四届太平洋会议期间的这一场冲突，以日方"完胜"，中方"完败"收场。更令人匪夷所思的是，并不仅仅是这一场冲突竟会有如此结果，而是当时中国国内报纸对这一事件似乎没有任何报道，中国民众竟然无从知晓也毫不关切这一事件的存在。若不是通习日文的周作人偶然读到《大阪朝日新闻》，这一事件几乎就此隔绝于国门之外，仿佛从来没发生过似的。

或许，也正因为如此，周氏此文被《华北日报》冠于副刊版面头条，表明报社方面认为这一事件的"严重性"实可重视，以周氏本人的文坛地位来转述这一事件也实可信赖，且颇具"新闻性"。另一方面，当时反对并认为应当"停开"这一会议者也不在少数，至少《华北日报》报社方面应当是赞同并支持周氏这一观点的。所以，周氏生前这最后一篇"反日"文章，便顺理成章地于版面头条上刊发了出来。

那么，被周作人认为"不可思议"的应当"停开"的太平洋会议，究竟是一场什么性质的会议？竟会如此的引发"轩然大波"呢？

◎反对声浪中，第四届太平洋会议易址上海仍不"太平"

事实上，周作人所称"太平洋会议"，乃是太平洋国际学会第四届大会的简称。此次大会的主办方太平洋国际学会（Institute of Pacific Relations），其中文名称繁多，见诸报刊者经常混用。

在一九二〇年代的中国报刊上，称之为"太平洋国交讨论会"；一九三〇年代以后称谓更多，如"太平洋国际学会""太平洋学会""太平洋关系学会""太平洋国际协会""泛太平洋学会""太平洋会议""太平洋关系研究所"等。其中，"太平洋国际学会"是1931年以后中国分会对这一机构的正式称呼，但在国内报道中，"太平洋国交讨论会"与"太平洋国际学会"这两个名称往往混用，并不统一；而一般民众将机构与会议并称，径直统称为"太平洋会议"与"太平洋会"者，也屡见不鲜。

据考，太平洋国际学会是由美国学界和商界人物发起组织的非官方性质的政治学术团体，于1925年7月在美国夏威夷的檀香山，正式成立并举行第一届大会。参加者为来自美国、中国、日本、朝鲜、加拿大、澳大利亚、新西兰、菲律宾等太平洋区域内及沿岸国家的代表一百一十二人。会议主旨是对太平洋沿岸各国面临的问题及国际关系之症结，研究讨论，交换意见，以增进国家间相互了解和民族间彼此亲睦。此次会议决定，在各国设立分会，以后每两年召集一次大会。正是在1929年于日本京都召开的第三届会议上，议定1931年的第四届大会在中国举行。

太平洋国际学会中国分会，在1931年时已有会员一百〇五人，执行委员十五人，胡适为执委会委员长，会员包括蔡元培、王云五、朱经农、黄炎培、黄郛、唐绍仪、张伯苓、林语堂、蒋梦麟、宋美龄、宋子文、孔祥熙、吴经熊、丁文江、潘光旦、陈光甫、陶孟和、刘鸿生、陈衡哲等，名流时俊，济济一堂。由于人才荟萃，各方襄助，第四届大会的筹备工作进展顺利，当年年初即议定于1931年10月21日至11月2日，在杭州举办此次大会。

然而，1931年是中国的多事之秋，日军对东北的虎视眈眈，已见端倪。时值"九一八"事变爆发，日本悍然出兵侵占东三省，更是明目张胆的侵略行

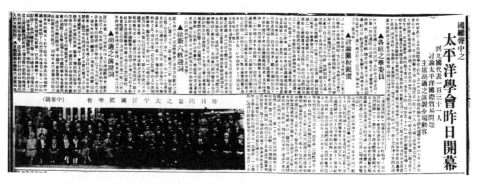

《国难声中之太平洋学会昨日开幕》，原载《时事新报》，1931年10月21日。

1931年太平洋国际学会在中国上海召开第四届大会之合影（前排中坐者为中方主席胡适），此合影曾刊发于《时事新报》《文华》杂志等报刊。

径，中国抗战也就此拉开序幕。国难当头的中国人，如何面对这突如其来的"国耻"？无论是惊恐万状，不知所措的东三省民众，还是群情激奋，坚决要求以牙还牙的后方民众，此时却突然接到一个国际性会议召开的通告——太平洋国际学会第四届大会将于1931年10月21日在杭州召开，会议还有日本代表堂而皇之地出席。对于中国民众而言，这样的消息传来，无异于公开挑衅，无异于丧权辱国。

其实，早在周作人撰文抨击之前，太平洋会议将在中国召开的消息，就已然受到了来自社会各界的大力抵制。杭州、南京、北平等地民众得悉太平洋国际学会第四届大会将在中国举办的讯息之后，纷纷表示强烈反对，一致认为该会向来以帝国主义利益为中心诉求，从来无视弱小民族及国家的利益与主权，在中日临战之际召开这样的会议，无异于自取其辱。包括国民党军政要员在内的，甚至还包括曾参加过往届年会的中国分会代表，都明确反对召开这样的会议——大量的反对者瞬间涌现出来，反对的声浪一浪高过一浪。只需稍稍拣阅当年的旧报刊，相关信息便尽收眼底。

譬如，早在1931年5月28日，以方竹峤为首的国民党党员一百三十四人，取名俱呈当局，请求拒绝太平洋国际学会年会在中国举办。1931年6月30日，北平《世界日报》发表长篇"社评"，题目径直就作《反太平洋国际学会》，清楚明白地交代了反对之理由，即"为反对帝国主义之侵略，为反对帝国主义之压迫弱小民族，为反对吾国解放运动之阻碍，为反对拥护帝国主义榨取政策之扩张……为民族利益计，为国民革命计，为反对似是而非之学术团体计，为反对假学术会议之后而施以侵略政策之实计，不得不出于反对之举"。该"社评"刊出五日之后，甚至在北平真的还成立了一个所谓的"反太平洋国际学会联席

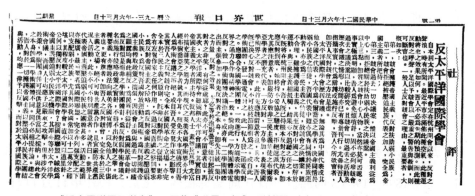

"中国国民党党员方竹崎等一百三十四人，请拒绝太平洋国交讨论会"，
原载《世界日报》，1931年5月28日。

《反太平洋国际学会》，原载《世界日报》"社评"头条，1931年6月30日。

会议"。该会议有来自党政军工农学界代表达七十三人之众，会议向全国各界
呼吁，要求一致反对太平洋学会，一致努力打倒帝国主义。

迫于社会各界压力，南京方面于8月18日曾有专电消息，声称"该会议之
中国总干事陈立廷，恐招全国朝野唾弃，将请求取消在杭开会"。原定杭州举

办的计划在各方舆论压力下受挫，为减少民意与会议发生冲突，会址只得由革命气氛浓厚的杭州改迁至租界林立的上海。也正是这位主动请求会议易址，力保会议顺利召开的总干事陈立廷，后来在上海会议召开之际的演说中也情不自禁地对日本的侵略行径予以指摘与谴责，却招致了日方代表的蛮横指责与无理抗议，又不得不一再陈谢，委曲求全。如此这般，倒真应了周作人所言："中国有许多事实实在是不可思议。"

另一方面，周作人文中所称"今年在杭州开会的情况我也不曾留心"云云，确实可见其对此事从反对抵制到不再关注的情态，以至于对于当时会议地点已由杭州改为上海的情况，周氏也并不十分清楚，故而行文中屡有提及"杭州"之处。不过，在冷嘲热讽的随笔记述之中，在看似漫不经心地随意调侃之中，周氏对此次太平洋会议的态度是非常清楚的，有十分明确的总结之语称："总之是帝国主义的辩士罢，从头就可以不必谈，何况又在这个时候。"

◎江绍原致周作人的公开信，援引英文报纸

周作人撰发《太平洋会议之轩然大波》一文，很快得到了私交甚笃的学者江绍原（1898—1983）的回应。就在周文见报四天之后，1931年11月11日，江氏撰文，以一封公开信的形式，题为《关于太平洋会议之大波》，刊发在了《华北日报》上。此信对周文予以了明确回应，且更为细致地求证了周文中提到的一些太平洋会议细节。此信原文如下：

一封公开的信

关于太平洋会议之大波

江绍原

启明先生:

回寓后翻阅英文《导报》,方知日本报纸所载太平洋会议中国出席代表向日本代表道歉事,是可靠的消息。

十月二十九日,中日代表为"满洲问题"大费唇舌,辩论之烈,为开会来所仅有。在三十一日大会中(此会提早于正午举行),中国代表又责难日本对华"采取了旁国大致已经放弃的进攻政策",所以"中国对世界其他各国的关系虽然更加成为友善的,对日问题却更形紧张",但日代表"否认他们的国家抱有此种政策"。(见十月三十一日上海英文《大陆报》关于太平洋会议的一长篇新闻,十一月五日北平英文《导报》转载。)

回过去看十一月四日《导报》转载的十月三十日《大陆报》消息,则只见它报告二十九日众代表讨论"中国外交关系"时,我国代表曾说起日本对东北事件要求当地交涉之不当和朝鲜移民所经中国的困难,此外它还记载日代表的答辩语。

十一月六日《导报》所刊同月一日上海消息(想必也是自《大陆报》转载),却最重要。

"上星期五日(十月三十日——江注)太平洋会议中日代表为'满洲问题'猛烈冲突以后,昨日(十月三十一日)日方代表宣告'一切都赦免了'并仍出席。

"据报告,日本诸代表曾抗议某一中国会员在一个圆棹会议中所说的话,并于星期五日正午特别大会闭会后全体退席，但日本团的领袖新渡户博士昨日说道，'我们这方面姑且把这件事算作没发生好了'。

"故知开罪于人的那位中国代表，曾为前一天他说的话道歉，并撤回关于'满洲事件'的一切招人反对的议论，昨日照常举行各种会议，今日与星期一日各会，亦按照原定顺序继续进行，星期五大会以后，关于'满洲问题'的讨论，在本次会议期间，算作终了……"

看了以上三个报告，可知十月三十日星期五，中国代表在"中国外交关系"圆桌会议中，对于日本在东北的某种举动（注意：不是对于日本最近的军事举动）有所指摘，双方因此辩论起来，而且辩得很激烈，其时有一位中国代表说的不知什么话，被日本代表认为特别可恶，于是大家不欢而散，虽则闭会之前另一国的代表某教育家曾说了几句滑稽话去打破会议室中的紧张空气，按照预定的程序单，同日夜间本应开一个大会，但是不知哪位聪明人想出一个聪明办法来了：把大会提早，在正午聚餐后就举行吧，也许刚才闹得脸红耳赤的中日代表，同桌一顿牛油面包烤小鸡之类，便可以言归于好了吧。钟鸣十二下，众位高鼻子代表，我国的代表连特别得罪人的那位也在内，还有与我们"同种同文"的若干位日本代表，果然都到餐厅了，身穿蓝边白长衫的低等华人boys忙着布面包，高等华人和高鼻子也正忙着想点逗人笑的俏皮话——忽然日代表团领袖站起来了，大家莫明其妙的鼓了一顿掌之后，此公开始用他的日本音英文发言——极简单，然而意义极明了，这一来不要紧，高等华人和甚至高鼻子，都多少露出点"窘"相，哈哈，要求中国代表道歉！而且不吃上海小鸡就全体走了呢！低等华人见了，恐怕也不禁低声说道："个把东洋小居（鬼）真真活活气煞您（人）！"

"道个歉算什么！""为太平洋会议小小牺牲一点，我们大家是敬佩的！"高鼻子和高等华人这样的力劝那位"得罪人的"代表，以致他终于不好意思不"背上十字架"道歉去也。

"光道歉哪里成？！"高等日本人厉声喝道，"至少也得撤消那番暴言！""好吧，准撤消。"撤消者，不上会议录之谓也，所以将来会议录到了我们眼前时，包你连"暴言"的影子也没有，这番道歉，想必是在十月三十一星期六，那天日本代表似乎没出席各种会议吧，假使那天有会议的话。

三十一日星期六，日本代表领袖宣告"赦免"中国代表了，并且照常出席，就算他没吐暴言好了，就算星期五我们吃过你们的上海小鸡好了，在这天的大会中，我国代表固然还有几句责难日本的话，然而说得很婉转，日代表殊无又退席又赦免之必要。

十一月一日星期日，平安开会讨论研究。

十一月二日星期一，平安开会讨论研究。

十一月三日星期二，平安开会，开会，功德圆满。

临了，让我也来高呼几句口号——

感谢日代表宽宏大量！

感谢高鼻子美国人所办的《大陆报》能把不见于中国报纸的有趣新闻供给我们！

感谢中国人办给高鼻子看的英文《导报》这样会转录新闻！

启明先生，此信看后，请代寄《华北日报》副刊发表，何如？还有关于太平洋会议的话，下次再写。

                                        绍原上，二十年十一月六日深夜。

上述近一千七百字的公开信，篇幅已然超过了前述近一千四百字的周作人撰发的《太平洋会议之轩然大波》一文。仅从回应者角度而言，江绍原对太平洋会议的反应，似乎比周氏更为激烈；从行文语气来看，情绪上似乎也更为激动。

据信末"启明先生，此信看后，请代寄《华北日报》副刊发表"云云，又可知江氏原拟将此信刊发于《华北日报》副刊，与先前发表的周文相继刊发于同一版面，以便读者对照，响应的效果或可更佳。

事实上，早在周文江信发表一个多月之前，1931年9月28日，周氏曾致信江氏，信中就探讨过关于当时发表稿件应择选哪一种报纸效果更佳，信中曾

1931年11月11日，北平《华北日报》刊载，江绍原致周作人的公开信《关于太平洋会议之大波》（局部）。

提及"北平现时殊少可以投稿之处，华北副刊稍好"云云。①果不其然，不久周文即刊发于此，江氏也拟效法，希望能与周文同刊一处。

不过，江信虽确刊发于《华北日报》，却没有刊发于该报副刊版面，而是径直刊发在了第三版。该版以刊登国内时局动向报道为主，当天与江信同版的有大量披露日军侵略东北的图文报道；显然，《华北日报》编辑方面，将江信视作了与时局动向密切相关的文章，故选择就在该版刊发了。

不难发现，江氏对于周文中提及的中国代表向日本代表道歉之事特别关注，即刻从当时北平能够获见的两份英文报纸，即上海美国人所办之《大陆报》与北平中国人所办之英文《导报》中，梳理出了这一事件的基本脉络，将这一在国内报纸中根本未予报道的事件，通过逻辑严密的转述，较为完整地呈现在了中国民众面前。

不仅如此，江氏还用了近千字的篇幅，以更为生动通俗的语言，模拟并再现了这一事件的细节种种，极其辛辣地表现出了日人气焰的猖狂，中国外交无能的基本事实。可以说，江信的价值，不仅仅在于通过对英文报道的解读，披露了国人无从知晓的事件真相与细节，更将之通俗化而富于感染力，给读者以身临其境之观感。

◎江绍原致《华北日报》的公开信，详探太平洋会议"风波"

继致周作人的公开信发表之后，江绍原意犹未尽，直接又向华北日报社方面写了一封公开信。此信写于1931年11月13日，两天后（11月15日），即刊

---

① 详参：《周作人早年佚简笺注》，四川文艺出版社，1992年。

发于该报第六版"本市新闻"栏目里了。此信原文如下：

关于太平洋会议之风波
——江绍原君致本报函

记者先生：

　　鄙人前致周启明先生一函，转述太平洋会议中国代表向日本道歉事，此函业承刊登本月十一日，贵报第三版，甚为感谢。今日稍暇，再将《导报》翻阅一过，始觉前函所述道歉日期及情形，与事实微有不合之处，兹特函奉陈，仍希早日披露为祷。

　　（1）十月三十日星期五上海《大陆报》消息（见十一月四日北平英文导报）：昨日（二十九日）太平洋会议圆桌会议中，中国代表言及日本对东北事件动辄要求直接交涉之不当，及朝鲜移民给予中国方面之困难，日代表有答辩语。

　　（2）十月三十一日星期六《大陆报》消息（十一月五日《导报》转载）：昨日（三十日）中日代表为"满洲问题"争辩甚烈，中国代表责备日政府不应独采取进攻政策，但日方代表否认其政府怀有此种用意，本夜（三十日）豫定大会，已提早在午刻举行。

　　（3）十一月一日星期日上海消息（见十一月六日《导报》）星期五（三十日）日代表抗议中国代表某氏在圆桌会议中发表之言论，午间特别大会后，全体拂袖而去，但此中国代表已声明道歉，故日方代表及其领袖新渡户博士昨日（十月三十一日）业已表示满意，并照常出席，本次会议期间，不再讨论"满事"，昨日各圆桌会议之题目为"移民及人种问题"，"上海之将来"，"教育与太平洋会议”。

从上方三报告看来，日代表所反对者系十月三十日星期五“中国外交关系”圆桌会议席上中国某代表之言说，同日午间大会散会时，彼辈即有露骨表示，但中国代表急行道歉，故三十一日星期六日代表仍照常出席，我代表之道歉，当在星期五大会以后，星期六开会以前无疑。

十一月一日《大阪朝日新闻》之记事如亦可靠，则我们更可确言：（1）被认为侮辱日本之中国代表，系基督教青年会干事陈君立廷，（2）陈君发言，系在圆桌会议中，因日代表抗议，陈君当即声明道歉，（3）在同日提早举行之大会中，陈君似又指责日本（？），日代表极端愤慨，除当场提出抗议外，不进午餐而退，（4）下午五时前，陈君又向日代表陈谢，但日代表仍不满意，要求更进一步之陈谢，且因陈君已允取能使日代表满意之陈谢方式，遂发表明日候光之声明，（5）此满意之陈谢，当在星期六开会之前。

以上推测如无错误，陈君必曾被迫向日代表三次道歉！日方所要求及获得之“满意之陈谢方式”为何，亦极耐寻味，殆为（1）陈君言辞不入会议纪录与（2）本届会议期间不再讨论“满洲问题”之保证欤？犹忆上届会议毕会后，某几代表在平演讲，对于基督徒之垄断一切，攻击甚力，今番会议之经过与结果，甜美与辛酸，又何如乎？望返平诸代表有以语我来。

十一日《导报》所载该报访员与中国代表“惠灵吞刘”氏之谈话，尤可注意（刘系伴外国代表来平游览者）。

“刘君云政府之意，不欲我国代表大谈（Bring to the fore）‘满洲问题’，庶免会议代表间发生不快之感，但外国代表似有意讨论此问题，在‘中国外交关系’项目下，此问题曾一度提出于圆桌讨论会，并二次提出大会。”

然而我代表陈氏，竟敢出言不逊，致令日方代表发生不快之感矣，中央政府亦有以惩戒之乎？此又吾人所急欲闻知者也，噫！

顺颂撰安。

江绍原上

二十，十一，十三，北平

上述一千二百余字的公开信，相当于把中日代表会场冲突的细节又重梳理了一遍。将上海美国人所办之《大陆报》，北平中国人所办之英文《导报》，与日本人所办《大阪朝日新闻》的相关报道，一一对应比较之后，江氏得出了五条"更可确言"之推测，且进一步推定："陈君必曾被迫向日代表三次道歉！"

此外，江氏还推定，为了令日方代表满意，中国代表团甚至接受了两条"极耐寻味"的日方要求，即"（1）陈君言辞不入会议纪录与（2）本届会议期间不再讨论'满洲问题'之保证欤？"中国代表受辱至此，中国政府方面竟毫无反应。为此，江氏于信末又调侃称："中央政府亦有以惩戒之乎？此又吾人所急欲闻知者也，噫！"

◎江绍原再致《华北日报》公开信，再探"风波"细节

11月20日，《华北日报》第六版"本市新闻"栏目，再次刊发江绍原来信。这一次，江氏是通过曾出席第四届太平洋会议的某位中方代表的讲演，再次管窥与推演中日代表会场冲突的细节。此信原文如下：

1931 年 11 月 15 日，北平《华北日报》刊载，江绍原致报社的公开信《关于太平洋会议之风波》（局部）

由某代表之演说中略窥太会风波之内容

江绍原

记者先生：

太平洋会议我国出席代表向日本代表道歉事，已从返平某代表的演说中得到某种证实，他并且说日本代表也有一次向我方代表表示歉意，虽则我从旁处找不到材料证实此点。

这位代表的演说词，见今日（十一月十七日）北平英文《导报》（演说者——SHUHSI HSU 博士，地点——燕京大学纪念周会，时间——中山先生生日），大意如下，一年前当“议程委员会”在纽约开会时，日本理事会已去函声明，不愿在会议中再讨论东北问题，委员会不能不尊重并多少采取日方意见，故决议不将此问题列为一个专题而只把它算作"中国外交关系"问题之一部分，本届会议，前五天专讨论经济问题，后五天（始于十月二十六日）专讨论政治问题，在二十六日之劳动问题圆桌会议中，论锋已涉及中国东北事件，二十七日开始讨论"太平洋外交机关"，傍晚大会有日代表K.TAKAYANAKI教授之讲演，演说时他曾引异国某法律专家之语，云中国并非一个主权完整的国家，"其后他曾当众声明，他自己和他所知道的日本法律家从未否认中国国家的主权，他很不安，上次没把他的话说明白以致引起误会，但当他出言不慎时，恼了许多中国代表，在次日某几圆桌会议中，他的那番话，成为不少激烈讨论的题目"，三十日星期五正午大会中，某圆桌会议的主席L.T.Chen（陈立廷）作报告时，说了几句责难日本的话，"于是引起某几日本代表的抗议和陈君否认他有心得罪他的朋友之惋惜语"（Denial With Regret）。这位演说者的话假使可信，（1）陈君只在星期五大会中令某几日本代表发生了一点不快感，但他当场说了几句惋惜的话，以后也就太平无事，（2）中国和中国代表并不算丢脸，因为有一位日本代表也被迫向我方陈谢过一次呀，至于（3）日报美报所载日代表全体退席时，美报所载我代表"道歉"（Offer Apology）事，以及日报所载陈君似不止陈谢一次事，在燕大演说的博士不知为什么不明白否认，还是无法否认？（4）博士所说二十八日我国代表争辩中国并非不是主权国家事，有二十九日上海英文《大陆报》的记事（十一月三日《导报》转载）可以证实，但此报只说在一个圆桌会议中有争辩，而且并没记载日代表有陈谢语。中日美报告既然不一致，我们究竟相信哪一方，还是我相信呢，我的答案如下，不知有无错误。

（1）三十一日《大陆报》所载陈代表得罪日本代表的几句"暴言"，与博士讲演中所述者，几乎个个字相同，故可信程度颇高，（2）日代表曾以全体不再出席相要挟而获得我代表道歉事，日美均有报告，故或可信，（3）日代表因出言不慎表示不安事，《大陆报》虽无记载，或尚可信，但日代表的抗议是全体一致的，故强硬有力，换得我方的道歉，我们的抗议则是一部分代表的，故至多也不过使对方表示一点不安，陈干事的"暴言"令日本全代表团极端"愤慨"，但日教授的话只"恼了Not a few中国代表"而非全体中国代表，日本出席太平洋会议的，是个整个儿的代表团，中国去出席的似乎只是代表甲，代表乙，代表丙，代表丁……

Wellington Liu和Shuhsi Hsu两代表的报告，我们领教过了，C.C.Chang，D.D.W.William，Wang诸位代表，也有话向我们报告吗？

江绍原上，二十年十一月十七日，北平。

上述一千二百余字的江氏再次致《华北日报》之公开信，乃是根据北平《导报》所载一位英文名为"SHUHSI HSU"的太平洋会议中方代表之讲演，对中日代表会场冲突的另一番推绎。

这一次，江氏又推测出另一个重要结论，即中方代表之所以在冲突中"完败"，乃是因为中方代表团内部意见不一，观点各异，各自为政所致。这样的状况之下，"日代表的抗议是全体一致的，故强硬有力，换得我方的道歉，我们的抗议则是一部分代表的，故至多也不过使对方表示一点不安"，"日本出席太平洋会议的，是个整个儿的代表团，中国去出席的似乎只是代表甲，代表乙，代表丙，代表丁……"，毋庸赘言，始终"全体一致"的，一直"强硬有力"的日方，在冲突中自当"完胜"。

由某代表之演說中略窺太會風波之內容

（江紹原）

1931 年 11 月 20 日，北平《华北日报》刊载，江绍原再次致报社公开信《由某代表之演说中略窥太会风波之内容》。

◎第三届太平洋会议，徐淑希就曾为"满洲问题"据理力争

江氏信中提到的"SHUHSI HSU"，即徐淑希（1892—1982），广东饶平县人，民国时期著名学者、政治学家、社会学家、外交

国联特会我国专门委员徐淑希博士，原刊于上海《良友》杂志1933年第七十四期。

家。早年曾留学美国，相继在耶鲁大学和哥伦比亚大学取得硕士学位（1919）和博士学位（1925）。归国后，先后任燕京大学政治系代主任、主任，燕大社会科学院院长，燕大法学院院长。自1929年起，开始以中国代表团顾问身份参加国际重大会议。

徐淑希在燕京大学执教期间著述颇丰，对"满洲问题"尤有研究。1936年之后，辞去燕京大学教职，为抗战时期的中国外交事务积极奔走，对日本侵华暴行揭露甚力。其中最著名者，当属1939年辑录之英文版《南京安全区档案》。这份档案辑录了1937年12月13日南京沦陷之后，城内安全区的国际人士耳闻目睹的日军种种暴行，极具史料价值。1949年之后，曾任台湾当局驻秘鲁兼驻玻利维亚"大使"、驻联合国"全权代表"、驻加拿大"大使"等职。晚年定居美国，1982年在新泽西逝世，享年九十岁。

实际上，因徐淑希的讲演内容中所关涉的陈立廷与日方代表冲突细节与江

徐淑希编印《"满洲问题"论文集》(*Essays on the Manchurian Problem*),1932 年上海印制。

绍原事前所推测与推定的部分有一定差异,江氏对此抱有不甚信任的态度,认为徐氏所言未必皆属实,除了不再推定日方借陈立廷发言"侮辱日本"之故而要挟取消"满洲问题"专项议题之外,其余推论几乎一仍其旧,未再做更进一步的修正了。

关于江氏的疑虑,在此暂且搁下,且说徐氏本人的"反日"立场向来相当明确,在力争国权方面的态度一直颇为强硬,并不亚于在会场上公开"得罪"新渡户的陈立廷。就在前一届会议上,在日本京都举办的第三届太平洋会议上(1929 年 10 月 28 日—11 月 9 日),徐氏就曾在"满洲问题"圆桌会议(11 月 4 日召开)上,对日方代表松冈洋右的发言逐条驳斥,并对松冈所谓"日方促进东北经济发展"之言论发出了强有力的质问,称"二十一条之逼迫、西原借款之黑幕、旅大之强租,难道也是日本援助中国的行为吗?"徐氏所言,理据充分,无可挑剔。一方面引来了"各国代表及外国新闻界之大拍掌";另一方面,因会议时间问题,令松冈不及再行辩述,日本代表羞愤难当,几乎一度使会议破裂。[1]

---

[1]　详参:《第三届太平洋国交讨论会纪要》,文海出版社,台北,1978 年。

国内各界闻知此讯，大感振奋，11月16日的上海《民国日报》径以《中国代表徐淑希之演说，处处攻击日本影响颇大》为题，大篇幅报道了这一事件。11月20日的上海《时事新报》在社论文章《敬告太平洋会回国代表》中，也提到：

吾人对于此次代表诸君，不胜感谢之诚，而对于徐淑希君尤为敬佩……徐君担任“满洲问题”与日本委员松冈洋右驰骋论辩，有足多者。

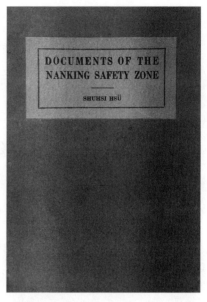

徐淑希编著《南京安全区档案》（*Documents of the Nanking Safety Zone*），南京大屠杀重要史料，1939 年初版。

值得一提的是，与徐淑希在第三届太平洋会议上据理力争相对应的事件，还有同样活跃于此次会议中的陈立廷，竟然还将《田中奏折》以英文翻译出来，印成小册子，在会场内外散发，使之首次公之于全世界。可以说，在第三届太平洋会议上，徐、陈二人都相当活跃，是力争国权的中方代表，也是使日方代表最感憎恶的中方代表，为此争端四起，会场气氛十分紧张。

◎第四届太平洋会议，徐淑希仍为“满洲问题”据理力争

时值第四届太平洋会议在中国上海召开，除了前述陈立廷再次与日方代表发生冲突之外，徐淑希也曾在会场上，仍就东北及“满洲问题”与日方代表据理力争，发生过正面冲突。

须知，在进行会议筹备之初，中国分会即将东北问题确定为准备的重点。有关研究准备工作俱由徐淑希主持，其对"满洲问题"相关资料的搜集，尤其重视。这些情况，1931年1月23日、10月4日的上海《时事新报》上皆有报道，应当属实。第四届太平洋会议召开前夕，徐氏即以英文编著，并在北平初版《"满洲问题"》（*The Manchurian Question*）；会议结束后次年（1932），又在上海以太平洋国际学会中国分会名义编印《"满洲问题"论文集》（*Essays on the Manchurian Problem*），以及由英文版《"满洲问题"》翻译过来的中文版《东北问题》。这一切，无不体现着徐氏对"满洲问题"之极端重视。

可想而知，由这样一位"满洲问题"专家来主持第四届太平洋会议上的专项议题之研讨，势必与代表日本帝国主义利益的日方代表产生正面冲突。虽然因某种原因（或即为江氏所推测的因陈立廷向日方道歉，为使日方"满意"而答应不再将"满洲问题"作为一项单独议题），"满洲问题"最终未能成为会议单项议题，可关涉这一问题的研讨却在"中国的国际关系"与"太平洋区域的外交机制"圆桌会议中占有相当分量。且"太平洋区域的外交机制"圆桌会议实质上成为"解决满洲争端的外交机制"，讨论国联在处理中日冲突中的作用，以及现有太平洋区域外交机制的局限性问题。①

这一圆桌讨论开始之前，10月24日，国际联盟理事会刚以13：1的票数通过决议，要求日本在11月16日前将军队撤退到南满铁路区域以内，建议中日两国政府在日军撤退后举行关于解决一切争执问题的直接谈判。日本随后却表示不打算撤军。

---

① 这一会议议题转换之史实，详参：伊利莎白·格林：《中国会议动向：圆桌会议讨论之简述》，原载《太平洋事务》杂志，1932年1月。

在这种情况下，10月27日，"太平洋区域的外交机制"圆桌会议举行。有中国代表发问，为何日本反对将东北问题提交给国联？日本代表答称，日本并非对国联不友善，但此问题过于复杂，非国联各位委员所能完全明了，需要中日两国直接谈判。更有日本代表为之解释称，日本在东北有"特殊权益"，理应维护。为此，徐淑希当场反驳称："任何经济利益，自必为人所享有，为何因日本享有，就变了特殊的呢？任何经济利益，自必有一定的地点，为何因在东省，就变了特殊的呢？"

紧接着，徐氏还劝告日方代表称：

"为中、日两国打算，为全世界打算，凡我两国思想上比较清楚的人，都要努力的督促政府，使其采取合理的、和平的方针，不宜一味的为他们袒护。"

诸此种种言论，徐淑希都记录在了其自著《杭州会议中的"满洲问题"》之中，以此公开表明了自己的立场与观点。可能因徐氏为学术精深的学者，其说理充分，持论确当之故，日方代表并未对其言论予以抗议，仅以漠然不顾置之。

关于在第四届太平洋会议上，就"满洲问题"据理力争之事，并非只有徐氏个人记述可予查证，1931年10月28日的上海《民国日报》对此事也有简要报道。报道原文摘录如下：

太平洋学会第六日

论及国联与满洲问题

华委员驳复日方狡辩

昨为太平洋国际学会开会之第六日，上午九时起圆桌会议，分四组讨论

"太平洋之外交机关"。……

"满洲问题"

太平洋国际学会近一星期，所讨论者，均为各类重要问题，惟至昨日会议时，始及"满洲问题"，按照以前所决定之程序，在本届大会中"满洲问题"，并不单独作议题。惟遇各问题与满洲有关系者，即于该问题提出之时讨论及之。昨日讨论题，为"太平洋之外交机关"，计分五组，内三组圆桌会议，均涉及满洲，五组中之四组，专论外交机关，第五组则讨论附属地与其土著。

中日辩论

讨论之时，由中日两国委员领袖，各以极亲善之精神出之。华委员问日本何故反对以"满洲问题"提交国际联盟会。日委员答称，日本对于国际联盟，毫无恶意，且自始即与之积极合作。惟"满洲问题"，系特殊情形，需由中日

《太平洋学会第六日》，原载上海《民国日报》，1931年10月28日。

两国直接谈判，且以该问题之性质，与国际联盟会各会员，对于其异常复杂之情形，未能完全明了，势不能于旦夕之间，决定其事。即令派遣委员团前往调查，在简短之时间内，亦不能明悉本问题之一切情形。在日本方面，此问题不仅限于其冗长而繁复之事实，且尚有热烈的感情关系，盖日本尝竭其血与财产，以从事生产并发展其满洲利益云云。某华委员即答之曰，中日之利益，亦有其感情方面，若日本之感情，回顾到日俄战争一役，则中国之感情，至少将回顾到三百年以前。

不难发现，报道中的"驳复日方狡辩"的"某华委员"，应当即是徐淑希。关于"满洲问题"早已议定不作为本届会议专项议题的说法，以及日方代表在"满洲问题"上的论述，与徐氏讲演及自著中的内容，皆是一致的。只是报道中的"某华委员"之答语，确实与徐氏自著中的记述有差异。如需详探这一细节，恐怕还得搜求更多的相关文献，予以充分比勘才行。当然，这已不再属于本文研讨的范围了。

◎第四届太平洋会议之后，陈立廷黯然辞职

话说第四届太平洋会议之后，无论中日代表在会场上的冲突种种，究竟是否产生，或者说产生了怎样的社会影响力，一切都显得不再那么重要了。因日本当局根本置国际公约与公理不顾，反而加快了侵略中国的步伐。不但将在国联表决之下的撤军之说抛诸脑后，更以直接退出国联的强硬姿态，明确地表明了国家利益绝对高于国际利益的根本立场。

就在第四届太平洋会议结束两个多月之后，日军悍然发动"一·二八"事

变，直接兵临上海。1932年3月，日军迅即策划伪"满洲国"在长春宣布成立，同年9月日本承认伪"满洲国"，以此自导自演之行径，来向世人宣示，从此再无什么"满洲问题"可提交国际会议研讨了。

之后的"国联调查团"来华，开始解决所谓"中日争端"问题。其祖护日本，中立自保的基本立场，令中国民众大感失望，日军侵略中国的气焰亦愈发猖狂。面对诸此种种时势与事态，参加过第四届太平洋会议的中方代表，无论是陈立廷，还是徐淑希，除了震惊与愤慨之外，恐怕一时也别无他法了。

1932年初，陈立廷虽然仍是太平洋国际学会中国分会执行委员会委员之一，但实际工作已基本交由刘驭万办理。在刘氏着手编印的《最近太平洋问题：太平洋国际学会第四届大会报告书》中，篇首有陈氏所撰的一页简短序言，虽只言片语，但从中流露出对太平洋国际学会这样的非官方国际机构的失望之情，可谓溢于言表。陈序这样写道：

太平洋国际学会的目的，是在谋国际间的谅解。我们国人处在今日的状况之下，一方面遭了日本的横暴，一方面感了国际联盟会的懦怯，不由的觉得，凡是类似太平洋国际学会的组织，都是无用的。甚么世界同情啦，国际好感啦，都是盲人说梦之类，于事无济。

虽然陈序后边的内容，又勉强扭转话题，又说了一通"我们希望和平的人只好抱着大勇猛努力，不因一时的挫折而败志，不因环境的恶劣而丧胆"之类的"豪言"。可次年7月，陈氏即从学会辞职这一事实，不又再次证明了"豪言"终究"于事无济"吗？

至于周作人与江绍原，之后似乎也没有再去探究关于太平洋会议中日代表冲突的更多细节之兴趣了。只是在1931年11月25日，周氏曾在致江氏的信中提到：

"承燕大不弃仍寄校刊给我，使我得读徐淑希院长一篇关于太平洋会议的文章，特以转赠，以供参考。"①

不过，江氏得赠此刊之后，也没有再写出什么公开信之类的投寄给周氏或报社了。毕竟，时势逼人，中日必得一战的历史态势已经突显，两国国力与民心的殊死较量，已然大幕徐开；而此时确实不必为着这些无谓的口舌之争，再予孜孜以求的"考证"了罢。

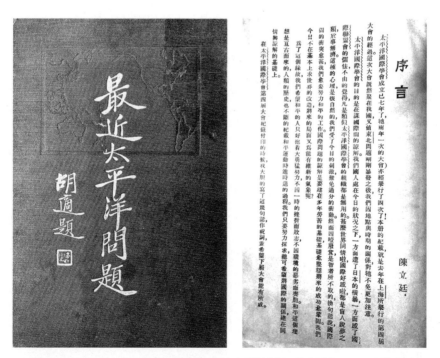

《最近太平洋问题：太平洋国际学会第四届大会报告书》，陈立廷序，1932年编印。

---

① 详参：《周作人早年佚简笺注》，四川文艺出版社，1992年。

◎《民国日报》也曾报道中日代表冲突

以一篇周作人佚文为线索，竟钩沉出一桩如此头绪繁密，情节曲折的历史事件，实在是大出笔者意料。原本，发现这一篇极可能为周氏生前最后的"反日"佚文，已令笔者颇感幸运，随之牵扯出江绍原的三通公开信，亦是极为少见且至今未编入江氏文集的"逸文"，搜得此一桩"学林轶事"，更进一步探得此事背后的历史事件，皆是机缘巧合，欣幸之至。

就在此篇行将结尾之际，对于第四届太平洋会议中日代表冲突这一事件，当年尚无中文报纸予以报道的情况，笔者仍深感遗憾与疑虑。难道当年真是非得如周、江二人一般，必须通过日文或英文报纸，才能偶然获悉此事吗？难道当年国内的中文报纸，竟真的未曾有过任何报道吗？未曾报道的原因，是否纯粹是来自政治因素？是否是因为南京政府不愿引发事端，故而扼制了任何有可能引发民愤与骚乱的新闻报道？如果确因政治因素使报道被扼制，那么，为什么周、江二人"反日"立场明确，甚至直接调侃政府当局的文字却能屡屡见诸报端？

所有这些疑问，在深入搜索会议所在地——上海各大报刊中，仍然没有得到充分解决。会议期间，从1931年10月21日至11月2日，从开幕至闭幕，上海《时事新报》几乎每天都在报道会议进展及研讨情形，内容完整有序（均为次日报道当日会议进展），留下了较为全面的相关史料。可是，对于中日代表冲突这一事件，确实只字未提。与《时事新报》同时报道会议进展情况的，还有上海《民国日报》，报道内容与前者几乎完全相同，应当是据"通稿"予以报道的。

因《时事新报》与《民国日报》的报道内容基本一致，且每次报道均冠以"太平洋会第×日"的醒目标题，查阅也相当便捷。因此，当笔者在查阅到1931年11月1日的"太平洋会第十日"之报道时，将两报略加比勘，发现内容仍基本一致之后，几乎就可以断定，当年即便在会议所在地——上海，各大报刊中，也确实未曾对中日代表冲突这一事件予以报道。

就在笔者以为此事终了之际，忽然在《民国日报》1931年11月1日的《太平洋会第十日情形》之报道之后，发现紧随其后还有一篇题为《太平洋学会争辩东北问题》的报道。这一报道乃是《民国日报》独有的，未见于《时事新报》，不属于每日必报的"通稿"范畴。

这一报道的内容，与周作人据日文报纸所推测的，江绍原据英文报纸所推定的，以及徐淑希讲演中提及的中日代表冲突这一事件，虽然在整体框架上大致相仿，但有不少细节未见于周、江、徐三者之表述。也即是说，这一报道的内容，不但表明国内曾有中文报纸对这一事件有过报道，且还有相当多的细节信息，乃是日、英文报纸中所不具备的，故而极具研究参考之价值。

在此，为进一步厘清事件线索，尽最大可能澄清历史真相，笔者仍不揣谫陋，酌加整理，转录这一报道原文如下：

太平洋学会争辩东北问题

太平洋学会对于东北问题，连日皆有讨论，中日代表发言者甚多，会场空气颇见紧张。日代表虽较其国内军政当局为开明，然在在不免为其国家政微作牵强之辩护。我国代表发言，在以正义公道及国际法律为根据，各国人士对我多表同情。此星期三（二十八日）以前之大致情形也。星期三以后，日方形势，忽舍守势而取攻势，是日晚间高柳演讲外交机关时，无端引起中国之国家资格问题，虽借英国某法学家之口出之，然因其与讲题丝毫不相衔接，当时听众颇为诧异。星期四晨举行圆桌会议时，高柳与我国代表陈立廷同桌，陈君乘机向彼质问，谓日人既否认中国之国家资格，无怪其任情侵略，旁若无人矣。高柳则诿为姑引他国学者之语，彼自己与日本国民固不承认之。言次颇呈捉襟见肘之象，前（三十）日上午十一时四圆桌会议合开大会，对于我国外交问题为最后之陈述。首由我国代表陈立廷君发言，略谓中国对外交涉，实分二大部分，其对付日本以外之各国，为一整顿修正之问题，其工作较轻。其于日本，则直为一件生死甚争之问题，其工作较重。继略叙日本之侵略政策及侵略行动，并痛驳高柳中国为无主权国论之谬误，词严义正，听者无不动容。不谓日方老羞成怒，首由日本代表新渡户质问主席英代表罗斯，陈君之言论是否违反会规，意在阻止陈君发言。主席则谓陈君言论并不引起会规问题，仍许陈君继续发言，至尽其词为止。继由日本代表高柳及美代表司徒雷登发言，司徒言毕，日代表新渡户忽又突然起立，高声为陈君之演说，系侮辱日本及日本代表，全场大哗。陈立廷起立声明其演说词之要点，所言皆系事实，绝无有意诋毁。如所述事实太率直，而致日代表误会，则甚为歉事。日本代表佐藤前田

《太平洋学会争辩东北问题》，原载上海《民国日报》，1931年11月1日。

二人同时发言嘈杂，不辨作何语，各国代表至此，已不能再忍，大呼"会规会规"，主席乃令佐藤坐下，宣布时间已过，不能再发言。一场热辩风波，乃告结束。闻当时各代表对于日本代表之狂叫失态，皆致不满，而对于年高望重之新渡户，尤不禁失望。此事出后，各国代表皆面有忧色，以为太平洋会议不能维持会议之太平，遑论其他。主持会务之当局乃出面斡旋，使双方不致因争执而决裂。三十一日晨，于圆桌会议前，先举行全体大会一次，由主席宣读陈君来函一件，略为昨晨发言时，容有伤及日代表感情之处，彼颇引为不安云。次由新渡户趋前与陈君握手，以示误会完全消释。末由高柳指出其星期三晚演词中之疏忽处，请中国代表原谅。一场风波遂告结束，各国代表始转忧为喜云。

　　上述近千字的报道，为目前仅见的关于中日代表冲突事件的国内报道。总体而言，报道中表述的事实，比较接近于徐淑希讲演中所提及的事实。据此报道可知，陈立廷于1931年10月30日上午圆桌会议期间，为平息新渡户的抗议，有过一次公开表示歉意的举动；次日（10月31日）晨，为进一步平息事态，陈氏还曾向会议当局提供了一份书面致歉信，并由主席公开宣读，共行道歉之举两次。而日方代表也确有一次道歉，乃是在陈氏第二次道歉之后，由在10月28日晚讲演时引称"中国为无主权国家"的高柳。

　　据查，此"高柳"，即高柳贤三（1887—1967），日本法学家，曾就读于东京帝国大学，从事英、美法学研究，1915年至1919年期间留学欧美，归国后任东京帝国大学教授。应当说，正是高柳讲演中引称中国为无主权国家的言论，激起了中方代表的极度愤慨，直接导致了陈立廷两次在圆桌会议上痛驳其言论。可是，在前述周、江二人的译述日英文报纸之报道中，却只字未提到高

周作人赠江绍原照片，1929年8月拍摄。

柳其人其言论，而只是突显出了陈立廷与日方代表团团长新渡户之间的冲突，这就很容易让读者产生误解。

再者，江氏推定的陈氏三次道歉之说，乃是因英文报纸细节过于简略造成的误判。至于江氏推测的，为使日方满意，"陈君言辞不入会议纪录与（2）本届会议期间不再讨论'满洲问题'之保证"，亦属臆测，乃是掺杂着民族情感的激愤情绪之下所造成的臆测。由中方编撰的《最近太平洋问题：太平洋国际学会第四届大会报告书》中，陈氏言论赫然在列；而"满洲问题"不列为本届会议专项议题，乃是事前就已确定的，且陈氏以致歉信方式第二次道歉之后，会议已近尾声，相关议题中本已再无关涉"满洲问题"者。

可以设想，周、江二人身在北平，应当都没能第一时间看到上海《民国日报》，故而有了偶阅日文报纸惊悉，又据英文报纸再三推测的情形。及至江氏听闻徐淑希讲演，再至周作人读到燕大校刊（应即《燕大周刊》）所载徐氏讲演内容，方才对他们所推测的事实有所勘验与修正。至此之后，他们有可能还是接触到了上海《民国日报》，对事实真相有了更进一步的了解之后，对此事便不愿再多作赘言了。于此，也就不难理解，为何周作人生前未将其收入自选集，之后也再未提及此事，遂使《太平洋会议之轩然大波》一文少为人知，竟成了"佚文"。

至此，由一篇周作人"反日"佚文，引申而来的历史"悬案"，基本可以"结案"了。不过，在这一发生于整整九十年前的历史事件中，因日、英、中三方报刊媒介所传达的信息"不对称"，作为旁观者的周、江二人，从中推演出的种种似是而非的事件细节，从中透射出的国内知识分子对时局与当局的忧愤之情，至今仍是耐人寻味的，仍是可以品味再三的罢。

刘文典论"新式革命"

——以新近发现的佚文、佚信、佚著为中心

◎ 《刘文典全集》至今难全

著名学者、国学名家，有一代"狂人"之誉的刘文典（1889—1958，字叔雅），生前著述宏富，学术论著与诗文言论等多有发表，其后又多有修订致使"版本"繁多；加之手稿信札数量颇丰，更星散四方，为之辑印"全集"的工作，自然是格外艰巨。

《刘文典全集》迭经1999年、2013年两次结集（均为安徽大学出版社印行），期间还有2008年的《刘文典全集补编》《刘文典诗文存稿》两部（均为黄山书社印行），其搜辑文献之力，已为后世读者所共鉴。惜乎"全集难全"之情况，向来难免，即便一再补辑增订，仍难免有遗漏的"佚文"存世。

仅据笔者所见，岂止"佚文"，更有"佚著"待收入全集。譬如，署名为"狸吊疋"所译《基督抹杀论》一书，译者正是刘文典。此书全文尚未辑入《刘文典全集》，为此，笔者曾撰《刘文典首译〈基督抹杀论〉一文》，于2016

年3月30日发表于《中华读书报》之上。

之后，笔者又有幸寓目一部刘文典自印本《学稼轩诗钞》，从中搜辑到一些全集失收的刘氏诗文，并发现全集所收部分刘氏诗文诗题误置的情况，为此曾撰《刘文典诗集自印本发现记》一文，于2017年9月26日发表于《南方都市报》之上。

不久，笔者更有幸寓目一通刘文典于1938年冬致吴宓的"佚札"，亦为全集所未收者，为此曾撰《新见刘文典致吴宓信札一通》，于2019年5月发表于《书屋》杂志之上。

此外，刘氏藏书中多有题记，这些题记的内容也有相当部分并未收入全集，亦属颇值得重视与考索的"佚文"。譬如，刘氏所藏温州籍学者李笠所著《三订国学用书撰要》的封面及版权页背面，就曾有过三次研读之后的毛笔题记，笔者为此曾撰《国学书引来刘文典三次题字》一文，于2019年7月11日发表于《温州日报》之上。

仅凭笔者一己之力，偶然完成的诸此种种"辑佚"工作来考察，从译著、诗集、信札、藏书题记等各个方面，无不昭示着"全集不全"的客观现状，以及"全集难全"的经验之谈。

无独有偶，笔者近日又于旧报中搜辑到刘氏六种"佚文"，包括一篇论文、两篇杂文、三通联名电文、一通联名公开信，以及两通启事。由此可见，除了上述种种文献品类之外，旧报刊上的"佚文"之夥，恐怕还并不亚于那些零星出现的稀见文献。可以预见，旧报刊上的"辑佚"，将是未来很长一段时间里全集"补遗"工作的重点所在。

除此之外，笔者更于近日又发现一部刘氏早年编制的《模范文选（上

中国文学系教授兼主任刘文典，辑自1932年《清华大学同学录》。

编)》，乃刘氏初至北大任教时为授课所编讲义之一，更是全集中只字未提及之"佚著"，实在令人颇感惊喜之余，更实感意外。

讲义主体内容虽为编选先秦至三国时期古文，并非刘氏本人所撰文录，可一方面此书序言、"编辑要旨"皆为刘氏亲撰，自然是全集未收之"佚文"；另一方面，讲义为刘氏本人亲自甄选、标点、编排之著，体现着刘氏当时的治学思路与思想倾向，或亦应当全部收入全集。

◎《裁兵救国论》再现刘文典报国之心

在此，仍然是为披露与共享文献，也是为了便于后文略加考述，笔者不揣谫陋，依发表时序逐一将新近发现的这一组"佚文"酌加整理①，转录原文如下：

裁兵救国论

叔雅

中国今日，险象环生之秋也。敌国交侵于外，政潮澎湃于内，财政危殆濒

---

① 原文仅以句点断句者，今施以通行标点。

于破产。内阁动摇，庶绩弗凝^①，毒赋丝兴^②，苛税毛起^③，饿殍盈路，群盗满山，凡国家将亡之种种败象，无不俱见。而共和再兴，区夏新造，又正百废待兴之日也。苟欲救国，政本不可不立，财政不可不整理，庶政不可不进行，实业不可不振兴，盗贼不可不平定，此种种危象及诸急务，固夫人而知之矣。然诸险象之祸根何在？曰不规则之军队过多。诸急务以何者为先决问题，曰裁撤此种军队。

军队者，国家之干城也，心膂也。国于今之世界，何可一日而无军队？然在吾国，今日此种军队，真不可一日而有。试就诸险象言之，敌国外患何自而来？为吾贫弱也，为吾纷乱也。吾何以致贫弱纷乱，为百政俱废，工商不兴也。推其原因，则此数十百万军队之为害而已。若不裁撤遣散之，财政无由整理，税敛无由改良，工商无由振兴，盗贼无由平定，加之枭桀者阻兵安忍，恣心极乱，政本无由定，而国乃不可救药矣。故此数十百万之军队者，其害之烈，加于敌国外患。大火洪水，为国家计，首当裁而去之，乃有政治实业可言。即以国防论之，亦必除旧布新，乃有整军经武之望也。

世界列邦之常备陆军，未有漫无定额者也，定额亦未有不根据其假想敌。本其国防计划，应其财政状况者也。日本以陆军国名于世界，常备军才二十三师团耳。数年前，才二十一师团耳。其掌兵诸将帅，应时势之要求，提出二师团增加案。徒以财政不足，未能通过，酿成政潮，屡倒内阁。及欧战既起，事

---

① 《书·皋陶谟》有"庶绩其凝"之语，唐代刘晏《享太庙乐章》亦有"三光再朗，庶绩其凝"之语，意即各项事业稳固。此处"庶绩弗凝"，是反用其语，意即各项事业都不稳固。

② 宋代邵博《闻见后录》卷二八有"毒赋剩敛"之语，意指横征暴敛。此处"毒赋丝兴"，意谓横征暴敛逐渐兴起。

③ 此处"苛税毛起"，意谓苛捐杂税多如牛毛。

不容缓，犹以此而致解散议会，始得通过。此日本之近事而国人所熟知也。反观吾国则何如乎？甲督军可任意增十营，乙督军得自由添一旅，人人自命为韩信，多多益善。不惟不必得国民同意，并财政状况而不计。及全国遍地皆黄衣革履，荷枪佩剑之军人，兵额既无限制，编制服装器械复至不齐。虽彼陆军当局，恐亦不能晓其确数，道其详情也。国家既养此莫大之军队，岁出遂亦无限。财政本已匮乏，何堪此无穷之支出，乃不得骏民以供给之。人民本已困穷，又安能胜此至重之负担。于是工商失业，盗贼蜂起，海内尽丧其乐生之心矣。至言此无数军人之效用，则糜饷之外，兼工焚掠，野心家可用以威压人民，统兵者可以此起富而已。以治盗剿匪，则盗匪反日多，以言卫国御侮，则最后通牒来，唯有听命。诸将帅佩文虎之章，九狮之剑，高牙大旗，虽自煊耀，然考其所学，不中为他国之末弁执鞭。武人之美德，扫地以尽，中等教育犹未尝梦见，遑论列强精深之科学，微妙之战略矣。以此数十百万人散处于万里之国境，纵悉为劲旅，然以交通不便，集中配布，需时恐必数年。敌国以数万人足以横扫之而有余，况又腐败恶劣如是耶。

中国之不亡，实赖列国之均势，绝非自具抵抗力。去年五月九日之事，乃其铁证。虽有此莫大之军队，与无兵等。以今日之现状言之，养此无数乞丐、游民、强盗、地痞，实有万害而无一利。即为装饰国家门面计，留十万人已至极度。省节无数金资，投之实业、教育，三稔之内，中国必可改观。民困既苏，国基既立，然后应宇内之大势。量国家之财力，分期扩张，以成劲旅，未为晚也。彼时即养兵千万，亦未为多也。若夫今日，则此数十百万人，实不啻制造祸乱之张本人，残贼人民之长蛇封豕，国家所不可一日容者也。往者袁贼盗窃国柄，将兴逆乱，惧国民之诛，殛不得不大张军备，以威压之。名为国防，实则防国，故裁兵之事，但行于南中起义诸省，而北方则招募编练，汲汲不遑。今逆贼天亡，共和再建，南北军队同属中华民国，同为吾民膏脂所养，且此度征战胜负既分，强弱亦见，尤无北精于南之可言。南中虽多新募之兵，北方辫子军以及不依师旅编制之不规则军队，其纪律训练更居劣等，尤当速裁以安百姓。至于行政区域与军区不分州，将阻兵俨然藩镇，则吾民之痛心疾首者也。黎大总统，手造民国，矢忠共和。段总理，陆军总长，国之瑰宝，畅晓军事，此理知之，当较吾侪为尤切。二公对于共和，对于国家之忠忱，可以此验之也。

　　上述一千五百余字的时事评论性质的文章，原载于1916年11月3日的《民国日报》，是为该报第二版的“社论”，乃版面上的头条文章。无论是版面位置，还是文章篇幅，在当日的报纸之上，都非常醒目显著，足见报社方面对此文之重视。

　　应当说，这样一篇掷地有声的“雄文”，充分体现着时年二十七岁的青年

刘文典《裁兵救国论》，原载于上海《民国日报》，1916 年 11 月 3 日。

刘文典的一腔赤诚报国之心。那么，在当时北洋政府盘踞中央，各地军阀割据南北的时局之下，刘文典竟敢于在这样一份公开印行的都市大报上，大张旗鼓地宣扬"裁兵救国"的言论，大鸣大放地向黎（元洪）大总统、段（祺瑞）总理申言，究竟意欲何为？此举又凭倚着什么样的资历与背景呢？要解答这一疑问，势必需要较为充分地理解此文刊发的历史背景，在此，就有必要略微梳理一下《民国日报》的创办缘起，与此文作者刘文典早年生涯之间的联系了。

◎ 《裁兵救国论》与《军国主义》几乎同时发表

时为1916年1月22日，以"讨袁"为主旨的《民国日报》在上海创刊。该报为中华革命党（1919年后改组为中国国民党）在国内的主要言论阵地。该报创始人乃中华革命党总务部长陈其美，主编为叶楚伧、邵力子，主要撰稿人有戴季陶、沈玄庐等。该报除刊载全国各地讨袁斗争的消息外，还设有"来电""专论""要电""时评""快风"等专栏。

《裁兵救国论》一文发表之际，《民国日报》已经完成了"讨袁"的历史使命。袁世凯死后，结束了北洋军阀集团的大体统一局面，开始了群雄纷起，兵连祸结的军阀割据年代。北洋内部分裂为直、皖两大系，奉系在东北迅速崛起，各地大小军阀如晋系、滇系、桂系等无不割据一方。此时，政治权力也随之分散在各路军阀手中，不仅中央不能控制各省，甚至省不能控制下属各县。督军团横行无忌，立法、行政、司法机构大多徒具形式，中央政府只能在对外关系上勉强代表着国家政权。

正是在这样的情势之下，刘文典撰发了《裁兵救国论》一文。1906年加入中国同盟会，1909年东渡日本求学的刘文典，于辛亥革命之后，满怀革命激情自日本返国，在上海与于右任、范鸿仙、邵力子等积极从事报刊宣传工作，曾在"讨袁"运动中发挥重要作用。宋教仁、范鸿仙遇刺期间，刘文典也曾遇刺，所幸只是手臂中弹受伤。不久刘氏再度赴日，追随孙中山，加入中华革命党，并任孙中山秘书处秘书。袁世凯死后，刘氏终得再度返国。据现有已披露的相关文献考察，1916年年底返国之后，刘氏面对军阀割据，民不聊生的国内时局，对继续从事政治活动已颇感无望，遂决意投身于教育与学术事业。

《新青年》第二卷第三期，刊发刘文典《军国主义》一文。

不过，时至1916年11月1日，《新青年》第二卷第三号所刊发的刘氏所撰《军国主义》①，与新近发现的《裁兵救国论》一文，或可视作刘氏"弃政从学"之际，对国内政治局势予以总体考量之后的最后献辞。

《军国主义》一文的中心思想，看似与几乎同时发表的《裁兵救国论》一文截然不同，甚而有背道而驰之嫌。前者大力鼓吹以德意志民族为榜样的"军国主义"，明确指出"今日之天下，军国主义之天下也"，一再强调"彼蛮氏既日以其巨炮飞机潜艇毒弹相陵铄，将灭吾国而夷吾种，则吾何策可以自全"。显然，此《军国主义》一文，换题为"军国主义救国论"亦无不可。

然而，这样一来，一面称"军国主义"才能救国，一面又称"裁兵"方可

① 此文刊发时署名"刘叔雅"，已收入《刘文典全集（增订本）》，2013年。

救国，这两大论点几乎同时抛出，不是从根本上就自相矛盾，无法自圆其说了吗？事实上，刘文典也早就意识到了这样一对看似矛盾的论点，难免会引发读者理解上的歧义与偏差，于是，在《军国主义》一文行将结尾之际，留下了"伏笔"。

且看《军国主义》最末一段，文中开首即已提到，"军国主义"可能并不适合中华民族特性的这一观点。文曰：

> 或曰军国主义，诚救国之良药，然德意志之军国主义，乃发于其民族之根性；吾诸华有笃爱和平之天性，与军国主义不相容，民族性如斯，岂人力所能改造？

接下来，又列举了日本明治维新之前，"承平日久，人民不见兵革"，故美军战舰初登日本之际，日人"仓皇奔避，其怯弱卑劣为何如"。其后施行政治改革，军事整顿之种种手段，"柔弱之民化为慓悍，遂霸亚洲"。言下之意，理当效仿或借鉴日本改革经验，从政治体制上着手，从治国根基上治军强国，进而从国民文化上树立"尚武"精神。当然，刘氏也意识到这一建言，势必又会受到国内另一种质疑意见，难免会遭到这样的批评：

> 或谓中国今日已患武人之恣睢，更倡军国主义，必至政出武人，生民之自由幸福危而共和政体亦将不保。

刘氏以为，"此尤不通之论也"。为此，刘氏强调称，"今日之佩文虎章带剑而御黄色衣者，岂得谓之军人？此辈之乘资逞暴，与他国之军人专政全然两事"。这样的强调，乃是明确指出了当时中国政局因军阀割据而中央孤立，在这样的政局之下，"武人"虽多却难以贯彻"军国主义"；在这样的时局之下，"武人"各自割据而中央无法统一调度，自然也谈不上国民一体的"军国主义"。简言之，当时的政局与时局，远非统一国家的中央军政一体化，与刘氏所称扬的"军国主义"完全不是一回事。

《军国主义》行文至此，限于篇幅或其他原因，没有将"伏笔"完全展开。如何在中国切实开展"军国主义"变革，都还有待于《裁兵救国论》来续写"终章"。

或许，正是出于要进一步解决倡举"军国主义"而同时又不能"政出武人"的困局，特别是希望在彻底解决军阀割据而中央孤立的政治前提之下，再来从统一国家层面上施行"强军救国"之种种变革，刘文典方才紧接着又撰发了《裁兵救国论》一文。

至此方可明晓，《军国主义》与《裁兵救国论》两篇文章，其主题看似两相矛盾，互相拆台，实则是互为因果，互相成就的。原来，"裁兵"乃是裁撤地方军阀的割据之兵，祸国之兵；"军国"乃是国家统一前提之下的强军强国，裁兵救国之后，方可施"军国主义"强国之道。

这两篇几乎同时撰发的时论文章，乃是后来远离政治场域，专事国学研究的刘氏，最后一次为国内政局"发声"建言，其中深沉思索与沉痛劝诫之意，实在是耐人寻味，令人不禁为之感慨万千。

◎刘文典编制《模范文选》的历史背景

据考[①]，1917年1月，陈独秀出任北京大学文科学长之后，至迟在三个月之后，便延聘在《青年杂志》（后改名《新青年》）上已崭露头角的刘文典赴校任教，任职"理预科教授兼文预科教授又兼国文门研究所教员"。当年4月14日，与刘氏同为章太炎门下弟子的钱玄同，在日记中写道：

大预中新请来一国文教习，为刘叔雅，合肥人。曾在《青年杂志》上登有《叔本华自我意志说》，年纪甚轻，问系刘申叔之弟子，今日在校中见之。

这是目前所见刘文典进入北大时间的最早记录[②]，由此亦可知，刘氏初至北大实任"国文教习"，授课内容主要还是"国文"。刘文典早年师从章太炎、刘师培（申叔）两位国学大师，其国学修养与根基自不待言；此刻在蔡元培掌校，陈独秀主持的北大文科教员阵营中，在这破旧立新，锐意革新之际，这位时年仅二十八岁的青年才俊，理应有所作为，也应当有所作为。

然而，如今坊间流传的刘氏治学轶事，大多集中在其狷狂任性的一面，始终津津乐道于面责蒋介石，讥弹沈从文等诸多道听途说，捕风捉影的"传闻"，却少见有充分探研刘氏初赴北大授课这一时期的实际情形者。

遥思整整一个世纪之前，五四运动前夕的北大教员阵营，"新青年"与"旧势力"皆竞争激烈，虽势不两立却还未能分出胜负。新旧两股思潮争锋之下，新旧两大阵营都可谓精英云集，虽时有此消彼长之情势，确也一时难分高

---

① 详参：《刘文典传》，章玉政著，安徽大学出版社，2018年。
② 详参：《钱玄同日记（整理本）》上册，北京大学出版社，2014年。

下。那个时代的北大教员与学者，保守传统，以国学自命的辜鸿铭、黄侃等人；破除迷信，以科学自任的陈独秀、胡适等人，在北大这个国内思想界前沿舞台上，可谓你方唱罢我登场，不分胜负不离场。

在这样的情势之下，"进化论"与"革命论"的力行者，早年追随孙中山先生革命，因"讨袁"还曾一度流亡日本的刘文典，自然是应当将其划归至新派学者阵营的。在《青年杂志》《新中国杂志》上多有译介与倡举西方新派学说，坚决支持科学与民主思想的刘文典，又为陈独秀亲自延聘，与胡适等过从甚密，这于情于理，都是会被北大师生视作新派学者的罢。

然而，早年师出名门，旧学根深的刘文典，初赴北大授课之际，面对精英云集的北大教员阵容，如何以己之长，脱颖而出，恐怕也是要切实考虑的。"新文学"与"新文化"，虽是其衷心支持者，可仅就当时的学界名望与社会影响力而言，刚从日本流亡归来不久的刘文典，显然不可能在自己的课堂上，去讲授并不擅长也无人捧场的白话文、自由体新诗，或者时兴的外国文学之类。

那么，"弃政从学"之际，又将如何重新确立自己的治学基础与切入点呢？这样重大的人生抉择之际，刘文典又将如何规划与实施自己的"新生"计划呢？

不难发现，《模范文选》作为刘文典初赴北大授课的讲义之一，不但可以从中管窥当时刘氏的治学思路与教学计划，还可以从中洞见其以国学修养为根基，力图从北大阵营之争中脱颖而出的耐心与雄心。后来刘氏苦心孤诣，费尽周折而编成《淮南鸿烈集解》（1923年初版）、《庄子补正》（1947年初版）两部古籍校勘学名著，恐怕也与其初赴北大授课编著《模范文选》的治学思路，是一脉相承，互为因果的罢。

刘文典主编《模范文选（上编）》，1919 年初版，1921 年再版，北大校内印行，封面及版权页。

◎《模范文选》再现刘文典北大教习思路

在此，仍然是为披露与共享文献，也是为了便于后文略加考述，笔者不揣谫陋，将刘文典亲撰《模范文选序》一篇酌加整理，转录原文如下：

模范文选序

昔挚虞苦览者之劳倦，哀群籍之秒芜，撮其精英，谓之文章流别。是为总集之所自昉。其书隐没，体例封域，靡得而详焉。萧统继兴，世传《文选》，藻丽彬彬，芬菲云构，诚文章之苑囿，一代之嘉选；然失在执一，于诸子之书，谓"以立意为宗，不以能文为本"，横见捐委，论者病之。下逮清世，复多钞集，姚君之《类纂》，曾氏之《杂钞》，采摭经传，搜罗广博，虽或偶丧权衡，小乖律令；然其用力，固已勤矣。

　　窃尝论之：文章之道，以意为宗。范蔚宗云，"以意为主，则其旨必见；以文传意，则其词不流"；真含章之准式，秉文之科律矣。古今文人，多昧斯义，务营丽辞，竞为浮假，徒丧文藻，昏睡耳目。或乃执文笔分途之论，谓文以绮丽为工，辞以巧艳为贵，忽真采滥，为文造情，苟驰华饰，哗世取宠，文学衰敝，识此之由。

　　又教科之材，自有封域；方之览玩亦已不同，自非削繁略芜，必难适事财用。

　　余以凡庸，滥厕大学，历览前修所钞集，泛观时贤之选本，是丹非素，论甘忌辛，各滞所迷，鲜通经略。爰从诸贤，共事钞选，取其理懿而辞巧，志足而言文，易晓而难为者，撰为《模范文选》。上自先秦诸子之书，下迄容甫伯申之作，都为二卷。敢谓永资楷式？庶使学者得古人之用心而已。

　　　　　　　　　　　　　中华民国七年，十月，合肥刘文典序。

　　上述约五百字的序言，弁于《模范文选》篇首，简短明晓，十分清楚地表达了刘文典编制这样一部授课讲义之初衷。从甄选历代文章始作俑者《昭明文选》的利弊得失谈起，至清代桐城学派与曾国藩对历代文选的重视，以及"姚君之《类纂》，曾氏之《杂钞》"，认为近代以来的历代文选已呈现出"采摭经传，搜罗广博"的态势，"虽或偶丧权衡，小乖律令"；"然其用力，固已勤矣"。

　　在此基础之上，刘文典"爰从诸贤，共事钞选"，自称"取其理懿而辞巧，志足而言文，易晓而难为者，撰为《模范文选》"。可见，刘氏文选，是要重新审视自《昭明文选》以来各种文选著述之得失，甄选出更为精善的一部历代文

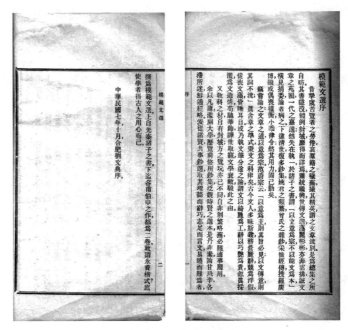

刘文典《模范文选序》，首页及末页。

选。虽然序言之末也有自谦之语，称"敢谓永资楷式？庶使学者得古人之用心而已"，可这样的自问自答，亦隐约显露其着手历代文选的一番雄心，就是要"永资楷式"，这一楷式，显然不同于昭明太子、桐城学派与曾国藩等人，而是统而摄之，精益求精的更高标准，即所谓"理懿而辞巧，志足而言文，易晓而难为者"。

值得注意的是，对《模范文选》的编制规模，刘文典预计称，"上自先秦诸子之书，下迄容甫伯申之作，都为二卷。"也即是说，《模范文选》分为上下两卷，甄选历代文章自先秦诸子所作，直至清代汪中（1744—1794，字容甫）、王引之（1766—1834，字伯申）的作品为止。

笔者获见的这一册《模范文选》，乃"上编"再版本，选文自《墨子》的《尚贤篇》，至曹丕《典论》的《自叙》，实为先秦至三国时代的作品选集。版权页上明确印有初版时间为"民国八年九月",即1919年9月；再版时间为"民国十年十月",即1921年10月。再版与初版的间隔时间恰为整整两年,可见至少1919—1921年这两年间,刘氏在北大授课所开设的"文选"课程,应当一直是以此书为教材的罢。

通过版权页信息可以揣测得到,既然两年间两次印行,皆以"上编"一册付印,那么"下编"恐怕当时没有编成,更没有印行。试想,如果"下编"已成,从"上编"初版之时,即应以"上下编"两册为一套印行,版权页理应挪至"下编"而非"上编"篇末。若后来续成"下编",至早也应当是1921年10月之后,确切时间未详。联系到抗战爆发之后,刘氏举家迁至云南,先后在西南联大与云南大学任教,均开设有"文选"课程,应当仍是以此《模范文选》作为基础教材的。只是"下编"究竟有无下文,其下落究竟如何,笔者未曾获见实物之前,未可断言。

◎《模范文选》表露刘文典早期治学旨趣

《模范文选》篇首的刘文典自序之后,紧接着乃是其亲撰的"编辑要旨"一篇。此篇开首即开宗明义地申言,称：

> 本书为本校预科生作文模范而设,故定名曰《模范文选》。
>
> 本书分上下两编：上编为论记之属,下编为诗赋之属。
>
> 上编所选之文,注重应用,以平实明确为主。

可见,为北大预科生国文课所编制的《模范文选》,即如同中学生作文的

"范文"一般，乃刘氏当时为学生作文设定的"模范"。这一教习思路与做法，后来亦为程演生、钱基博等学者沿用，也编制有类似教材，故流传至今称之为《模范文选》者，可谓不胜枚举，且大多还是有过多次公开印行的正式出版物。

只是刘氏编制者，因年代久远，距今已整整一百年；发意甚早，目前尚未见早于此者；更兼属北大内部印行，既不公开发售，后来亦未曾再谋对外公开出版，故今人对此知之甚少，几乎彻底湮没无闻了。

"编辑要旨"中提到，"上编所选之文，注重应用，以平实明确为主"；话虽平白易晓，可如何做到，刘氏随之还有更为细致的说明与介绍。其后列取"规定取材之方针"五条，条分缕析，选或不选均有明确规定。其中，至为重要的第四条规定，反映了刘氏当时的治学旨趣，不妨细读，原文如下：

沉思翰藻之文，以萧氏《文选》所选为最善；八家流派之文，以姚氏《古文辞类纂》所选为最善。故凡萧姚两家所采录者，本书不复涉及。又宋以后之文章，其规模，大抵不出八家范围之外，八家派文已经姚氏精选，楷则悉备，故本书对于宋明文章，亦不复选录。

概观这条规定，十分明确地将刘氏当时的治学旨趣与教学立场充分无遗地表露了出来。既以《昭明文选》《古文辞类纂》为"最善"，当下甄选者无非是为这两部"选学"名著查漏补缺而已，故"萧姚两家所采录者，本书不复涉及"。又因"唐宋八大家"的佳妙文章，"已经姚氏精选，楷则悉备，故本书对于宋明文章，亦不复选录"。据此可推知，刘氏若确曾编成此书"下编"，那么此编内所选"论记之属"者，则应当俱为清人作品。

只是"编辑要旨"开首即已提到,"下编"已明确规定为"诗赋之属";根据这一编辑体例,"上编"未曾录入的"论记之属"的清人作品,实已不可能再编入"下编"。那么,又如何解决这一编辑体例与"取材"上的矛盾呢?刘文典这样解释道:

本书与自来选本,用意微有不同;故取材之范围及写定文章之形式,亦因之而异:

(一)取材。根据前条所规定,在萧选姚选外,采其可以为应用文之模范者。清代之疏证文,如戴、段、汪、王诸家,最精密有规矩,极合于说明事理之用。

(二)形式。文章体类,约分之,不过论、记、词赋三种。(文体示名虽繁,而自作法一方面观之,除词赋之属外,其他文章固无甚大异,萧选分类,前人多有非之者。即姚选分类,亦不能无异议。)而按之于实际,论议文中,每有叙述语;记叙文中,时有论断语;强为分类,反觉不合。且一篇之中,孰为记叙语,孰为论议语,读者固可随时分别观之,正不须预为别析也。是以本书次第,悉依作者时代先后,不更区分体类。

有了上述这样的解释,似乎可以据此理解为,《模范文选》的"上编"亦为未竟之作。因为"最精密有规矩,极合于说明事理之用"的大量清人"疏证文",根本还没有编选。至于"下编",确为"诗(词)赋之属"的话,规模应当也相当可观,恐怕也是一册印本无法完全载录的罢。

综上所述,可见《模范文选》的"上编",刘氏发意要为《昭明文选》《古

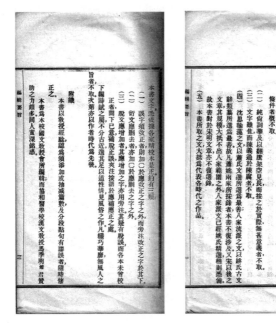

刘文典《模范文选》"编辑要旨"，首页及末页。

文辞类纂》查漏补缺，已选编有先秦诸子至三国曹魏时期的篇章若干，率先辑为一册，在北大校内印行，权作教材。"清代之疏证文"一类，亦是刘氏编制"上编"的重要内容，这一方面固然因其"最精密有规矩，极合于说明事理之用"的客观属性，另一方面恐怕亦与刘氏专擅古文校勘训诂的旧学根基深厚有所关联。这部分内容以及"下编"，在刘氏随后的教学生涯中有无编成并印行，目前因无实物佐证，还只能存而待考了。

◎《模范文选》诞生于"选学妖孽，桐城谬种"声浪之中

应当说，《模范文选》所表露的治学旨趣，也反映着刘文典初赴北大任教时的思想立场。这样的旨趣与立场本无可厚非，也与当时国内大中院校文言文教习的普遍做法相一致。

　　然而，既以新派学者自命，至少当时是以北大新派学者阵营为依托的刘氏，不可能不知道在其亲自编制的授课教材里做这样的表达，是有着相当风险的。这样的表达，不但可能意味着以陈独秀、胡适、钱玄同等为代表的北大新派学者群体对此难以接受，简直还有与《新青年》这一思想前沿阵地唱"反调"的嫌疑了。

　　稍微熟悉"新文学"与"新文化"运动史者，都应当知晓在这一运动中对所谓"选学妖孽，桐城谬种"的口诛笔伐。时为1917年1月，胡适在《新青年》第二卷第五号上发表《文学改良刍议》，公开提倡白话文，极力反对文言文。接着，陈独秀更以革命者的姿态，迅即响应胡适，在《新青年》第二卷第六号发表《文学革命论》，直接将"改良"之议更替为"革命"之论。

　　陈氏将抨击目标更为精确地对准了旧文学、旧文化以及旧派学者阵营，将旧学推崇的所谓"前后七子"与归有光、方苞、刘大櫆，以及因编著《古文辞类纂》而为"选学"大家的姚鼐等人，统统纳入抨击批评的范围，还十分明确地将这些旧派学者视作一代学术宗祖的前贤巨擘，统称为贬义色彩浓厚的"十八妖魔"。

　　与此同时，在这一期《新青年》的通信栏内，还刊载了钱玄同致陈独秀的一封信，这封信里首次使用了"选学妖孽，桐城谬种"的说法。一时间，这两句话成了批判桐城学派和"文选"学派的惯用习语，几乎成为口号式的立场简说。在依托《新青年》杂志广为传播之后，时人（尤其是大中学青年学子）已然将"谬种"与"桐城""妖孽"与"选学"等同，对打击旧派学者阵营，起到了极为深远的公共效力。

　　诚然，一个世纪之后的读者，普遍都能意识得到，"选学妖孽，桐城谬种"

这一说法不可避免地具有偏激性与盲目性，自然也不再会成为现代读者研习文言文的某种前提预设。不过，一个世纪之前的刘文典，于"选学妖孽，桐城谬种"这一说法出笼的那一年，即1917年，刚刚才从陈独秀手中接过为期十年的北大任教之聘书，同时还出任了《新青年》编辑部英文编辑一职，且不断译介发表各类以"进化论"为主体思想的西方学说；在这样的情势之下，编制《模范文选》实在是需要极为自信的学术底气，乃至君子"合而不同"的风骨襟怀的。

面对可能失去友朋支持，可能失去阵营依托的风险，诞生于"选学妖孽，桐城谬种"声浪之中的《模范文选》，也因之负载着极为不凡的时代底色。《模范文选》就仿佛一粒"时代胶囊"，浓缩着百年前风云激涌，浪潮迭起，以及个人在这一时代里力求突围，上下求索的复杂况味。

◎《模范文选》与北大新派学者群体之"重生"

1919年6月12日，陈独秀因散发《北京市民宣言》传单，被当局逮捕。在刘文典与诸多友朋全力营救之下，陈氏终于同年9月获释，并一度藏匿于刘氏家中，后在李大钊掩护下到达上海。

这一年10月，刘文典编制的《模范文选（上编）》在北大内部初版印行；几乎与之同时，10月15日，又在《新中国》杂志上撰发《怎样叫做中西学术之沟通》。此外，这一年10月10日"双十节"这一天，刘氏还与马叙伦、周作人、朱希祖等，在北大教职员全体公宴之际，商讨向当局索取拖延已久的薪俸。这三件看似无甚关联的个人生涯琐事，如今思之，似亦意味深长。

须知，在"选学妖孽，桐城谬种"之说于1917年诞临之前，作为"桐城学派"晚期代表人物的姚永朴、姚永概兄弟，即已于1914年随着严复离校而辞去北大教职，这一学派的式微，已为时代大势，不可逆转。虽然二人辞职与蔡元培新主北大而学旨不合，且有着直接联系；可在白话文勃然大兴，文言文每况愈下的时代背景之下，姚氏兄弟不再适合在北大教学，实乃情理中事，绝非个人恩怨所致。

虽然，辜鸿铭、黄侃等旧派学者阵营仍继续大力抨击，大肆攻击白话文与"新文学"，可至"选学妖孽，桐城谬种"之说声浪渐高之时，这些旧派学者也大多黯然离场，星散而去了。新派学者群体空前活跃与繁荣之际，在一波又一波的思想启蒙与思潮洗礼，和特殊历史事件的催化之下，"五四运动"终于1919年爆发。不久，这一群体却也因陈独秀的被捕，转而走向分化离析与整合重生的复杂形势。

在这样的复杂形势之下，作为矢志于学术事业的刘文典而言，如何力求突围、重获新生，自当是这一人生阶段必得充分思索，有所抉择的。于此，也就不难理解，刘氏为何恰于此时编制《模范文选》一书，来重新确立自己在北大的教习思路与治学体系。推而论之，刘氏此际重拾旧学根

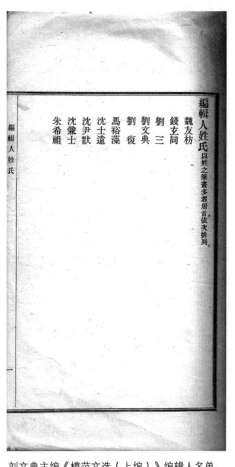

刘文典主编《模范文选（上编）》编辑人名单。

基，乃是力图以此来巩固自己在北大的国文教习之地位，而不再以通过译介、倡举、鼓吹西方学说来特意标榜自己的"新学"锋锐。

事实上，主编《模范文选》一书，不但是刘氏这一时期力图建树的个人教习成果，通过这一编制工作，刘氏还将这一个人成果，转化为团结师友，共襄盛举的一种学术活动了。据笔者所见此书"上编"之版权页，并未将刘氏之名署示，而是将编者署为了"国立北京大学国文教授会"。在"编辑主旨"篇后，还郑重其事地罗列出了参与编制工作的诸位学者姓名，除了刘文典本人之外，还有魏友枋、钱玄同、刘三、刘复、马裕藻、沈士远、沈尹默、沈兼士、朱希祖等，共计十人。显然，无论从版权页的集体署名，还是从正文之前罗列的"编辑人姓氏"，都标志着刘文典并不将此书视作个人成果，而是要将之纳入集体成果之列。

从参与编制工作的十人名单考察，可知这些学者虽多为"新派"，可大多并非"先锋"人物，而是后来大多纳入胡适"整理国故计划"的那部分文史名家。刘文典亟愿在这样的师友群体中，重新规划治学生涯，重新实施教习计划，力图令个人生活事业乃至整个北大的教学秩序重入正轨，可谓深谋远虑，用心良苦。

1921年，《模范文选（上编）》再版这一年，刘文典的成名之作《淮南鸿烈集解》亦随之完稿。两年之后，时至1923年，在胡适向商务印书馆的大力举荐之下，在胡适亲自以从不倡举的文言文为之撰序的特别加持之下，这部标志着刘氏个人治学路径转向古文校勘领域的名著，一经正式出版，即令其声名鹊起，即刻成就其学界地位。在之后的三十年人生岁月之中，刘氏又于颠沛流离的战乱生涯之中，倾力完成了另一部校勘名著《庄子补正》，此著同样颇得学界好评，陈寅恪也为之撰序介绍。

上述这些已然载入中国现代学术史上的浓墨重彩之学术成果与生平事迹，

如今统摄观之，不禁又令人心生揣想，所有这一切，或许在这一册百年前印行的《模范文选（上编）》中，就已悄然埋下了人生与学术的伏笔罢。

◎ 《旧式革命和新式革命》之反思

返归书斋的学者生活，一度归于平静安宁。除了偶尔在《新青年》上译介新论，散播新知之外，刘氏在北大校外的社会活动一度归于沉寂，也少有在公共报刊上发表个人言论。

时至1920年10月10日，辛亥革命九周年。这一年的"双十节"，上海《时事新报》的"学灯"副刊，特意印行了"增刊"。此刊首页，郭绍虞、刘文典、余家菊三位学者的文章也十分醒目地刊登其上。

在此，刘氏再一次走出已恪守近三年的书斋生活，再一次面向社会公众撰发文章，表达其选经再三反思之后的"革命观"。原文酌加整理，转录如下：

旧式革命和新式革命

刘叔雅

《时事新报》张东荪、李石岑诸位先生向我要一篇论文。在"双十节"的报上发表。我正在这个"秋霖腹疾俱难遣"的时候，没有什么话可说。并且提起这"双十节"来，更增我无限的感喟，要说也无从说起。只得把我心里一起一落的这些凌乱无序的想头，随笔写下来聊以塞责罢。

说到"双十节"，这是人人都晓得的。就是民国纪元前一年，"武昌起义"的那一天。因为有了那一天的一番举动，上谕尾子上的"钦此"才改为"此令"。尚书、侍郎、督抚们才剃了辫子，穿起燕尾服。许多"窠八子"才都发了绝大的横财，几个马弁、马贼才都变成了国家的干城心膂。我们老百姓呢，也才真细细的咀嚼了许多奸、卤、焚、杀的滋味。这个"双十节"的真价值，固然要看我们今后的努力才能断定，但是他的目前的效果，恐怕除了上一句所说的几件事之外，就不再有甚么别的东西了。

在十月初十还没有变成"节"之前，谁不说只要把满清推翻，中国就可以好了。等到满洲皇帝倒了，中国不但没有好，有些处反到更坏起来。这又是袁世凯的罪过。许多人又说，只要把袁世凯再推翻了，中国就真会好了。袁世凯又倒了，中国的局面更坏。这又是段祺瑞的罪过，许多人又来讨段。现在段祺瑞又倒了，将来总还有人要替全民族"受过"的。满洲皇帝、袁世凯、段祺瑞，以及他们的那些支党同恶，诚然都是些稔恶盈贯的国贼、民贼，但是他们在这九年的期间之内，一个个也都倒了。中国的境况也该要一步步的好起来才是，为甚么反而愈趋愈下呢？要照这样推下去，将来张三李四再倒了，中国也就要随着他完结了哩。

唉。这都是旧式革命的恶果，也是旧式革命必然的结果啊。要把辛亥年的革命解剖开来研究，本是拿法兰西的革命，墨西哥的革命，土耳其的革命，葡萄牙的革命几种蓝本"节临"下来的。另外不加进了些中国原有的朱元璋派、洪秀全派的笔意。这些都是旧式的革命。最新的也是十九世纪式的革命。初下笔就颇有古意，所以后来总是脱不了那些陈旧的窠臼。第一次只排一个满，第二三次也只讨一个袁，以后更是革得腥德彰闻，丑态毕露，简直弄得不成事体了。旧式革命到现在可以说是破产了，国民也十分的厌恶他了。我们回想这九年来的往事，只剩得一大堆的悔恨、哀伤、凄凉、失望，别的一无所有。所以提到这个"双十节"，真令人心惊骨折，引起了无限的感喟。

但是法兰西虽说是一八七五年之后才挣到了真正的共和。追本究源，还要以八十六前攻破Bastille监狱的那一天（一七八九年七月十四日）做纪念日。因为那一天是法兰西人对于王、贵族、僧侣第一次交手。一九一一年十月初十那一天，也要算我们中国人抬起头来，要想立身做人的第一天。将来如果真能得到"人"的地位，也不能不假定这一天做个起点。这一天究竟是我们大着胆子敢向那几千年来神圣不可侵犯的"三纲"的第一纲宣战的日子。我们既然敢向那"日月经天，江河行地"的"三纲"之首宣战，并且在名义上才算战胜了他。现在的社会组织上、经济上、思想上，那些和往日"三纲"之首一样神圣的东西，又怎样能维持得住绝对的威权呢？我们又"怕甚么鸟"不敢对他宣战呢？照这样一说，把这"双十节"的意味扩大增高，认为对于一切非理性的东西宣战的日子。我们的过去的历史虽只是些失败，我们的前途却也有无限的光明。革命的生命是不会断绝的，因为生命就是革命的过程。

至于新式革命是怎样一会事呢？这个新式的革命现在还是一个伏流。不过才有一两处往地面上涌，要下个定义是很难的，并且也不是一个简单的定义所能说得清的。不过他和旧式革命的差异是很容易看得出来的。旧式革命是有段落的，新式革命是纯一不可分的。旧式革命的路径是枪弹似的往一条线上走的，新式革命是炮弹似的往四面八方散的。旧式革命是以感情做Factor的，所以里面掺得进私欲，容易造成野心家"负之而趋"的机会。新式革命是以生命的真要求做Factor的，所以不会有这样的弊病。旧式革命是修改旧的，新式革命是创造新的。修改就有修改不来的，创造却没有创造不出的。旧式革命充其量也不过暂时解决得政治问题、法律问题，新式革命却能造成有价值的人生。

Jean Jacques Rousseau有一句话，我借来奉劝旧式革命的朋友和有志新式革

舊式革命和新式革命
（劉叔雅）

時事新報聚東萊李石岑諸位先生向我要一篇論文。在雙十節的報上發表。我正在這個「秋霖腹疾俱難遣」的時候。沒有甚麼話可說。並且提起這雙十節來。更增我無限的威喟。要說也無從說起。祇得把我心裏一起一落的這些凌亂無序的想頭隨筆寫下來聊以塞責罷。

說到雙十節。這是人人都曉得的。就是民國紀元前一年武昌起義的那一天。因為有了那一天的一番勞動。上諭尾子上的「欽此」纔改為「此令」。督撫們纔剃了辮子。穿起燕尾服。許多「籃人」郎。纔都發了絕大的橫財。幾個馬弁。其賊都穩成了歐家的干城心膂。我們老百姓呢。也纔真細細的咀嚼了許多姦。淫。焚。殺的滋味。這個雙十節的真價值。固然要看我們今後的努力纔能斷定。但是他的目前的效果。恐怕除了上一句所說的幾件事之外。就不再有甚麼別的東西了。

在十月初十還沒有變成「節」之前。誰不說祇要把滿清推翻。中國就可以好了。等到滿洲皇帝倒了。中國不但沒有好。有些簡反到更壞起來。祇要把袁世凱推翻。中國就真會好了。袁世凱又倒了。中國的局面更壞了。這又是袁世凱的罪過。許多人又說。祇要把段祺瑞推翻。中國就真會好了。這又是段祺瑞的罪過。許多人又來對段。現在段

刘文典《旧式革命和新式革命》，原载于《时事新报》，1920年10月10日。

命的朋友们。Sors de l'enfance, ami.r'eveille.toi（不要孩子气了，朋友，醒醒罢）。

上述一千六百余字的论文，简明扼要地表达着刘文典对"革命"一词的经年反思，初步表征着刘氏本人"革命观"的微妙转变。应当说，刘氏此文以唐人李商隐诗句自况开首，复以法国文豪卢梭（Jean Jacques Rousseau，1712—1778）名言共勉收尾，文采熠熠自不待言，文辞间闪耀的理性智慧亦自生辉，颇值得耐心品读与深入研究。

作为三年前（1917）尚是"革命者"的刘氏，亲历并参与了推翻满清王朝的辛亥革命，以及推翻复辟帝制的袁世凯之二次革命，恰于"三次革命"（即护法运动）之际，全身而退，归于书斋。

或出于对所谓"旧式革命"的前途深感失望，或出于对中国革命本身趋向颇感迷茫，刘氏从"革命"最为激烈的政治场域中抽身而去，投身于高等教育与国学研究领域。然而，负载着"革命"经验与基因者，即便远离政治场域，

即便不再主动参与到"革命"运动与行动中去，亦总会在其他社会领域中成为"革命"的敏感者。

北大任教期间，刘氏亲历新文化、五四、新文学运动，在《新青年》上不断译介多种德、日学者的哲学著述，也在事实上成为这些运动的启蒙者之一。而这些接续不断，一直持续到北伐之后的"文化运动"，裹挟其中的政治因素与社会动能，不正是符合刘氏所谓"新式革命"的特征吗？

诚如刘氏所言，"旧式革命是有段落的，新式革命是纯一不可分的。旧式革命的路径是枪弹似的往一条线上走的，新式革命是炮弹似的往四面八方散的。"刘氏在北大任教期间所亲历并参与的"文化运动"，"现在还是一个伏流"，"要下个定义是很难的"，"并且也不是一个简单的定义所能说得清的"，正是这样的"新式革命"，给予了这位"旧式革命"者新的感悟与认知。

为此，刘氏在暂时无法给予明确定义的情况下，还是在文末给出了一种比较性质的断言：

旧式革命充其量也不过暂时解决得政治问题、法律问题，新式革命却能造成有价值的人生。

◎三通联名电文，坚决声讨军阀

自1917年赴北大任教以来，刘氏看似远离政治场域，安于一己精神世界的治学生涯，可他在亲历，参与，体验，感悟"新式革命"的同时，却也不得不为国内政局动荡，时局风潮四起而时感内心难平。

作为早期同盟会会员，中华革命党党员，曾经追随孙中山革命的刘文典，在其后的国内历次政局动荡与时局风潮冲击之下，也并非囿于书斋安稳而一味地回避与退让，也渐有奋起抗争与公开表态之举。

时至1923年1月23日，因有外省军阀公然干预安徽省政，当时北京的安徽学界群起痛斥，两次公开发表联名通电，表示抗议与愤慨。联合署名居首者为大名鼎鼎的刘氏挚友，著名学者胡适，刘氏本人也列名于后。

这两通联名电文，同日刊发于上海《民国日报》与《时事新报》之上，在当时的上海乃至东南各省，应当都产生过一定的社会影响。据查证，这两通联名电文，为《胡适全集》①所未收，即便新近出版，增收颇丰的《胡适全集·胡适中文书信集》②也未收录，可称胡适"佚文"；再者，亦为各版《刘文典全集》所未收，又可称刘氏"佚文"。

在此，仍然是为披露与共享文献计，也是为了便于后文略加考述，笔者不揣谫陋，酌加整理（原文仅以顿号断句，今施以通行标点），转录原文如下：

皖人痛斥苏齐干预皖政

▲胡适、高一涵等之通电

《民国日报》转载全国商联会各省各埠教育会、商会、农会、各团体各报馆各旅外皖同乡均鉴：顷致苏齐一电，文曰：南京齐抚万先生鉴：前者马联甲干政倒许，而公保吕长皖，皖人已深骇怪，及马二次讦许，同时公电亦到，阁议决许马同查办处置。本已失平，乃闻公复有电，并查办亦不承认，且谓自有对待办法。公为江苏督军，过宁苏淞沪之市，荷枪植竖之警士，皆为幽燕健

---

① 详参：《胡适全集》，安徽教育出版社，2013年。
② 详参：《胡适全集·胡适中文书信集》，台北胡适纪念馆编印，2018年。

儿，怒目向人，乃知苏人亡省之痛，顾衡以划地自王新例。公之威福只能施于一省领域以内，岂容越疆而治？公以东南盟主自期，中国犹有政府，安徽又非附庸，据何典例，而必须公代治？苏省既未宣告独立，何不待政府命令，而竟自由行动？公因有巡阅苏皖赣之大志，近日授意马联甲、蔡成勋联军捧场，然亦必得有一纸任命，然后可以为所欲为之。年来军阀虽极横恣，以一省督军干涉他省民政，犹为创例。北洋侵略政策，已为末路，王占元、陈光远等之覆辙，累累既望。公实力亦自人，犹而颇具政客头脑，察往知来，当非蛮昧武人可比。漫漫长夜已届钟残漏尽，乃犹卵翼一杀人凶犯马联甲，而欲支配皖人，夷我于二重奴隶，此印度、朝鲜人之所羞。皖人虽弱，决不忍受也。敢布腹心，竚盼内省。旅京安徽学界胡适、高一涵、王星拱、李辛白、程振基、张贻侗、刘文典、卢中岩、吴复振等号等语。

齐燮元祸苏不足，进而图皖，并觊觎巡阅三省，以作席卷长江之计。皖裁兵正进行，齐则包藏祸心，推翻皖局，阻挠至计。皖人为生存计，尽力抵御，并请一致共起声援，伏此恶魔，不仅皖与苏赣三省之幸已也，临电无任盼切，旅京安徽学界胡适、高一涵、王星拱、李辛白、程振基、张贻侗、刘文典、卢中岩、吴复振等叩祃。

上述两通联名电文，其主体内容皆是旅京安徽学者群体表达强烈不满，公开声讨直系军阀齐燮元干预皖政。

齐燮元（1885—1946），字抚万，直隶省顺天府宁河县（今属天津市）人，北洋政府江苏督军，直系军阀。早年先后在天津武备学堂、陆军大学学习，后留学日本，毕业于日本陆军士官学校，归国后即投身军政。1920年，江苏督军李纯在南京自杀，齐燮元继任江苏督军。此仓促突变之下的北军南辖之举，自然引发当地社会震荡，各界纷表不满，故电文中有"公为江苏督军，过宁苏淞沪之市，荷枪植竖之警士，皆为幽燕健儿，怒目向人，乃知苏人亡省之痛，顾衡以划地自王新例"云云。

不过，任江苏督军之后的齐氏并不满足，甚而还"以东南盟主自期"，"有巡阅苏皖赣之大志"，企图独霸江苏、安徽、江西东南三省军政大权。为此，联名电文中痛斥齐氏，连发三问："公之威福只能施于一省领域以内，岂容越疆而治？公以东南盟主自期，中国犹有政府，安徽又非附庸，据何典例，而必须公代治？苏省既未宣告独立，何不待政府命令，而竟自由行动？"

不过，这义正词严的"三问"，很快即被齐氏确乎成为"东南盟主"的现实所回击。原来，就在这两通联名公电发布后数日，由直系军阀实际控制的北洋政府，竟然真的任命齐氏为"苏皖赣三省巡阅使"，齐氏"巡阅苏皖赣之大志"因之得遂，联名通电所抗议的齐氏干预皖政之事实，随之竟然也"合法化"了。简言之，义愤填膺的群起抗争与声讨，至此已抗无可抗，讨无可讨。

《皖人痛斥苏齐干预皖政》，胡适、刘文典等联名通电，原载于上海《民国日报》，1923年1月23日。

《旅京皖人忠告张绍曾》，王星拱、刘文典等联名通电，原载于上海《民国日报》，1923年1月25日。

事实上，就在前述两通联名公电发布两天之后，1923年1月25日，旅京皖人群体又联名发布了第三通公电，此次联合署名居首者为王星拱，刘文典也名列其中。这一通电文以《旅京皖人忠告张绍曾：痛论北庭处置皖事之失当》为题，仍刊发于当天的《民国日报》之上。[①]

此第三次联名通电，篇幅至巨，几乎占据了报纸的半个版面。其主体内容仍是重申齐氏干预皖政之种种恶劣行径，更明确质疑所谓"北庭"（北洋政府）在处置齐氏问题目上的种种偏袒维护，并直接向段祺瑞表明了合议之下的处理"皖事"之意见，文中这样写道：

公日日言统一，试问此尚成何政局？齐燮元乃能遥执朝柄，横作威福，唐季藩镇故事，不意更见于民治复兴之日。皖省裁兵，为公当轴第一功绩，苟因一二武夫之故，使功败垂成，发生绝大纷扰，必有任其责者。至省长一席，皖

---

① 此电文亦为《刘文典全集》所未收，仍属刘氏"佚文"。

人则惟守裁兵改选两事未竣，决计维持现状之誓言。

　　电文之末的时间落款为1923年1月19日。据此可知，前述两电，因无时间落款，无从确知其撰写时间，但理当还比这一时间略早。从此第三通电文的刊发晚于撰写时间六天来估测，前述两电，或撰写于1923年1月17日。

　　值得注意的是，第二通电文中提到"皖裁兵正进行"云云，第三通电文更提到"皖省裁兵，为公当轴第一功绩"，以及"皖人则惟守裁兵改选两事未竣，决计维持现状"云云，可见刘氏"裁兵救国论"之观念，当时确已产生重大社会影响，为以段祺瑞为总理的北洋政府当局所采纳，并就以刘氏所籍之安徽省予以试行。

　　遗憾的是，国家统一尚未实现，"裁兵"也就不但不能"强军"，更遑论"强国"？在直系军阀独踞中央，各地军阀割据纷争的国内政局之下，"裁兵救国"这样的观念仍难免流于"纸上谈兵"——极易被地方军阀所利用，并乘机谋取相关利益，导致混战不息，内乱不止的局势愈演愈烈。

　　"弃政从学"之前，刘文典的"裁兵救国"之献策，此刻已化为泡影。"弃政从学"之后，深切感受与衷心寄望"新式革命"之后，又眼见地方军阀干政乱政之风愈演愈烈，刘文典禁不住又从书斋走出，与北大同仁联名呼吁再三，希图以所谓"公理"之名，与武力割据的军阀威权相抗衡。

◎成名作《淮南鸿烈集解》出版，接连刊发启事

　　1923年11月2、3、5、6、7、8、9日，《北京大学日刊》接连七次登载了同一则启事，原文如下：

定购淮南鸿烈集解诸君鉴

顷接商务印书馆来函云，拙著已全部印成。现方装订，惟书价必须先付，方能发书。请将价金速交西斋黄字二号王毓生先生，以便汇齐寄去为感。

刘文典敬白

十一月一日

原来，这是刘文典的国学著作之处女作，也是其学术成名作《淮南鸿烈集解》初版之后的购书启事。这一则启事，亦为《刘文典全集》失收的"佚文"。

据查，《淮南鸿烈集解》从1923年3月初版，1924年12月再版，至1925年6月三版；还有一种1926年9月出版者，亦称"三版"，《淮南鸿烈集解》在三年间，实际上已经接连印行了四版。1933年8月，《淮南鸿烈集解》第五次印行，版权页上称之为"国难后第一版"。这样的印行频次，仅就同时代学术著述出版业绩而言，实属难得。

须知，这是一部开本阔绰，大字排印的线装本典籍，一部六册，厚硕庄重；初版售价大洋三元。在同时代已通行铅印洋装，价格低廉（大多皆在一元以内）的同类学术书籍里，显得尤为特别，与众不同。

此书的学术水准，更是在出版前后获得学界各方一致认可。早在1921年9月24日，胡适即在日记里写道：

刘叔雅（文典）近来费了一年多的工夫，把《淮南子》整理了一遍，做成《淮南鸿烈集解》一部大书。今天他带来给我看，我略翻几处，即知他确然费了一番很严密的功夫。

在同一天的日记里，胡适甚至还以"不朽"之谓为此书作评称：

北大国文部能拿起笔来作文的人甚少，以我所知，只有叔雅与玄同两人罢了。叔雅性最懒，不意他竟能发愤下此死功夫，作此一部可以不朽之作！

胡适对刘文典及此书的青睐有始有终，从刊行前的向商务印书馆荐稿，写序，甚至预支稿费；到此书还在印刷中的1923年春，还不遗余力预为宣传，为之造势。当时，胡适在《清华周刊》开出了《一个最低限度的国学书目》，在"思想史"部分将这部尚未面世的《淮南鸿烈集解》写了进去，并且"加圈"重点推荐。这样的大力举荐，无论是对于一部尚未正式出版的学术著述，还是于胡适个人而言，可谓空前绝后之"创举"，甚至于整个学术界而言，也实为少见之至。

一直倡举白话文，抨击文言文的胡适，为配合此书体例风格，竟还破天荒地用文言文为此书作序，序中赞语更是层出不穷，不胜枚举。甚至到了胡适晚年，在其《中国思想史长编》里，还是不吝笔墨地夸赞此书，明确宣称："近年刘文典的《淮南鸿烈集解》，收罗清代学者的校著最完备，为最方便实用的本子。"

事实证明，胡适的青睐有加与倾力举荐，并非枉然。此书一经面世，迅即风行学界。就连明确表态"不赞成"胡适所开国学书目，一向与胡适意见不合，针锋相对的梁启超，在其为《清华周刊》重新开列的《国学入门书要目及其读法》中，竟也"英雄所见略同"地推介了刘文典的这本新书，为之评价称：

《淮南子》，此为秦汉间道家言荟萃之书，宜稍精读，注释书闻有刘文典《淮南鸿烈集解》颇好。

与刘文典同为章太炎门下的鲁迅，虽一向"主张年青人少读中国书，或者干脆不读"，但还是在此书初版之际，特意购入一部。1924年2月2日的《鲁迅日记》就曾记载：

"往商务印书馆买《淮南鸿烈集解》一部，三元。"

1923年11月2日，《北京大学日刊》登载，刘文典启事《定购淮南鸿烈集解诸君鉴》。

《淮南鸿烈集解》，刘文典著，商务印书馆，1923年初版。

后来，周作人对此也评价道：

他实是一个国学大家，他的《淮南鸿烈集解》出版已经好久，不知道随后有甚么新著，但就是那一部书也足够显示他的学力而有余了。

在这样的情势之下，《淮南鸿烈集解》初版之际，来自北大内部的定购势必非常踊跃。著者刘文典的购书启事，接连七次在《北京大学日刊》出现，即正是当年这一盛况之体现。

◎ 《总理奉安纪念碑文》的原始出处

1924年3月4日，《北京大学日刊》登载了一则启事，原文如下：

刘文典启事

典现在虽出医院，病还没有全好，承诸位朋友慰问，既不能见，信札又不能作覆，实在抱歉得很。要请诸位先生格外原谅。

这一则启事，亦为《刘文典全集》失收的"佚文"。一个多月之后，4月12日，《北京大学日刊》始刊发刘氏病愈，恢复上课的通知。至此之后近一年间，刘氏似乎仍一直处于家中静养，埋首书斋的状态。北大校内消息的报道中，再鲜见其踪迹。在此期间，刘氏几乎再未公开发表过关涉时评政论的任何言论，学术方面的动向似乎也归于沉寂了。

反观这一则告病启事虽属日常文体，不过寥寥数十字，简短无奇，从中却可窥见时年三十五岁的刘氏，虽正值人生壮年，却已颇显暮态，令人大感唏嘘。曾经的时代风云人物，此刻对时局前途大感灰心。境况黯淡之状，已跃然纸上。

事实上，刘氏当时一方面因笃志治学，苦心孤诣而身体状况欠佳，另一方面又因专事古籍校勘而在购书抄书方面花费不少，遂致经济状况日渐窘迫。两相逼仄之下，难免陷入贫病交加之境。这样的情形，后世所编刘氏年谱、传记中虽无翔实记述，可从刘氏当时致师友信件之中，多少亦有流露。

仅从现存刘氏致胡适四十余封通信考察，时表生活困顿，时诉病体难挨，更时有借款谋职之请求，可见其积劳积贫，贫病交加之境况，

劉文典啟事

典現在雖出醫院，病還沒有全好，承諸位朋友慰問，既不能見，信札又不能作覆，實在抱歉得很。要請諸位先生格外原諒。

《刘文典启事》，1924年3月4日，《北京大学日刊》登载。

确非虚言。这样的情形，恐怕一直持续到了1927年，刘氏应陈独秀之聘的十年聘期结束之际。其时，刘氏应安徽省政府之聘，主持安徽大学筹建工作，终于暂时走出北大，重新开启了自己另一段别样生涯。

随着1928年北伐胜利，中国南北终于取得了形式上的统一，南京国民政府成为名义上的合法政府。不过，从辛亥革命至以"护法"与"护国"为名义的多次政治运动及军事行动中，革命领袖孙中山也因流徙转战而积劳成疾，于1925年3月12日在北京病逝。北伐胜利之后，名义上已经号令全国的南京政府，决定将孙中山灵柩由已改称"北平"的北京，迁移至南京中山陵安葬，并

于1929年6月1日隆重举办"奉安大典"。

　　"奉安大典"前夕，由北平妇女协会、商民协会、总工会、农民协会、学生联合会五会发起，经北平市政府批准，决定在中山公园内建"总理奉安纪念碑"。而碑文撰写者，公推刘文典撰写。当时，刘氏应清华大学之聘，重又返归北平，赴该校国文系任教，同时也在北大兼职授课。

　　刘氏所撰"总理奉安纪念碑"碑文，亦为《刘文典全集》失收，仍为"佚文"。不过，这一史实，近年已有研究者林文俏披露，在此不赘。①

北平中山公园总理奉安纪念碑，原载《大亚画报》1929年第一百八十期。

---

　　① 详参：林文俏《刘文典与"总理奉安纪念碑"》，刊于《南方日报》，2015年9月10日。

然而，林氏文中并没有提供刘氏所撰碑文的原始出处，也没有整理出碑文"原文"，而是仅据北京《中山公园志》^①的转载内容，在行文中略加引用。这样的情形之下，自然更无从获知碑文"原文"首发的确切时间。其后相关研究论文及著述，也多自此文转引而来，没有再做深究。如此一来，于刘氏全集补遗及刘氏生平研究等方面，难免留有缺憾。

为此，笔者曾着力搜寻，终于在一份1929年5月24日的《华北日报》上寻获到了刘氏所撰碑文的原始出处——该报第七版"总理奉安大典特刊"。在此，亦将该报此版图片附呈，为相关研究者与广大读者奉上一份史料原件，谨供观瞻与参考。^①

刘文典撰北平《总理奉安纪念碑文》，原载《华北日报》"总理奉安大典特刊"，1929年5月24日。

---

① 详参：《中山公园志》，中国林业出版社，2002年。

刘文典骑驴"数狮子"

——佚文《谈卢沟桥》之发现

◎卢沟桥事变十周年，《谈卢沟桥》惊现

话说先是任教北大，后入清华任国文教授的刘文典，以一介学人之力，在抗战期间坚定坚决地支持抗战，多次讲演或撰文表明其立场与态度，且对日本侵略本性及侵华策略屡有精细考察与独到见解。这些讲演与论文，传播于当时的社会各界，无论是校内刊物之发表，还是公共报刊之登载，无不令时人深为感佩，肃然起敬。

刘氏一生曾三赴日本，对于日本的历史、政治、社会、文化，都有着深刻的了解和认识。他认为抗战不能只依靠喊口号、游行等热情，必须深入研究日本，充分考察敌情。为此，从九一八事变前后直至抗战胜利，随着十四年抗战历程的递进，刘氏接续发表过不少与抗战相关的言论、时评与诗文。这些文章及讲演内容摘要，如今大多已辑入《刘文典全集》，后人皆可从中一窥这位著名学者的风骨与识见。

不过，除刘氏全集之外，仍难免有不少"佚文"存世，其中抗战时期的"佚文"，也时有发现。

笔者新近就偶然在旧报刊中，寻获一篇刘氏"佚文"，全文竟达近三千字之多，篇幅极为可观。原来，时为1947年7月7日，卢沟桥事变十周年之际，《中央日报》（昆明版）刊发刘文典所撰《谈卢沟桥》。联系到刘氏抗战前后的生涯事迹来考察，此文实在是颇具历史意义与研究价值的。

遥思1937年7月7日，卢沟桥事变爆发之际，北平众多高校师生纷纷南迁。而刘文典因家眷较多未能及时撤离，曾一度困居北平。在日军几次三番的威逼利诱之下，刘氏均坦然面对，且表明了绝不合作的立场与态度。直至1938年4月，刘氏方才在友人的秘密安排之下，悄然辞别家人，毅然踏上了南迁孤旅。经北平—天津—香港—安南（今越南）—昆明，一路经山历海，兜兜转转，艰辛跋涉，方才得以苟全性命，续志学术。时至1947年，抗战胜利业已两年，当时一路涉险亡命"南渡"而来，却并没有随清华"北归"复员而去的刘氏，决意留在云南大学继续治学任教，从此留寓西南，遥望故都。

试想，有着这样的人生经历，又适逢卢沟桥事变十周年之际，刘氏笔下呈现的卢沟桥，刘氏心中复现的卢沟桥，定然也有着与一般游客眼中，普通作者笔下格外不同的尘世况味罢。此文开篇这样写道：

自从十年前的今日，中国有史以来第一次空前的血战在卢沟桥畔开火，"卢沟桥"这三个字是无人不知，无人不晓的了。就是在中日大战以前，这座桥本也就很出名的。因为它是北京的咽喉，南北交通的要道。金元明清四朝以来出入北京的人没有不从这条桥上走过的。所以这座桥的历史，也就是金元明清四个朝代的历史。要细细的考证起来，足足的可以编成一大部书。不但此也，远在六百七十四年以前，意大利国威尼斯城的商人马可波罗氏到中国旅行，看见了这一座美丽绝伦，工程浩大的石桥，就在他著的游记里，把这座桥细细的记载，深深的赞美过一番。自此之后，世界各国的人士也都知道我们中国有这座卢沟桥了。欧美人的书报上，就称这个桥为"马可波罗桥"。刚巧十年前的七月七日，中日大战的第一炮就在这座桥上响了，"卢沟桥"这三个字，更是全中国，全世界闻名。凡是中国人，黄帝子孙，都应该牢牢的紧记着这个桥的名字，永远不可忘记的。

应当说，开篇语这样的记述，是把作为中国象征物的卢沟桥之历史荣光与抗战起点的双重意义，悄然并列并置了起来——这也即是把历史上的中华民族

刘文典《谈卢沟桥》（局部），原载《中央日报》（昆明版），1947 年 7 月 7 日。

抗战圣地——卢沟桥畔之卢沟晓月石碑，原载《生活》杂志 1946 年第一期。

对外文化交流与抵御外国侵略的意义并举并重，将向来爱好和平，文化多彩繁荣的中国人民，与坚决抵抗侵略，绝不退缩妥协的中华民族之品格并举并重。

从这个意义上讲，刘氏笔下的卢沟桥，其独具的历史意义与象征寓意，是极其深刻且影响深远的。

◎发动卢沟桥事变，日军缘何首攻"拱北城"？

之后的段落，刘氏继续考述并抒写卢沟桥的历史意义种种。譬如，提到了卢沟桥的建制在明末清初历史上的一些巧合，并对日军发动卢沟桥事变是否正是希图利用这些历史巧合的心理，有所猜想。文中提及，卢沟桥北于明末曾建有"拱北城"，驻兵以镇守。关于"这座斗大的所谓'拱北城'"，刘氏特别强调称：

最巧的莫过这两个城门的名字了。一个叫"永昌"，正是李自成打破北京，做几天皇帝用的伪年号。一个叫"顺治"，又恰恰的正是清朝入关后第一个皇帝的年号。这能说不算希奇，不是巧合么。

对于这一朝代年号与城门名称上的奇特巧合，刘氏随之产生了一系列的联想与猜想。《谈卢沟桥》中这样写道：

旧历的七月初七是乞巧的日期，可是阳历七月七日也真有巧事。日本人妄想吞灭我们中国的一场大战，就在这一天开火。开火的地点又偏偏不在别处，而在这座桥头上……日本兵首先开炮打的就是这座间阔不过一里，只有两个城门的小城。

　　或许，在刘氏看来，日军之所以要首先炮打"拱北城"的两个城门，无非是可能曾听说过关于城门名称与明末那一场"改朝换代"之战的巧合，希图借此也来一场一举"吞灭中国"的侵略战争罢了。

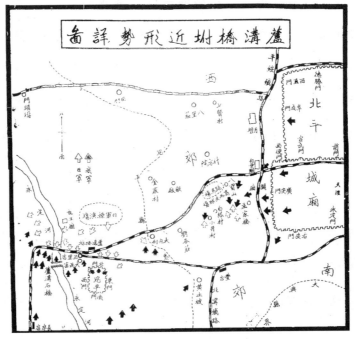

《卢沟桥附近形势详图》，原载于《抗日战事画刊》第一期，1937 年 7 月 30 日印行。

◎骑驴上桥数狮子的独门心得

　　接下来，刘氏又通过研读《马可波罗游记》中的记载，对卢沟桥上的石雕狮子来了一番极为精细的考究。因为就近可资利用的图书有限，刘氏遂引述斯文赫定著述中的转译文句，首先列举出了马可波罗眼中的卢沟桥石雕狮子之形象，当年所看到的景况乃是：

柱础是个白石狮子，柱子算是竖立在石狮子的腰上，柱子顶上又是一个白石狮子，全都是很大的，雕琢得又很精美。

刘氏以为，"以上是六百几十年前第一个西洋人眼里所看到的卢沟桥"。可是卢沟桥的实际建造年代还要更早，因为"这座桥的建造更是远在马可波罗以前的金朝，正是中国的宋代"。试想，"经过宋元明清四朝，若干次的修理"，如今的景况，除了"桥的式样大致还和马可波罗氏所说的差不多"，其余的建筑与雕饰细节，自然与六百年前已有很大差异。

为此，刘氏特别提出，马可波罗"所看的石狮子只怕也不是现在的石狮子"。因为"现在桥上的石狮子，雕琢的虽然精工，但是并不很大"。紧接着，刘氏抛出一个与时人相近的观点，称"现在石狮子的妙处既不在伟大，也不在精致美观，而在数目上"。

事实上，卢沟桥上的石雕狮子数量之多，早已为中外游客所周知，皆有同感共识。其确切数目，因历代皆有毁损重修，原有存量时有增减，一时难有定论。仅据新近十年以内的数据统计，亦有四百至五百余只等多种并不一致的说法。①

试想，关于卢沟桥石雕狮子确切数目这一难以定论的命题，七八十年前的刘文典，对此又有着怎样的个人观感与独特思路呢？且看文中这样写道：

我在北平早听说卢沟桥上石狮子没有人数得清楚，心里很怀疑。有一天特

---

①　据《中国国家地理百科全书》，北京联合出版公司，2016年；《中国古桥》，黄山书社，2014年；以及其他相关资料图籍之统计数据。

别租了驴子，出城去游览这个"卢沟晓月"的胜景。走到桥头一望，诚然是一座绝大的石桥，足有三百多步，每步一根石柱、一节栏杆。就是把两边栏杆合算起来，也不过是六百多根石柱，这虽不能一览无遗，又何至于数都数不清呢？上去仔细一看，才知道这些石狮子确乎不容易数得清楚，原来每一根柱顶上石狮子的数目是多寡不等的。有的是确乎只有一个，有的竟是大大小小的许多个，并且雕工故意弄狡狯，把一个大狮子的身上雕着几个小狮子。有的伏在爪下，有的蹲在身傍，甚至于还藏在耳朵眼里，头颈上毛里，尾巴尖尖上，跨眼底下，到处都会有小狮子伸头。你如果真要把他数清楚，就必得要把每根柱上，每个狮子浑身上下，前后左右，都定睛细心的察看一番。任你眼明心细，

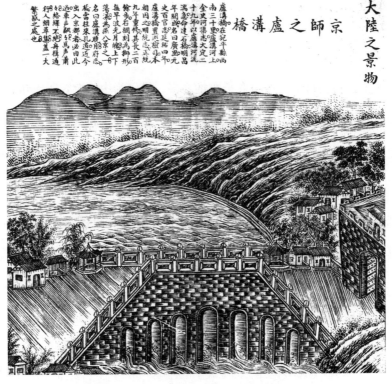

《大陆之景物：京师之卢沟桥》，原载《图画日报》，1910 年。

也有时会忽略了一两个。一个狮子五分钟，一点钟只能细看十多个。就是一分钟一个，这六百多根柱子上的石狮子，也要费十点钟的工夫才数得清。试问来来往往的过客，谁能为数石狮子，耽搁一天的路程？况且桥的两头又无人家客店，谁又耐烦在荒郊外风餐露宿呢？所以，"卢沟桥上石狮子从未有人数得清"这句话，实在是不虚的。

◎卢沟桥事变之前的石狮子数量或有上千只

上述这一段近五百字的记述，将刘文典租驴上桥数狮子的一段趣事形象生动、活灵活现地刻画了出来。

原来，刘氏早年曾"特别租了驴子"，"出城去游览这个'卢沟晓月'的胜景"。据其粗略统计，如果每一根石柱柱顶只雕刻一只石狮子的话，那么，这共计"六百多根石柱"的规模，也无非就是六百多只石狮子罢了。可事情并非想象的那么简单，待到"上去仔细一看"，"才知道这些石狮子确乎不容易数得清楚，原来每一根柱顶上石狮子的数目是多寡不等的"。

至于如何的"多寡不等"，刘氏以极为细致的白描笔法，如数家珍般的娓娓道来："有的是确乎只有一个，有的竟是大大小小的许多个，并且雕工故意弄狡狯，把一个大狮子的身上雕着几个小狮子。有的伏在爪下，有的蹲在身傍，甚至于还藏在耳朵眼里，头颈上毛里，尾巴尖尖上，胯底下，到处都会有小狮子伸头。"

如此这般，要想搞清楚卢沟桥上石狮子总量的确切数目，对于普通游客而言，无疑是相当困难的，几乎是无法完成的任务了。若一定要完成这一任务，刘氏曾粗略估算了一下工作时间，又禁不住为之感慨了一番："你如果真要把他数清楚，就必得要把每根柱上，每个狮子浑身上下，前后左右，都定睛细心的察看一番。任你眼明心细，也有时会忽略了一两个。一个狮子五分钟，一点钟只能细看十多个。就是一分钟一个，这六百多根柱子上的石狮子，也要费十点钟的工夫才数得清。试问来来往往的过客，谁能为数石狮子，耽搁一天的路程？况且桥的两头又无人家客店，谁又耐烦在荒郊外风餐露宿呢？所以，'卢沟桥上石狮子从未有人数得清'这句话，实在是不虚的。"

若据刘氏的这番记述推测，卢沟桥事变之前的卢沟桥石狮子，至少有上千只之多。这一推测数据，是从其记述中得知的大石狮至少六百多只，其余小石狮数量未知的情况下推算而来的。至于何以推算出至少上千只这一大概数目，乃是据新近统计的卢沟桥设计参数的总体数据中，大石狮与小石狮的数量比例关系换算而来。

新近出版的《中国国家地理百科全书》一书中有明确记载，称卢沟桥"每根柱头均雕有大石狮，共281个，大狮身上有小狮198个，顶栏上2个，华表上4个，大小总计485只。"据此可知桥上大石狮与小石狮的存量比值约为1.5：1。按此比值推算，卢沟桥事变之前，刘氏游览卢沟桥时，在所见大石狮尚存六百余只的情况下，小石狮则应存有约四百只，合计即可达上千只之多。

饶有兴致地忆述了租驴上桥数狮子的独门心得之后，刘氏又以其专事古籍校勘与古文训诂的专业精神，对"卢沟"一名做了简略考证。他认定"'卢'字是从'卢龙'来的——'卢龙'二字见于《后汉书·田畴传》"，"卢龙就是黑水"的意思。只是后来"不知道为什么被大家加上个草字头，把姓卢的卢字改变成芦苇的芦字"，"这大约是因为从沟字上想出来的罢"。

卢沟桥旧影，民国初年摄制。

卢沟桥乾隆御碑亭旧影，民国
初年摄制。

卢沟桥石狮子之一

卢沟桥石狮子之二

◎刘文典的历史之问

数狮子与讲卢龙之后，刘氏笔锋一转，仍旧回到纪念卢沟桥事变上来，满怀深切情感，回顾了全民族统一抗战起点之役的惨痛壮烈。文中这样忆述道：

回忆民国二十六年七月七日卢沟桥事变，到今天是整整的十年了。日本人倚仗的它精兵猛将，要想吞灭中国，特特选择这个地点，一举就把北平的咽喉切断。从那一天起，我们中华民国就是遭着了亘古未有的大灾难。幸而天不灭中国……无数的仁人义士，肝脑涂地，喋血牍肠，用血肉之躯去抵挡敌人的大炮坦克，演出人类有史以来最壮烈的惨剧，到底把敌国打得无条件投降，造成中国立国以来最光荣的历史。这一次八年的血战，牺牲的惨烈，真是人类历史上所未有的。

再度忆及日军悍然发动侵略战争的残暴恶行，刘氏依旧激愤难抑，切齿难忘，这样为之写道：

提到日本人，他（们）在中国干了些什么？计算起来，共有在中国版国以内用另一种族的名义组织伪国，还强迫中国承认；卵翼一班坏蛋，在世界公认的正统政府之外，另树立一党一派的政权；劫夺中国的铁路，军港，工厂，矿山，以及一切的资源；对世界各国公然宣言要干涉中国内政。总之，是要中国的土地，人民，和主权。

面对艰苦卓绝的十四年抗战，同心奋发的全民族统一抗战终获胜利之后，依然满目疮痍，仍未振兴，更无复兴气象的家国山河，刘氏更是痛心疾首，在历数国人奋勇与日军罪恶之后，随即又抛出了发人深省，耐人寻味的历史之问。文中语气沉重地这样写道：

到今天第十个七七，国家是个什么样子呢？胜利已经两年，交通不但未恢复，铁路还更加毁坏，经济不但未复兴，还更加崩溃，一切建国的大业都未能着手。人民水深火热的痛苦反比胜利之前更加深重了。这是谁的罪过呢？

两年之后，历史本身解答了刘文典的历史之问。事实上，在这短短两年之内，刘氏虽身在西南边隅，却时刻关注时局进展；他亲眼看见了积弊深重，积重难返的国民党政权土崩瓦解，以及时至1949年新中国焕然成立的历史全过程。振兴中华与民族复兴的新时代，顷刻迎来，刘氏为之欢欣鼓舞，一度撰发过不少时评文章，抒写新时代襟怀。

七七事变时的卢沟桥，图中所摄为守卫桥头的中国士兵，身背步枪、长刀、短剑，誓死抗敌；此为《新时代》1939年第二卷第十二期封面图片。

1956年1月10日，刘文典被政协第二届全国委员会增选为全国政协委员，并以全国著名专家身份受到了毛泽东主席的接见。1957年3月，他出席了全国政协二届三次会议，并作发言。此时，距《谈卢沟桥》一文发表已整整十年，又值卢沟桥事变二十周年纪念之际，似乎故地重游一番，再发数狮子与讲卢龙之感兴，新作"再说卢沟桥"之类，应当可以期待。

可惜的是，或因工作匆促，或因事务烦冗，刘氏并未有此番重游之雅兴，自然也无"再谈卢沟桥"之可能了。当时的政协会议上，刘氏在发言里感叹道：

我很侥幸的，很光荣的赶上了这个大时代……我愿意献出我的余生，献出我的全力，为国家社会主义文化而奋斗！[①]

从这样的感叹中，仿佛可以期待，壮心未已，壮志未泯的刘氏晚年学术生涯又将迎来一番新气象。遗憾的是，一年之后，1958年7月15日，刘氏猝然病逝，再未能于其感叹的"大时代"中一展身手，以酬壮志。

卢沟桥与中国士兵，原载《中华》杂志1938年第六十八期。

---

① 详参：《人民日报》，1957年3月12日。

卢沟桥抗日战事之图文报道：图为卢沟桥全景及抗战将领肖像，左起依次为：秦德纯、张自纯、冯治安、宋哲元，辑自《女子月刊》1937 年第五卷第七期。

　　不过，令后世读者略可感慰的是，在刘氏身后留下的众多遗著遗稿之中，既可从学术著述里体验其治学精神，亦可从其诗文杂篇中感受其文风魄力；更可从《谈卢沟桥》这样一篇全集失收的难得"佚文"之中，领会其为学为人为师表之一生，真真乃是家国情怀贯穿始终的一生。笔者以为，仅此一点，已足令世人珍重与推崇。

郁达夫"醋鱼"风波

——以《东南日报》《南京晚报》等相关报道为线索

◎ "闽海双鱼"遨游南北，既秀恩爱也哭穷

1936年2月初，郁达夫离开与妻子王映霞在杭州的"风雨茅庐"，应时任国民政府福建省主席的友人陈仪之邀，远赴福州，先后出任省政府参议、省政府秘书处公报室主任。

1936年3月23日晚，郁达夫在《闽游日记》中写道：

晚上在中洲家吃饭，作霞信一，十时上床。

这里的"作霞信一"，即指写给王映霞的一封私人家信。此信的最后一段提到：

这一封私信，你阅后以为可以发表，请拿去交给大慈，头上加一个《闽海双鱼》的题目就对。杭州的友人，大约要想知道我的消息的，总也不少；借花献佛，可以省去我许多作信之劳，更可以省下我的几张五分邮票。

信中提到的大慈，乃指陈大慈（1904—1939），原名陈慈煦，广东东莞人。上海大同大学毕业后，供职于杭州《民国日报》[①]主编"沙发"副刊，并应聘执教国立浙江大学，主讲《修辞学》。

郁、陈二人，一度交往密切。郁氏尚未离杭赴闽之际，二人应当常有往来，且往来事迹还常见诸报端。譬如，1936年1月11日，《东南日报·沙发》的"作家动静"栏目首条报道，载有陈氏拟为郁宅改名的事迹。报道原文如下：

郁达夫近营新厦于场官弄，大致已告落成，惟"油漆未干"，乔迁有待。郁拟颜新居曰"风雨茅庐"，盖取"聊蔽风雨"之意也。郁昨晤陈大慈，陈谓何不命名为"栖霞别墅"，以副其实。郁与夫人王映霞相视而笑，其长子飞亦为之抚掌轩渠。

仅此"花边新闻"一则，足见二人交谊甚笃。至于二人交往始于何时，则无从确考。仅据1933年10月，郁达夫杭州所作《酒后挥毫赠大慈》一诗，可知二人交往或自此始。

---

① 杭州《民国日报》，1927年3月创刊，1934年6月后改称《东南日报》。

　　既然二人交谊非同一般，照办郁氏家信中嘱托之事，自然不在话下。郁氏落笔八天之后，即3月31日，《闽海双鱼》一文，便赫然刊于《东南日报·沙发》的版面之上。两天之后，4月2日，南京《新民报》"各地通讯"栏目，又将这一封家信冠以《做官不忘恋爱，郁达夫两头忙》之名，转载了出来。四天之后，4月6日，远在天津的读者也看到了这一封家信，《庸报》以《闽海双鱼》的原题，再度转载。短短几天时间里，国内南北各地的读者都读到了著名作家郁达夫的这一封家信，也都约略知道了其在福州的生活近况。

　　家信的内容，除了对身在杭州的妻子表达思念之外，也捎带关心了一下他们的"爱巢"装修状况。信中有言，"书架做得怎么样了？……书架顶好要多做几个，宁使空着待摆，不可临时使它不足。"这是读书人与作家的秉性使然，即使身在异乡，仍不忘家中的书架。

　　须知，当时夫妇二人在杭州场官弄般若堂边购地，举债兴建了一幢名为"风雨茅庐"的别墅，还在装修期间，郁达夫即远赴福州任职。与朋友道及，只说是因为受不了装修各种声响与气味的干扰，出去玩玩，散散心；实则恐怕却是因举债而搞得身心俱疲，经济困窘，要到福州去谋事加薪，尽快还债罢了。

　　与郁达夫同为国立艺术院艺术运动社社员、杭州作家协会会员的李朴园（1901—1956），在1936年4月19日致当时身在日本东京的同事钟敬文（1903—2002）的一封信中，就透露了时人对郁氏赴闽任职的普遍看法。信中这样写道：

　　郁达夫兄赴闽过官瘾，他没有同我谈是什末目的，据我想，一则他是在杭州造了房子的，说不定要弄一点钱还债；再则，离一离杭州，也许可以写出点文章来。你知道，他是很久没有正式写过文章了，老闷在杭州的家里大约是很不利于他底文字生涯的。①

　　李氏这一番推测，是出于"推己及人"的推测，因为当时李氏也正在为偿还营造别墅的债务而深感窘迫。其信开首部分即已提及"因去冬造住屋借的账"，所以在四十天内将《阿波罗艺术史》译稿二十万字重抄一遍，"想拿这部稿子换一笔钱"还债。正是这般两相比照，一番设身处地地推测之后，李氏遂有信中所言。

郁达夫与王映霞，原载上海《良友》画报第一百一十二期，1935 年 12 月 15 日。

---

① 原信发表于《东南日报·沙发》，1936 年 4 月 21 日。

郁达夫致王映霞私信以《闽海双鱼》为题发表，原载《东南日报·沙发》，1936年3月31日。

试想，先前对金钱无甚规划的郁达夫，因尚有较为丰厚的稿费收入，个人生活本不成问题，可那毕竟只是单身生活时期的状况。在婚后生活开支陡增，写作又暂被耽搁，经济上并不十分宽裕的情况下，又举债营造别墅，难免要陷入捉襟见肘的一时窘境了。

这一封家信也嘱咐妻子冠以《闽海双鱼》的题目投稿发表，这看似"秀恩爱"的雅谑之举，实则也悄然暴露出郁达夫当时的经济状况。信末"更可以省下我的几张五分邮票"的说法，虽确有戏谑的成分在里边，可既然已有这样的想法且还直接写了出来，最终还要发表出来，恐怕也是有意无意地表露一下自己婚后生活的财务状况了罢。

◎《半上流社会》舞台剧与王映霞观剧

就在郁达夫赴福州任职之际，一场名为《半上流社会》的舞台剧于1936年3月15日在杭州公演，一时社会反响热烈。

《半上流社会》乃是法国著名作家小仲马的戏剧作品，当时在国内并不十分知名。此剧中译本为1931年6月由商务印书馆初版，译者为王力（字了一，1900—1986）。当时的广告中称：

这是法国的名剧之一，法国戏院里所常演的。内容藉欺世盗名的妇人来描写另一种社会情状，称为《半上流社会》。译者以为戏剧是会话的体裁，话是活的，故其译文力求生动传神，以便表演。

应当说，对这一法国名剧的翻译，中译者是注意到将来要应用于舞台表演的。可中译本初版以来，还没有中国哪一家剧团剧社来排演此剧。直到五年之后，国立西湖艺专（今中国美院）剧社再三权衡利弊之后，决定首演此剧。

时任西湖国立艺专图书馆馆长，热心于西方艺术著述译介的李朴园，在公演之前一直在《东南日报·沙发》上撰文介绍排演缘起、剧本内容以及此次公演的社会意义等等。其中，2月20日撰发的《〈半上流社会〉释名》中开篇即语：

《半上流社会》剧名是王了一先生译的。原名是 Le Demi-Monde，或者也可以译《黑暗世界》罢？那都不必去管它，既然原译是《半上流社会》，且也不能算不漂亮，我们采用了人家底译本，同时采用这名字也很方便。

接下来，文中明确解释了“半上流社会”究竟是什么样的社会，有哪些基本特征等等。文中摘录了原译者的说法称：

“半上流社会乃是天堂地狱的交界：下流社会的妇人到了这社会，便好似出了地狱；上流社会的妇人到了这社会，便好似降自天堂。”

不过，李氏仍然觉得这样的解说不够透彻，又通过陈述剧情梗概，分析剧

《半上流社会》，［法］小仲马原著，王力译，商务印书馆 1931 年初版。

中人物言行，来进一步呈现何为"半上流社会"。文中借剧中人奥里维叶与赖孟的对话，来再次说明：

环绕着你的妇人们，个个都是在从前有了过失的，污辱了名声的。她们互相靠得很紧，努力想要使人家看不清楚她们。她们与上流社会的妇人们同一个根源，同一种外观，同一派成见，但是，她们已经不是上流社会的人了；于是她们另组织一个社会，我们叫它做"半上流社会。"

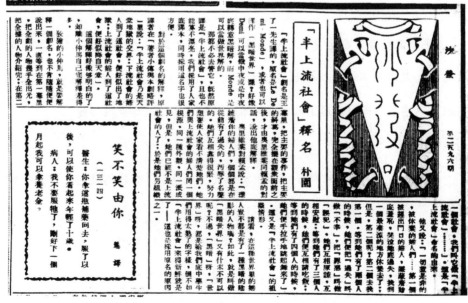

李朴园《"半上流社会"释名》，原载《东南日报·沙发》，1936 年 2 月 20 日。

李氏行文至此，大致为读者描绘出了"半上流社会"的基本轮廓。这样的一类社会组织结构，如果与上流社会所谓"名媛沙龙"相对应的话，大致是一种"非名媛派对"的形态，是由一些破落贵族、没落名门以及很想跻身上流社会的妇女组合融会而成的。应当说，这样的社会形态不单单是小仲马笔下才有，当时的中国社会也确实存在，即便如今，它也依然以某种蜕变之后的方式存在。

正是在这样的中外社会情态比照之下，《半上流社会》话剧一经公演，迅即引发社会热议，各界反响热烈，乃是顺理成章之事。"半上流社会"这一概念及名称，一度在杭州乃至宁沪东南地区都有流行。"半上流社会"这一名词，不但成为人们茶余饭后的谈资，更成为一些文化圈人士观察社会，评论时事的新名词。

1935年国立艺术院艺术运动社社员郊游合影，前排左起：校长林风眠夫妇和女儿蒂娜、国画系主任、教授潘天寿等；中排左起：西画助教刘开渠，图书馆馆长李朴园等；后排左起：作家郁达夫等。

　　1936年4月4日，星期六的晚上，西湖大礼堂开演《半上流社会》，王映霞应邀前去观影。恰巧《东南日报·小筑》的特约作者梅茜，也去观影，遂偶遇之。观影归来，写成《看〈半上流社会〉所见》一文，两天之后（4月6日）就在《东南日报·小筑》的版面上刊发了出来。文中这样描述王氏观影细节：

　　郁达夫夫人王映霞女士，前月中曾传她去福建，但是那天却在剧场中发见了。她和刘开渠、许靡父二先生坐在一起。我问她为什么不去福建？她道：杭州的房子，还没有完工，暂时不能离开。我又问她达夫先生可有信来？她说：信是常常通的，在不久的将来，许也要回来一踏。刚说到这里，舞台上的几位"半上流社会"，个个吸起香烟来了。凑巧映霞女士的旁边和后面，也有人吸烟，映霞女士摇摇头，说道："'半上流社会'太多，'半上流社会'太多。"闻者大笑。

杭州名剧《半上流社会》上演：舞台面之一，原载《中华》杂志，1936年第四十二期。

看「半上流社會」所見（一）　梅茜

東南日報　第三張

湖州五景　曹子樵

（一）烈士墓

（二）蘇台山

（三）蘇台山

王映霞观剧情形，见载于《看〈半上流社会〉所见》，原载《东南日报·小筑》，1936 年 4 月 6 日。

文中提到的许廑父（1891—1953），浙江萧山人，知名作家与报人，曾任《东南日报》副主编，时任《东南日报·小筑》主编。梅茜所撰《看〈半上流社会〉所见》一文，于两天之后迅即见报，自然是不成问题的。

此文的题目，看似随意，实则另有深意且颇为刻意。且说记者"看《半上流社会》所见"，究竟是想看什么，又到底看了些什么？通观全文，似乎并不是在看剧场上的演员的剧情，倒更像是在看剧场看台上的观众之间的剧情。于是乎，作家夫人的那一连感叹，"半上流社会太多，半上流社会太多"，倒成了"点题"之句。

问世间，谁是"半上流"？这场上场下，实在"太多太多"……

◎ "半上流信箱" 与郁达夫《醋鱼》诗

在此众人争说 "半上流" 之际，4月18日，一位自称家住杭州半山的 "半上流" 先生，在《东南日报·小筑》版面上开始主持 "半上流信箱" 专栏，专门解答各种关涉 "半上流" 的问题。因主持者言辞幽默机智，妙语连珠，很是引人注目。

时至5月1日，有读者提问称："妻子失节，为丈夫的叫 '乌龟'。丈夫奸人，为妻的叫什么？" "半上流信箱" 答曰："叫 '醋鱼'。" 此为 "醋鱼" 话题之始。

5月6日，又有读者问："半先生，你把丈夫有外遇的女子，比作 '醋鱼'，请问未婚夫有外遇，未婚妻比作什么？" 复又答曰："西湖醋鱼（注意，西湖醋鱼，比普通醋鱼是要细嫩得多）。" 5月7日，仍有读者问："半先生，你说丈夫有外遇，他的太太称为 '醋鱼'，不知你太太是否 '醋鱼'？" 再答曰："过了时的 '醋鱼'。"

这一问一答，几次三番地将已婚、未婚女性都形容为 "醋鱼" 的做法，诚然有打趣儿说俏皮话的成分，但也很容易引起一部分女性读者的反感，更会令一些本就有嫌隙猜忌的男女情侣或夫妇感到不快。接下来发生的一桩琐事，就印证了 "醋鱼" 这类话题持续发酵情势之下的社会影响多面性。

1936年5月8日，《东南日报·小筑》版面上刊发《郁达夫请客吃 "醋鱼"》一文，再度将 "醋鱼" 话题带来一番热潮。原文不长，照录如下：

郁达夫请客吃 "醋鱼"

梅茜

文学家郁达夫氏，做官回来，丰采较前益佳。日昨偕夫人王映霞女士，至本报访晤刘湘女氏，谈及本刊"半上流信箱"发明"丈夫有外遇，太太称'醋鱼'"问题，至为轩渠不置。临别刘谓将往视郁新居，郁笑答请吃"醋鱼"，刘连称不敢，王女士则芳颜微顿，顾左右而言他。

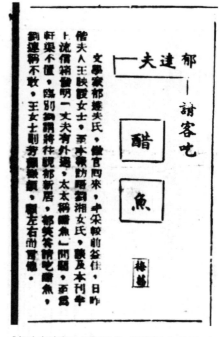

《郁达夫请客吃"醋鱼"》，原载《东南日报·小筑》，1936年5月8日。

应当说，短文百余字，将郁达夫夫妇于5月7日访晤《东南日报》总编刘湘女士的情形简明生动地呈现了出来。原本郁、刘二人笑谈"醋鱼"，不过是不经意的闲聊罢了。末了郁氏请吃"醋鱼"之议，也无非是调侃打趣而已。可刘氏"连称不敢"之言，却让在场的郁妻王映霞有些尴尬，于是有"芳颜微顿，顾左右而言他"之态。

5月14日，《东南日报》头版，郁达夫夫妇公开刊发了一条启事。原文如下：

王映霞启事

郁达夫

胡展堂先生仙逝，举国哀悼。谨遵中央电令，停止宴会三天。现改于本星期六下午七时，借镜湖厅与诸亲友小叙，恕不一一再告，特此奉闻。

郁达夫夫妇启事，原载《东南日报》头版，
1936年5月14日。

这一启事说明，1936年5月16日（星期六）下午，郁氏夫妇将设宴款待亲友；知悉内情者，都知道这是要庆祝"风雨茅庐"装修完工，正式落成了。孰料这一启事，后来也成了"醋鱼"话题之一（详见后文）。

5月15日，启事刊发后次日，郁氏夫妇宴请前一日，《东南日报·小筑》突然刊发了郁达夫所作《醋鱼》诗一首，诗云：

宋嫂鱼名震十洲，却教闺妇暗添愁。

旧词新解从何起，恨煞萧山半上流。

显然，此诗乃是针对"半上流信箱"的。诗句明确表达了对"醋鱼"一词原意的维护，对"半上流信箱"主持者"旧词新解"，将西湖名肴"醋鱼"一词随意曲解的做派颇感不满。然而，《东南日报·小筑》版面主编许匜父，对郁达夫的意见却并不随便附和，而是以调侃幽默的口吻来回应。刊发郁诗的同时，在诗句之后又加了一段编者按，文曰：

编者按，自本刊发表《郁达夫请客吃"醋鱼"》一文，上海各报，竞相转载，郁夫人王映霞女士，不承认本人为醋鱼，更不愿意其菜砧请客吃醋鱼，曾与编者大起交涉。达夫先生为其闺妇解愁计，以"恨煞萧山半上流"之句，代夫人声讨"半上流"君。但据日前"半上流"君信箱答某君问，谓家住半山脚下，而郁君硬派他为萧山籍，然则所谓"萧山半上流"者，苟非别有其人，定系盲打瞎撞，半山之"半上流"君读此，当哑然失笑为其摸索暗中，大类无的放矢也。

原来，正是因为《郁达夫请客吃"醋鱼"》一文产生了相当的社会影响，随之也令郁氏夫妇颇感不快，已与报社方面有过交涉。可交涉归交涉，影响毕竟无法消除，报社也没有登报致歉之举。

为此，郁达夫撰《醋鱼》诗一首，以作讥刺之意，仍投至报社，《东南日

郁达夫《醋鱼》诗，原载《东南日报·小筑》，1936 年 5 月 15 日。

报·小筑》竟也将之刊发了出来。可这编者按附之诗末，并没有息事宁人的姿态，势必又将催生新一轮"醋鱼"效应矣。

值得一提的是，《东南日报·小筑》版面主编许廑父乃萧山人，许氏通过郁诗所谓"萧山半上流"之言，认定郁氏是将"半上流信箱"主持人也误认为萧山人了，遂称"郁君硬派他为萧山籍"，大有不以为然，"哑然失笑"之态。不过，郁诗之所以有"萧山半上流"之言，恐怕并不是许氏认定的那样，并非"误认"，而是将版面主编与信箱主持人一道予以讥刺。若果真如此，那倒是许氏自己"误认"了，才写下这样一段自以为是的编者按来。

◎郁达夫夫妇屡被讥刺，"看云楼主"打抱不平

5月17日，郁氏夫妇为庆祝"风雨茅庐"落成宴请亲友的次日，《东南日报·小筑》当然又再次予以报道。不过，报道角度之刁钻，实在匪夷所思。报道标题只一个大大的黑底白字《醋》，一目了然间"酸"味四溢，显然仍是要将其作为"醋鱼"话题的延伸。且看报道原文如下：

醋

玫君

诗人而兼小说家之郁达夫氏，近因本刊登载《郁达夫请人吃"醋鱼"》一稿，昨特贻本刊编者打油诗一首，题曰《醋鱼》。当落笔时，不知脑筋中转着什么念头，竟将醋瓶打翻，将醋字写成"酒"字。

又郁君新屋落成，原定星期四借镜湖厅，大宴亲友，因胡汉民先生之丧，停止宴会三天，改在昨日举行。郁并偕夫人王映霞女士登报声明，其列名处系

王女士在前，郁名在后，说者谓此可见"醋鱼"势力之一斑。

或问名画家申石伽，尊夫人是"醋鱼"否，申君答曰：谈不上，谈不上。

或问本刊编者许廑父，尊夫人是否"醋鱼"，许君笑谢曰：不配，不配。

据此报道可知，郁氏《醋鱼》手迹原件，或将"醋"字错写为"酒"字，其涂改之迹为报社编辑所发现，随即就有了文中"竟将醋瓶打翻"之讥谑。只是这手迹原件并未随之影印刊发，读者无从获见，也只能姑且听之，付诸一笑罢了。

不过，文中又列举了宴请启事署名王前郁后，妻前夫后的情形，倒确为事实；5月14日的《东南日报》头版所印启事，确实是如此这般付印的。于是乎，又得出了"此可见'醋鱼'势力之一斑"的论断。

《醋》，原载《东南日报·小筑》，1936年5月17日。

这还不够，又即刻搬出两位名士，来"或问"一番。一位是画家申石伽，另一位即是《东南日报·小筑》主编许庳父。在问及夫人是"醋鱼"否时，皆以"谈不上"或"不配"这样的字眼，一笑而过罢了，再度映衬出郁氏夫妇似乎有失"雅量"来了。

应当说，报道中所有言辞都闪烁着戏谑轻佻的意味，但又并不构成实质意义上的人身攻击，有着令当事人哭笑不得，无法正面回应的效果。仅从报刊传媒意义上着眼，撰文编刊者无疑是相当机智的，手段也是极其熟练的。

5月22日，郁达夫友人——《东南日报》的"常客"，自号"看云楼主"的曹靖陶（1904—1974），撰发《次韵和郁达夫〈醋鱼〉》诗一首，大有为友人打抱不平之意。曹诗就径直将其刊登在了《东南日报·小筑》版面之上，这多

曹靖陶和郁达夫《醋鱼》诗，以及半上流《书看云和郁达夫〈醋鱼〉诗后》，原载《东南日报·小筑》，1936年5月22日。

少也有些令人意外。

因在此之前，曹氏诗文常年在《东南日报·吴越春秋》（即《东南日报·小筑》前身）上刊发，版面主编许廑父一直鼎力支持，还经常以前边按语后边跋文的方式予以介绍与说明，二人通信也曾在该版发表，足见曹、许二人交谊匪浅，彼此都相互倚重与欣赏。可此刻曹氏要为郁氏打抱不评，对该版栏目主持者多有讥刺，且也在该版刊出，实出常理常情之外。且看诗云：

醋溜鱼名满福州，达夫快活映霞愁。

萧山饶舌终轻薄，合署头衔是下流。

诚如笔者前边所推断，郁诗之所以有 "萧山半上流" 之言，乃是将《东南日报·小筑》版面主编与信箱主持者一道予以讥刺。在曹氏 "次韵" 和诗中，也正是此意，末句 "合署头衔是下流" 的 "合署" 二字，可谓一语道破。与此同时，诗中的 "萧山" 二字，恐怕也让曹、许二人的交谊就此蒙上了一层阴影。

更令人感到意外但亦是预料之中的是，与曹氏和诗同时发表的，还有 "半上流信箱" 主持者的一首《书看云和郁达夫〈醋鱼〉诗后》，这显然是该版主编与主持者的 "合谋" 之下，刻意安排出来的版面效果了。且看诗云：

从来朝奉出徽州，（看云徽州人）

未吃 "醋鱼" 亦心愁。（看云无妻）

捧得艳秋天上去，（看云为捧女伶新艳秋健将）

如何沧海竟横流。（看云对艳秋鞠躬尽瘁，有曾经沧海之语，但近又赏识过云，是沧海竟有横流之日也）

不难发现，此诗对郁诗无甚回应，并无针锋相对之语，倒更像是专门针对曹诗的。诗中每一句，还皆附注释，竭尽反唇相讥之能事。

诗句开首即对曹氏原籍安徽恣意调侃，以"徽州朝奉"的地域偏见（当时苏浙一带常称当铺管事人为"朝奉"，也泛指徽商）概言之；次句又将时年三十二岁的曹氏尚"无妻"的个人隐私公开披露；末两句复将其人冠以"捧女伶健将"头衔，对其"票友"生涯予以肆意嘲讽，乃至更有所谓"沧海横流"的道德绑架之言；一首诗四句，合在一起，可谓把曹氏批驳得"体无完肤"。此"半上流"君，确不改主持信箱时言辞犀利之本来面目，再一次将"醋鱼"这一话题的话语权牢牢地握在了自己的手里。

◎郁达夫与"看云楼主"之交谊

令人感慨的是，"醋鱼"话题争端至此，见诸报端的众多讥刺与评议之中，唯有曹氏一人"挺身而出"，为友人郁达夫仗义发声。那么，这"看云楼主"究竟何许人也，其与郁达夫又有何交谊呢？

据考，曹靖陶，名熙宇，字惘生，号"看云楼主"，安徽歙县人。早年肄业于暨南大学，曾任上海《时事报》编辑，擅诗文，喜戏曲，早岁曾为陈三立、袁寒云、许承尧等人弟子，交游颇广。曹氏曾以其室号"看云楼"为题，延请吴昌硕、黄宾虹、齐白石、张大千等为之绘成《看云楼觅句图》，复又遍请海内师友品题。一时名士云集，梁启超、林纾、严复、康有为、蔡元培等皆为之题句，郁达夫也在品题者之列。

1936年元旦，郁达夫的题句就刊发于《东南日报·小筑》版面之上。原文如下：

读靖陶兄寄旧都新艳秋诗为题

《看云楼觅句图》

（郁达夫初稿）

看云觅句貌如痴，饭颗山头一健儿。

天下英雄唯孟德，亳州诗霸有陈思。

怪来绿鬓鬌年女，竞唱黄河远上辞。

忽忆旧京秋色艳，凭君传语慰师师。

（北方将沦为汴京，新艳秋亦无恙耶？）

郁达夫为曹靖陶题诗，原载《东南日报·小筑》，1936年元旦。

郁氏题句为一诗两题，一为《看云楼觅句图》而题，一为曹氏所作《得新艳秋女弟书却寄》而题。曹诗附于郁诗之后，也一并刊发了出来。这说明，乃是曹氏征得郁诗之后，径投报社刊发的。

对于曹氏"求品题"与"捧女伶"之举，郁氏皆投其所好，一诗两题地为之捧场了。于此，可窥见二人应有一定交往，有一定交情可言。四个月之后，已赴闽任职月余的郁氏，还致信曹氏，表达了乡愁渐生，动了归心的想法——这样的通信内容，应当也是挚友之间方才可有的罢。

这一封友人之间的通信，曾于1936年4月27日，在上海《铁报》发表。

不过，这一次并非曹氏将原信径投至报社，而可能是报社编辑因报道之需访得此信，刊发时更冠以《郁达夫榕城春暮动归思》的总题，以此来招徕希望了解郁氏在闽近况的读者。因事关曹、郁二人交谊之考察，将报载此信原文，摘录如下：

靖陶兄：

弟因避寒而至闽，赢得各地小报，一番嘲谑，大是奇事！此间友生极多，与郑厅长曾谈及令兄元宇，郑属为转候。时事日非，我辈死无葬身之地，国难来时，恐玉石将同焚也！大作《村居即景》，大佳大佳！是宋人清远之作。有暇乞以近作见示。

弟来此间后，日日醉酒酬酢，无一刻闲，吟诗之兴尽矣。花朝夜醉归来，窗外似闻杜鹃。忽忆闺中儿女，大动不如归去之念，枕上醉吟，亦曾凑足二十八字，录呈一笑。诗云：

离家三日是元宵，灯火高楼夜寂寥。

转眼榕城春欲暮，子规声里过花朝。

匆复，并颂

吟祺！

弟郁达夫拜上

此信开首可见，郁氏为赴闽任职，颇有向友人申诉之意。当时，沪杭两地报刊之上，关于郁氏营造"风雨茅庐"之举颇多揣测，谣传不断。一般而言，有相当一部分友人（如前述李朴园）认为，郁氏赴闽任职应当是为了谋薪还债。还有传言，郁氏购航空奖券中了头奖，所以才能有钱置地建房。

更有甚者，认为郁氏夫妇感情不睦，才是其赴闽任职的根本原因。诸此种种，郁氏无力申辩，只能偶尔在致亲友的信中略诉心意而已，曹氏即为诸友之一。

至于郁氏是否真是"因避寒而至闽"，姑且不论。信中随后提到代郑厅长向曹靖陶兄长问候之语，可见二人交往应当比较深入，郁氏对曹氏家世亦颇知情。曹靖陶因在家排行第三，又号"曹三"。其兄曹元宇早年考取公费留学日本，曾任安徽省立二中校长，安徽省休宁中学校长等职，后执教国立中央大学及南京医学院，著有《中国科技史》等。

再者，信中尚有郁氏赞许曹氏诗作《村居即景》，并称"有暇乞以近作见

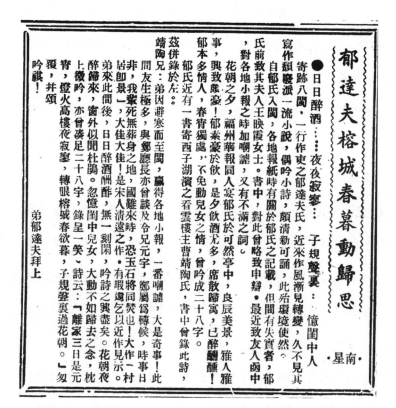

《郁达夫榕城春暮动归思》，原载上海《铁报》，1936 年 4 月 27 日。

示"云云，可知二人当时常保持通信，时有切磋诗文的书信往还。此外，《铁报》记者在报道中提到"花朝之夕，福州《华报》同人宴郁氏于可然亭中……曾吟成二十八字"，已然交代了郁诗创作背景，可却无从获见这"二十八字"原文，后来才知晓"郁氏近有一书寄西子湖滨之看云楼主曹靖陶氏，书中曾录此诗"，方才连信文带诗文"兹并录于左"。换句话说，郁氏信中的这一首闽中诗作，乃是当时沪杭地区报刊首发，读者首见者，郁、曹二人私交关系之密切，于此又可见一斑。

◎ "醋鱼"话题渐行渐远

1936年5月30日，"醋鱼"话题持续发酵整整一个月之际，苏州作家，著名报人范烟桥，又在《东南日报·小筑》上撰发了一篇文章，题为《宋嫂鱼，是醋熘？是作羹？》。

此文虽然开篇即语，"小筑近颇为'醋鱼'费了许多笔墨（其实是铅椠墨胶）"，但并非是要继续参与"醋鱼"话题，而是借此话题，笔锋一转，作了一番追根溯源式的西湖名肴之考证。

此文之后，《东南日报·小筑》上关涉"醋鱼"话题者日渐稀少，相关议论也渐归平息。时至1936年6月初，郁达夫返归福州。7月，坊间有"半上流信箱"主持者将出国考察的传言，其本人亦在栏目中有所透露；当月28日，该栏目即行撤销。至此，由该栏目引发的"醋鱼"话题，也就此偃旗息鼓，渐无音声。

1937年初，因《东南日报》新馆建成，迁址事冗，决定将其包括"沙发"与"小筑"在内的多个副刊一律停刊。据传，许廑父因此入《浙江商报》转任该报社长，将"半上流信箱"栏目也一并移入该报副刊。1937年11月，日军进逼杭城，《浙江商报》宣告"临时停刊"，社长许蘆父随省建设厅去丽水履职（许氏在该厅兼有机要秘书职务）。许氏后来的行迹，也渐趋消沉。

至于郁达夫夫妇之后的故事，世人皆已知悉。郁氏返归福州之后，仍然"花边新闻"不断，种种关于其特异行迹的传闻，始终流传于坊间报端。七七事变爆发之后，郁氏投身抗战宣传与文化工作，四方奔走联络，可谓共赴国难。在这颠沛流离的艰苦历程中，郁氏与王映霞的婚姻也开始走下坡路。最终，二人维系了十二年之久的婚姻，没能经受住外忧内困，谣传纷扰的生活考验。1940年3月，二人几经周折，终于在新加坡正式离婚。

当年恩爱无间，家信也拿来发表补贴家用的"闽海双鱼"也罢，"郁达夫请客吃'醋鱼'"的笑谈也罢；因娇妻不快而奋起撰发《醋鱼》诗的事件也罢，编辑、记者、栏目主持者合力围攻的"'醋鱼'势力"也罢，至此终因二人婚姻关系的结束，家庭的离散，皆归于消黯风尘之中。

1945年，郁达夫突然失踪的传闻，一度见诸报端。不久，据从苏门答腊联军总部情报处所获取的消息，称郁氏于1945年9月17日被日本宪兵枪杀，同时被害者尚有欧洲人数名，遗骸却一直没能找到。那一首郁氏所

郁达夫与王映霞，1937年摄于福州。

作《醋鱼》诗，散佚在郁氏生前巨量的个人作品著述之中，就此悄无声息，乏人问津了；后世读者往往一览而过，不明就里，更少有人知晓那一场八十余年之前的"醋鱼"风波梗概了。

最后，值得一提的是，自1936年5月间《东南日报·小筑》发起"醋鱼"话题以来，这一话题沉寂十年之后，还仍有对此记忆犹新，能活用"典故"者。1947年9月23日，抗战胜利后总部已由杭州迁往上海的《东南日报》副刊"长春"栏目的版面上，再度出现"醋鱼"之议。这是著名学者、戏曲学家王季思（1906—1996）所作的一首曲词，原文如下：

一半儿·为某公题《醋鱼图》

季思

大妻失宠妒童乌，少妇恃娇骂老狐，逼得人好似釜中鱼，两边酥，一半儿火攻，一半儿醋。

这一曲词中的"醋鱼"，已并非用来形容"妒妇"，而是用来嘲讽旧式婚姻中在妻妾之间周旋的男性。这虽可称之为"醋鱼"话题的"新篇"，不过却并无下文可续了，故亦可称之为"终篇"了。

八十余年后的今天，去杭州游玩的外地游客，免不了都要一尝当地名肴西湖醋鱼的滋味。有些宣传资料里，也煞有介事地为之介绍称，现代著名作家郁达夫颇爱醋鱼，不但常请客吃醋鱼，还曾为之撰有《醋鱼》诗云云；实则约略了解上述掌故逸闻之后，恐怕在那一道名肴上桌之际，又别是一番滋味上心头了罢。

杭州名菜西湖醋鱼

郁达夫"俗吏"始末

——以《东南日报》《南京晚报》等相关报道为线索

◎有人认定郭沫若"婉讽"，"俗吏"二字再起波澜

话说1936年11月13日，以为福建省政府采购印刷机和日本文艺界邀请讲演名义，郁达夫赴日本访晤已十年未见的好友郭沫若，敦请其归国参与抗战文艺工作。

抵达日本之后不久，郁达夫即邀请郭沫若参加改造社社长山本实彦主持的晚宴；11月29日，又请郭沫若全家到东京用餐；12月6日，再请郭沫若长谈并用餐；至12月17日归国。之前的这一个月时间里，郁、郭二人三次面晤，久别重逢之际，倾吐衷肠，相见恨晚，自然感慨万千。

姑且不论两位阔别十年的友人，在日本重逢时究竟是否能真正达成某种共识，抑或亦有因时空遥隔之故，在某些话题上难免浅尝辄止的情状，可这里边的实情确实是不足为外人道也。也正因为如此，国内公共文化圈子对郁氏赴日的看法，一时还没有形成什么明确的评论。

1937年1月8日，尚身在日本的郭沫若撰成《达夫的来访》一文，于同年2月16日，刊发于上海《宇宙风》杂志第三十五期。国内读者捧读此文，对于1936年郁达夫访日期间与作者的三次见面的情景，可谓一目了然。

然而，在这篇字里行间充溢着友人深挚情谊的随笔文章中，却偏偏有人读出了"婉讽"之意。更匪夷所思的是，与郭沫若《达夫的来访》刊发同日，也是在1937年2月16日这一天，这位从郭文中读出了"婉讽"之意的读者，在《南京晚报》撰发了一篇遥致郁达夫本人的"读后感"。且看原文如下：

"俗吏"郁达夫

郁达夫到日本去，大家都料定他是要访问郭沫若的，最近沫若发表了一篇《达夫的来访》，就是写他和郁达夫短期相聚的情形，文字写得很平淡，很随列，而很动人。中间有一段，对郁婉讽，原文云："只记得达夫说到他打算到欧美去游历，回国后想寻个机会来实现这个计划，这层我是极端赞成的。我看达夫的使命，依然是做个文艺作家，与其为俗吏式的事务所纠缠，宁应该随时随地去丰富自己的作家的生命，凡是达夫的友人，怕都应该注意这一点，玉成达夫的志愿的吧"。

这一段话是有骨子的。郁达夫虽然一直到现在，还被人期望着做一个文艺作家，可是他明明在干着福建省政府公报室主任，不是"俗吏"是什么？郁达夫的好处，是率性而行，不大顾到环境，郭沫若以为是"俗吏式的事务"，在郁达夫也许反而认为是"文艺使命之一"。

其实郁达夫在无论那一方面说，都不应该干这牢什子的公报室主任的，连他的太太王映霞都反对他干，更何必说郭沫若？然而他一直干到现在，还不肯

放手，且看他受了郭沫若的忠告，回国以后，何以自处吧！（李黑）

　　这位署名"李黑"的作者，究系何方神圣，无从确考。"李黑"之名，显然是笔名，是大名鼎鼎的"李白"之反义词——这是当年苏杭沪宁一带报刊作者惯用的署名方式，诸如"金希普""普希银"之类。总之，这类署名是既要说俏皮话，又要引人注目，还要让读者查不出其真实身份才好。

　　或许，"李黑"真名如何，究竟姓甚名谁，已不重要。重要的是，此人所撰《达夫的来访》一文之"读后感"，竟与《达夫的来访》一文于同一天在上海发表。显然，此人可称《达夫的来访》一文的"第一读者"，确实也"第一时间"向郁达夫发出了"信号"。那么，对此，郁达夫有何反应呢？又有无具

李黑《"俗吏"郁达夫》，原载《南京晚报》，1937 年 2 月 16 日。

体的回应呢?

翻检《郁达夫全集》①，没有任何相关记载。查阅其他相关研究资料，也无一丝线索可循。看来，这一篇"李黑"遥致郁达夫的檄文，不过是当年众多关涉郁氏的"花边新闻"与坊间流言之一罢了，恐怕终是昙花一现，再无下文了罢。

◎郁达夫回应"李黑"，追问何为"俗吏"

孰料，在一份1937年2月21日的上海《时事新报》上，竟还刊载了郁达夫的回应文章，题为《俗吏么！》。一篇郁氏"集外文"或称"佚文"的历史文献，也就这样在笔者查寻"李黑"其人其文的过程中悄然而至了。这是令如笔者辈后世读者始料未及的，也是纯属意外之获。

无论如何，欲知这一场"李黑"与郁达夫的论辩，结果究竟如何；郁达夫对郭沫若的所谓"婉讽"，态度到底怎样，都还得从这一篇难得的郁氏佚文《俗吏么！》中去探寻一二了。为披露与分享文献计，也为便于后文考述，笔者不揣谫陋，酌加整理，转录此郁氏原文如下：

俗吏么！

郁达夫

最近，接到南京的一张剪报，说是报尾的一段言论。尾名《射蝇集》，题名《俗吏郁某》，作者为李黑先生，内容系述沫若近来发表了一篇《达夫的来

---

① 详参：《郁达夫全集》，浙江大学出版社，2007年。

访》，中间曾婉讽我应辞去俗吏，而努力完成文艺作家的使命。原文虽未及见，而好友的规劝，以及爱我的远近各友生的至意，我却感激涕零，恨不得插翅飞去，当面去拜谢他们一番。别的人更不必说，就说沫若，我和他在千叶，在东京，虽只短短的会见了三四次面，但老友的相见，所感到的，真是怎么样的一种意境？这我怕就是做那篇文字的李黑先生，也不容易猜到。他规劝我的话，此外还多得很，而最使我感动的一点，却是在这阔别十年来的中间，他对我的行动，我的写作，从来也不曾抛弃过注意，时时刻刻处处，他无不在期望着我的长成。可惜我意志不强，才力有限，在和他别后的三千六百日中间，竟没有一篇差强人意的东西做出来，可以使他感到期望的不虚。当然，我还没有头白，而他也还在壮年，今后的成就，都是个未知之数，这却不必先说。所要解释的，倒是俗吏二字。沫若的全文，虽还未见，不过他的真意，我却完全明白。可是由做那一篇文字的李黑先生看来，总以为：（一）沫若在婉讽，而（二）我却自以俗吏为得意，捧牢了这捞什子而不肯放手，（原文是如此）。

当然李黑先生的说此，也许并非是出于恶意，但对于俗吏的解释，我倒还有一点疑问。吏之为俗为雅，不知有没有一定的界说？凡吏皆俗，不吏便雅，这逆说是否可以成立？处理俗吏式的事务，是不是也可以作一种作家的经验？某人该作某事，某人不该作某事，又是否是前生注定，这世不易的勾当？党权原高于一切，文艺不知是否也高于一切？

凡此种种，我都还不曾参透，所以暂时的俗吏，终究也还得干干。总之，风雨晦明，鸡鸣不已，圣人满地，大盗无踪。侯之门，仁义存焉，吏之身，俗恶兼之，虽曰天命，岂非人意哉？　　　　　　　　　　　二月十八日上述七百余字的郁达夫回应文章，比之四百余字"李黑"原文，还多出了三百余字的篇幅，可见郁氏反应强烈，有意要申诉一番。文末两段，连发六问，逻辑严密，一气呵成，实在是要对"李黑"随意揣摩，妄加评断的有力反击。

郁氏开首即表明，郭氏"原文虽未及见"，可"好友的规劝，以及爱我的远近各友生的至意，我却感激涕零"，说明其个人对友人的任何劝谏，非但不会介意，更会以善意视之而感激万分。更何况，郁、郭二人在日本的三次面晤，"他规劝我的话，此外还多得很"。言下之意，乃是表明二人的

郁达夫《俗吏么!》，原载《时事新报》，1937 年 2 月 21 日。

情谊，又岂止是外人仅仅从一篇公开发表的文章里所能尽知的？文中也明言："这我怕就是做那篇文字的李黑先生，也不容易猜到。"

◎张慧剑表明立场：郁达夫不俗

值得注意的是，郁文发表之时，距郭、李二文发表仅时隔五日。可在郭氏"原文虽未及见"的情况下，倒是先读到了《南京晚报》。这就说明，这一南京印行的报纸传播之速，已然超越了上海杂志《宇宙风》。那么，郁氏当时身在福州，首先读到的这份报纸，究竟有何背景呢？

其实，《南京晚报》并非官方媒体，而是一家民办报纸，创办人是张友鹤

（张友鸾的胞弟）。该报社址设于秦淮河畔贡院东边的一座小楼房内，是以着重刊登本地新闻以博取本地读者为主的一份市民"小报"。该报发行范围，应当只囿于南京本地，不会远播至闽地，故郁氏称"接到南京的一张剪报"，应当是友人寄呈的载有《"俗吏"郁达夫》一文版面的"剪报"。

据查，《"俗吏"郁达夫》一文原载于《南京晚报》副刊"秦淮月"栏目，由著名报人，与张友鸾、张恨水并称"新闻界三张"之一的张慧剑（1906—1970）主持，常年刊发一些宁沪风物、文史随笔之类，大多属于当地读者茶余饭后的谈资而已。

可以揣测，《"俗吏"郁达夫》一文的刊发，恐怕是栏目主持人有意要抛出一个热议话题，有意要活跃一下"气氛"所致。事实上，郁氏在《时事新报》副刊"青光"版面上的回应文章在发表四日之后，1937年2月25日，就又被张慧剑"拈提"到了《南京晚报》上的"秦淮月"中。除了"节录"原文之外，张氏自己还写了一篇评论文章，列于栏目头条，一并刊发了出来。张氏原文转录如下：

郁达夫不俗

剑

在十六日的本刊上，李黑先生写了一篇《俗吏郁达夫》，郁达夫先生对此有反响，在二十一日的时事新报上，答复了一篇《俗吏么！》。说郁先生是"吏"，郁先生不否认，因为职业的类性使郁先生不能否认。郁先生之所辩者，是"俗"而非"吏"，这不可谓非郁先生的聪明处。

其实，说到"俗"，也没有一定的解释，必须看它所指的是那一种人型。

比方，一般习惯以那些从事于社会活动或政治活动的和尚为“俗僧”，即因为它所指的是僧，假如不是僧，则从事于社会活动或政治活动，正是本色行当，有何“俗”人之可言？同样的，郁先生以“文艺作家”而“吏”而是“文艺作家”，因为在“吏群”里面，像郁先生那样的人，还要被称为“俗”，天下还有何处可以“雅吏”去？所以李黑先生武断郁先生为“俗吏”，这一个名词根本不能成立。其次，说到“吏”这一个职业，也无所谓俗与不俗，吏的道德观，是“守法”，是“尽职”，不是“强求风雅”，也许正因为守法尽职，而与风雅更背道而驰。一般人以“吏”为“俗”，这种见解是错误的。在吏的脑中，根本就不应该有“俗”的观念。所以郁达夫先生不辩“吏”而辩“俗”，实际已落了下乘。

郁先生宣言要继续把“俗吏”干下去，这是值得同情的。做官做吏，并不是可耻的职业。“福建省政府公报室主任”即使不清高，也并不卑污，而且让

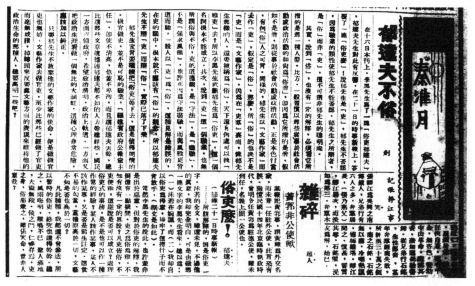

张慧剑《郁达夫不俗》，及郁达夫《俗吏么！》摘录，原载《南京晚报》，1937年2月25日。

郁达夫去干，总比让那些文章道德连郁达夫都不如的人去干总好些。国民一方面责备政府，希望政治清明，政治上轨道，一方面又把政治生涯看做一个无比的大溷缸。这种心理非常危险，应该加以纠正。

只要郁先生不放弃他的文艺作家的使命，便是做做官吏也无妨。文艺作家去做官吏，至少比那些已经做了官吏而毫无成绩，掉转头来反要靠文艺方面的表现来维持他的政治生命的那种人，总要高明一些吧？

显然，上述七百余字的张慧剑所撰评论文章，是以支持郁达夫的立场去抒写的。"不俗"之题目，已然鲜明地表明了立场，且又刊发于张氏本人主持的栏目头条，实在是态度坚决之至。

◎ "李黑"答复郁达夫，"俗吏"之说不诿卸

不过，一周之后，1937年3月4日，"李黑"所撰《答郁达夫先生》一文，还是现身于"秦淮月"栏目。这一方面说明，张氏虽然表明了自己的立场与态度，可并不轻易扼制不同意见与反向音声。另一方面，"俗吏"这一话题，本来就是从其率先刊发"李黑"之文开启的——在自己主持的栏目中，能够有某种争议与辩论，不但可以活跃一下版面"气氛"，还可以吸引读者乃至社会各界参与其中。用长远眼光看，这乃是编读良性互动与提升栏目知名度的契机。

这一次，"李黑"仍是以个人意见来遥致郁达夫，只不过起初是据郭沫若的文章来致意，此时却是据张慧剑摘录的郁氏回应文章来致意。原文转录如下：

答郁达夫先生

李黑

我不曾见着郁达夫先生在《时事新报》所发表的关于"俗吏问题"的全文，我只见本刊节录的一部分，所以我只能就这一部分说说。

以"俗吏"婉讽达夫先生的，是郭沫若先生，我不过转述沫若先生的话。但沫若先生说得含蓄，我却把他点破了，这个责任，我不诿卸。

达夫先生向我索取"俗吏"的解释，我想沫若先生一定更能说得明白。达夫先生可以写信去问问。

达夫先生的意思，以为"处理'俗吏'式的事务，也可以作为一种作家的经验"，这话并不能成为理由。假使一个作家，无体验的能力，社会各种生活，都要靠亲身去经验，才能写作，那么作家笔下描写的游娼、乞丐、大盗、小偷，达夫先生也必须一一亲身去做吗？

退一百步，假定诚如达夫先生所说，处理"俗吏"式的事务，也可以作为作家的经验，但也并不能证明"俗吏"就是"可能"的，而达夫先生干福建省政府差使，已经有一年多，何以至今还没有一篇拿这种生活作题材的"力作"写出来？可见达夫先生做"俗吏"的动机，未必如此。

此外，达夫先生还有些话，只是发牢骚，与本题无涉，我也不必再说了。

可以说，上述这样的答复之言丝毫没有退让调和之意，依然坚持己说，态度强硬。先前认定的"婉讽"之意，推演的"俗吏"之说，明言"点破"，且不诿卸。文末更以一个强有力的追问，使其立论更显坚决。这一追问：

"达夫先生干福建省政府差使，已经有一年多，何以至今还没有一篇拿这

李黑《答郁达夫先生》，原载《南京晚报》，1937 年 3 月 4 日。

种生活作题材的'力作'写出来？"

确实令郁氏很难置辩，因为事实如此。的确"可见达夫先生做'俗吏'的动机，未必如此"，未必如其所言"处理'俗吏'式的事务，也可以作为一种作家的经验"。

《答郁达夫先生》一文刊发之后，郁氏没有再予回应，"俗吏"话题也就此告一段落，归于沉寂。这一场不大不小的论争，通过《南京晚报》《时事新报》两份报纸，留下了这么些许点滴的历史线索，可供后世读者读解与探研。

◎ "俗吏"话题前后，批评质疑不断

不过，当年对郁达夫赴闽任职之事的议论，对于作家可否为官作吏的评论，始终未曾平息。早在"俗吏"话题之前，姑且不论坊间传闻种种，即使在友朋之间，亦早有各种揣测。

虽然郁氏致信与友人多有提及，有"避寒而至闽"之说，又有"避装修之扰"而赴闽之说，可仍有相当一部分友人推测，此举乃因举债筑屋要尽快偿还债务而不得已为之。诚如前述已列举的李朴园致钟敬文信中所言，这也是后世研究者比较认可的一种说法。

然而，与郁氏友人富于同情与理解的推测之言不同，时人对于郁氏赴闽任职的评议则多以调侃讥刺为主。譬如，1936年5月9日，上海《立报》曾刊发了一篇署名"华魂"，题为《好官我自为之的〈沉沦〉作者郁达夫！》的文章，文中抓住郁氏在福州诸报社欢迎席上的一番讲话，就于文末得出论断称："著《沉沦》出名的郁达夫现在的生活因这次宴会上的谈话看来，固仍是沉沦的啊！"

此文刊发于《立报》第三版的"小茶馆"栏目，主持该栏目的乃是著名作家、新闻学家萨空了（1907—1988）。该栏目多刊发评论时局，批评当局的杂文，发行覆盖沪宁地区。可见郁氏赴闽任职一事，当时已是沪宁地区公共文化圈子里有所关注的社会事件了。

其实，郁氏在欢迎席上的讲话，不过是这样一番言论，报道原文如下：

我这次来闽，大家都不以为我做官为是，其实做官不一定是坏的，给人家谩骂的官是因为他自己贪污的缘故，假令做了一个好官，那被人骂骂也没有什么关系，所以笑骂由他笑骂，好官我自为之，这真是一句至理名言，我们应该把它奉作座右铭。

如今观之，这样一番言论，并无特别错讹之处，更谈不上据此判定言者竟然"沉沦"。可联系到当时国内局势，当局施政不力，日军侵扰不断，已呈内忧外患，民生凋敝之势。在这样的时局之下，国内朝野上下，社会各界对于如郁氏这样本有左翼倾向的著名作家突然从政任职，难免会有各种不那么富于同情与理解的批评之声。

不久，5月13、14日，《立报》所刊发的这篇文章，又改头换面，改题为《郁达夫依旧沉沦》，连载于北平《世界日报》第十一版"明珠"栏目之中。当时，主持该栏目的是著名报人、作家左笑鸿（1905—1986），该栏目多刊发散文小品，连载言情小说之类，少有直接批评时局与时人的文章。可见，当时郁氏赴闽任职这一事件，南北报界所持态度，还是否定与质疑者居多罢。

而时至1937年"俗吏"话题之后，时人对郁氏赴闽任职的评论观点渐趋尖刻，言辞也愈发犀利。

譬如，1937年3月11日，苏州《明报》副刊"明晶"栏目，刊发陶寒翠所撰《谈郁达夫》一文，俨然已将郁氏列为批判打击的代表性人物了。文中明确声称"郁达夫是一个颓废的旧式诗人型的新作家"，还大力呼吁道"凡愿向前进的青年们，不独不该崇拜郁达夫，而且应该排击这个'落魄江湖载酒行'的郁达夫"。

又如，同年3月18日，杭州《东南日报》副刊"沙发"栏目，刊发署名为"式陵"的《文人的高尚感》一文，再度承续先前的"俗吏"话题，还有进一步"鞭策"之意。文中这样写道：

新的名士就必须"前进"，……无怪乎郁达夫是"没落"了，我劝他更进一步地接受"老朋友"的劝告，不但抛开俗吏的生活，而且应该过"前进"的生活。

郁达夫（右三）在台儿庄劳军存照。

郁达夫（右）和郭沫若、斯诺合影。

随着抗战局势的日趋紧张，面对坊间纷至而来的传言与批评之声，郁达夫以"俗吏"之身，确以"笑骂由他笑骂，好官我自为之"为座右铭，不再为之做言辞篇章上的辩论，而是以实际行动，迅即投入到如火如荼的全民抗战工作中去了。1937年5月18日，郁氏致电郭沫若，再次敦请其归国参与抗战工作。七七事变爆发之后，郁氏便奔赴武汉参加国民政府军事委员会政治部第三厅的抗日宣传工作。7月27日，郭沫若由日本归国，航抵上海之际，郁氏亲赴迎接——坊间所谓"婉讽"之说，以及由此引发的"俗吏"话题，亦不攻自破矣。

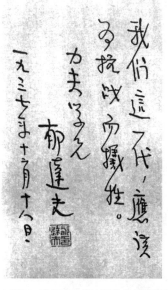

郁达夫题词：我们这一代应该为抗战而牺牲。

郁达夫1936年冬在日本考察时存照。

◎补注："李黑"乃陈友仁化名

前边已经提及，"俗吏"话题的始作俑者，署名"李黑"者，其真实身份如何，无从确考。"李黑"究竟姓甚名谁，这一问题，因与本文着力探讨的郁达夫赴闽任职所引发的社会批评这一主题，关系不甚切要，可以暂且搁置，存而待考。

然而，就在笔者行将搁笔之际，又在《华北日报》《实报》上偶然发现了相关线索。原来，1931年7月26日，两报同时报道，称"陈友仁变名为李黑，忽在横滨下车"，有"广州政府外交部长陈友仁，下榻于新大饭店第四百十八号，而更名为李黑"云云。

据考，陈友仁（1875—1944），祖籍广东顺德，1913年任交通部法律顾问、英文《京报》总编辑。1922年起任孙中山外事顾问、英文秘书。1926年被选为中国国民党第二届中央委员，任国民政府外交部长。1931年被选为中国国民党第四届中央委员，出任广州国民政府委员兼外交委员会主席。蒋介石再次下野后，统一的国民政府成立，陈友仁再次出任外交部长。由于其对日外交方针得不到南京国民党集团的支持，不久便辞职赴上海。

陈友仁化名"李黑"秘密赴日之时，正是在其出任广州政府外交部长，处于国民党集团内部权争困局之际。至于这一化名，之后是否曾有过使用，目前尚无确切史料可予证实。

另据查证，陈氏于1933年参与支持蒋光鼐等发动的抗日反蒋的福建事变，并出任"中华共和国人民革命政府"外交部长，事变失败后被通缉而流亡法国，继续宣传孙中山的"三大政策"，赞成

陈友仁（1875—1944）

陳友仁變名爲李黑
忽在橫濱下車
力避與外界接見
日本派便衣警察保護

【東京二十五日電通社電】廣州僑政府外交部長陳友仁，於前日下午七時五十八分，在橫濱車站下車，而更名爲李黑，當即下榻於新大飯店第四百十八號，神奈川縣外事課，已特派便衣警察，於昨日下午由下關乘特別快車前來當地途中突見訪客，（譯音）室保護接見該氏。

《陈友仁变名为李黑》，原载《华北日报》，1931年7月26日。

建立统一战线和团结抗日。1937年方才返归香港暂寓。

那么，署名"李黑"的批评郁达夫者，若果真即是陈氏，可以做两方面的推测。一方面，可能是其在香港撰文再转归南京发表，因规避政治风险，不得不化名"李黑"；另一方面，陈氏虽化名发表，但可能亦希望令时人察知其真实身份，故而使用了六年前曾见诸报端的"李黑"之化名。简言之，两方面的推测均存可能性，但仍无从确证；尚需更充分的史料证据出现，方可确证。

沈从文的呈贡岁月

——以抗战胜利后各地报道为线索

　　1945年9月9日，是值得特别纪念的日子。这一天，对所有经历过抗战岁月的中国民众而言，都将是特别难忘的一天。因为这一天，日本"中国派遣军"总司令官冈村宁次在南京中央军校大礼堂，向中国政府正式签署投降书，标志着艰苦卓绝的十四年中国抗战，终于迎来彻底、伟大的胜利。

　　这一天，身在云南呈贡的著名作家沈从文，也按捺不住激动的心情，邀约了几位友人，要在桃园新村的家中聚餐庆祝一番。尤为特别的是，此次"家宴"，一来当然是要庆祝抗战胜利，二来则是要庆祝沈氏夫妇结婚十三周年，可谓"双喜临门"。

　　次年1月28日，西南联大1945—1946年度第一学期结束，开始放寒假。也正是寒假期间，沈从文一家从呈贡桃园新村搬走，迁入昆明城内西南联大昆中北院宿舍；7月15日，举家离昆飞沪；8月27日，沈氏只身北归，回到北平，赴任北大文学院教授，重拾教学工作与文学创作。

此时离沈氏于1939年5月间，因昆明屡遭日军空袭而搬家至呈贡，已达七年之久。在这七年之间，他虽然仍笔耕不辍，时有新作，可毕竟由于战争阻隔，消息闭塞之故，沈氏的文坛影响力已大不如前，各界关注度也渐趋冷落。那么，南渡北归之后的沈氏，又将面临怎样的新时代，又将怎样筹划自己的新开局呢？

呈贡，这个被沈从文每每在致友人信中提及的"乡下"，是否真的就在整整七年时间里，成了这位著名作家的隐姓埋名，与世隔绝之处了呢？呈贡，这个先前在中国文坛及所谓"文学地图"里，名不见经传的乡野之地，是否真的就此会成为沈氏文学生涯里的研究盲区呢？

其实，大可不必如此悲观。沈氏北归之际，南北各地报刊迅即通过频频发布的各类报道，令社会各界迅即重燃对这位著名作家的浓厚兴趣，而这些报道的内容最早聚焦呈现的，恰恰又是沈氏一家在呈贡的生活点滴。这些报道

呈贡火车站旧照，摄于1926年。

无一例外地以沈氏呈贡生活为切入点，反映战时后方生活的独特印象，体现沈氏及家人乐观豁达的生活态度；当然，更随之勾勒出呈贡一地优越的自然与地理环境，真真如沈氏住地之名"桃园新村"一般，一派世外桃源，梦里仙乡景象。

◎《前锋报》率先报道沈氏呈贡生活

仅就笔者所知所见，1946年10月24日，河南南阳《前锋报》的一篇报道《沈从文：他在云南时的生活》，即为国内最早公开披露沈氏呈贡生活的报道，亦就此开启了各地读者关注沈氏抗战期间在滇生活的序幕。为公开与分享这一文献，亦为便于后文略加考述，笔者不揣谫陋，酌加整理，转录报道原文如下：

从昆明近日楼跳上呈贡的公共汽车向南驶去，看完了巫家坝机场和一座座美国陆空军兵营以后，到了呈贡县城。这儿离昆明二十八公里，再向前走半里路，在公路的左边有一座大的村子——龙街，街的北头沿着小溪的一条小路走去，到了一所大院一个盐商的家。

一进门是一个有树有花草的大院，这是云南讲究的旧式房屋，门窗都是精致的雕刻过，漆饰着五彩的花卉，有的地方还贴了金，多年的尘垢还没有完全掩盖它的光辉。这所屋子里曾住过不少人，冰心女士和吴文藻，诗人卞之琳，可是住得最久的要算沈从文了。

他同他的太太张兆和，两个男孩小龙、小弟，住在靠北的楼上正房两间。推开临院的一排窗远眺，万顷碧波的滇池，宛在眼底，翠秀欲滴的西山，屏风似的陈在眼前；阵风袭来，胸襟开展，难怪这位农村写作者选上了这个住所。

　　每个星期他坐汽车去昆明教三天的书，再坐汽车回来。他穿一件阴丹士林布长袍或深蓝色哔叽长衫，提着一个大布包袱，有时提两个，匆匆的走着，也许会被人误认为一个跑单帮的小商人，或者怀疑他是一个出堂的理发匠，可是他有相当时日没上理发店的长发，又会使你的怀疑打消。和他谈话时，可以看到从一副近视眼镜里透出的怡然自得的光辉，和深远的智慧，瘦的面庞不时泛出端详的微笑，绽出了不十分整齐有些虫蛀了的牙齿。

　　云南的天气除雨季外，风和日暖的日子为多。每日清晨，他搬出一张旧式的茶几和椅子到大门外一块草坪上去写作。高大的尤加利树为他遮去了太阳，缓缓的溪水琴似的奏着音乐，伴着鸟儿在树梢歌唱；春天的碧桃，夏天的菱荷，秋天的嘉禾，不时从小山后面送来芬芳。白鹅戏着绿波，羔羊噬着芳草，静恬的环境，产生了他伟大的著作。

　　他的太太，红润的圆脸配着秀丽的眼睛，脑后交结着两条小辫更增加了她的年青和妩媚。她每天上午到呈贡县中去教英文，下课回家时携回来做饭的菜蔬。有时龙街赶街，这位教授也自己去买几斤牛肉或一只鸡。他是那么不内行的帮着他太太的忙，洗肉时不知是放在锅里洗好，还是放在钵里，残水不知道应倾倒何处。卷卷袖口，撩撩长袍，用手去梳梳拂下的长发，东找下抹布，西找下粪箕，使得正在切菜的太太更忙了；结果还是能干的太太来动手，他又忙为太太卷袖口，打水，可是在太太温柔微笑中，终于被辞退离开了厨房。

　　晚饭后，带着两个孩子在院子里玩玩，自己替小孩子做小汽车，他比较喜欢小的一个。和睦温馨的家庭，使人想起沈三白的闺中记乐。每隔一个来月带着太太和孩子，到昆明看看他的胞妹，看看星期早场电影，等着开演的时候，到电影院附近书店去翻翻。有时他那个大包袱还提在手里的哩。

《沈从文：他在云南时的生活》，原载南阳《前锋报》，1946 年 10 月 24 日。

　　上述千余字的报道，简明生动地勾勒出了沈氏呈贡生活的基本轮廓，仿佛一组实景写生，又似一组素描画稿，将呈贡风貌与沈氏肖像，活灵活现地联系在了一起。

　　不到两个月之后，1946 年 12 月 12 日，仍然是《前锋报》再次在"人物志"栏目里对沈氏的呈贡生活予以报道。奇特的是，此次报道内容与前次《沈从文：他在云南时的生活》之报道内容几乎完全相同，只不过将标题改作了《沈从文：他和太太活像一双朋友》，又加入了一段"前言"，像是重新为读者做一番交代似的。这部分内容，转录原文如下：

　　文学家沈从文，在文学上的造诣，确实有许多独到的地方。抗战期中，他一直在西南联大任教，现联大已分迁平津了，沈也到了北平。他在联大任教，住家在呈贡，这一段生活确富诗意呢。

应当说，同一家报纸，在不到两个月内，接连刊载两篇内容几乎完全相同的报道，这样的现象并不多见。而报道内容又是反映著名作家沈从文抗战期间在滇生活的，此举恐怕既令业内人士与读者颇感意外与不合常规，却也无形中增加了对沈氏呈贡生活报道的公共传播力度。

同时，这一现象也反映出，沈氏夫妇这一对文坛伉俪，在呈贡的家庭生活状况，一度是颇受读者关注的。二次报道的标题有所改动，也表明报社方面是有意要以此为主题，来招徕更多读者的。只是《前锋报》两篇报道，均未署名，这就不得不令人感到疑惑，缘何报社如此看重的，接连两次刊发的同一篇报道，却没有明确标示作者姓名呢？

对于这一问题，目前尚无法找到确切原因。不过，仅据行业惯例而言，这样的做法可能源于报道内容并非某一作者个人的"原创"作品，而是报社记者经过采编整理加工而成的文本，所以不便署名。如果这一推测成立的话，《前锋报》两次刊发的同一篇报道的具体内容，可能都是当时流传已广的，传闻已久的，类似于"掌故"之类的市井谈资了。也由此可见，沈氏一家的呈贡生

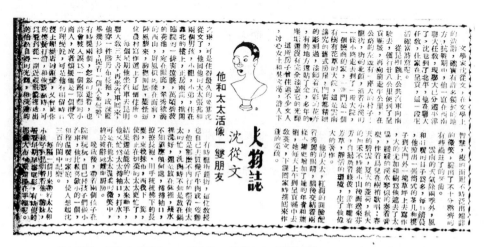

《沈从文：他和太太活像一双朋友》，原载南阳《前锋报》，1946 年 12 月 12 日。

活状况，向为外界所关注；虽一度因抗战时期传媒通路不畅，战时并无相关报道，可战后便即刻为远在河南南阳的《前锋报》所采编，并接连两度刊发报道，以满足内地读者需求。

◎《东南日报》报道呈贡沈宅 1944 年中秋聚会

时为 1947 年 7 月 6 日，署名为"方振亚"的《忆记沈从文的昆明之家》一文，副标题为《桃园新村的草屋里其乐融融》，刊于上海《东南日报》。这篇报道虽题为"昆明之家"，实则是指沈氏在昆明任教时居于呈贡的家庭住所，副标题里出现的"桃园新村"也明确道出了此文主题所在。

须知，此次报道乃是在沈氏自西南联大解散，北大复原之后。其个人"北归"之际，上海报刊首次刊发以其战时呈贡生活为主题的报道，意义自然又非同凡响。在这沈氏自西南后方"北归"的重要时刻，在其个人再度面向以平沪地区为代表的各大中心城市读者之时，此次报道所呈现出来的个人生活，对于亟欲了解这位著名作家战时生活实情的读者而言，当然有着至关重要的价值。

那么，较之《前锋报》的率先报道，《东南日报》对沈氏呈贡生活的报道，又呈现出怎样的风貌呢？不妨细读原文。在此笔者仍酌加整理，转录原文如下：

三十三年参与远征军，道经昆明，小住舍妹处，获与沈从文先生同院，得悉其小家庭概况，爰略记之以飨读者。

昆明在抗战中是西南唯一的门户，当时的繁荣，除陪都重庆外没有可与比伦的。在这不夜之城的附近，倒有一块幽静的新村，新村在昆明的东南十余里的桃园地方，交通方便，火车、公共汽车都可往来；新村里数十家，多半是联大教授住的；绿野围绕着桃园，桃园围绕着新村，别有天地；新村虽不大，倒有中学一校，小学二所，也可称为一个小文化新村了。

沈从文先生的小家庭，就在这新村第二栋向南的一座三间屋子里，草顶土墙，院子内有几株桃树，和自种的一畦番茄和白菜；三间屋子分配为卧室，书房，和厨房。书房靠四壁放置书架，架上满满的书，左右临窗放着四张高矮不同的书桌，和坐凳，这是先生、太太，和二位公子，分别按各人身材自修时用的。

沈太太少言语多微笑，是一位标准漂亮的贤妻良母。每天除处理家务，照应孩子外，还要到本村中学教英文。记得正是八月中秋那晚，我们一起围坐在院中，赏月，闲谈。记得大家在高兴当中，提议请沈太太报告和沈先生恋爱的经过，先是有些红脸不好意思，但几经鼓掌催促，终竟大方坦白的说出："我们安徽女子是不会恋爱的，当年我在上海一个大学读书，沈先生正在那里教课，一日黄昏，正是月上柳梢头的时候，绿衣人送来一封信，拆开看后，才知是沈先生写来的，那一夜我几乎失眠了！（这时候，大家不约而同鼓掌）——从此以后，我总是避开他；一天星期日，和一位女同学上街走走，原想到一家书店去买书，哪知刚到书店门口，就看见沈先生在那里（其实不是），忙撇开同学就跑走了，弄得那位同学丈二金刚摸不到头脑。这件事情发生在已收到来信四十封纪录的时候。等到信到一百封纪录时，我这脆弱的心毕竟被他感动了，抱了很大的勇气，才开始回他第一封信。"（大家又鼓掌的笑了。）"沈先生真不愧是一位湖南人，有这样的毅力，这样的精神。"一位李先生说。"以后呢？"我们问。"以后的详情，沈先生已写好了一本小说，无事时请自己看罢。"沈太太说到这里，大家又哈哈地一阵大笑。

大龙、小虎，二位小公子，一读高小，一读初小，见面就知道都是受了良好家庭教育的孩子。态度大方，活泼，有丰富的常识。新村里的人们，谁都爱这二位小天使。一天说起两位小朋友将来教育的问题，沈太太主张："将来给他们学自然科学，成为实用的人材，不愿他们再终日埋头写作了。""总是干一行怨一行的。"我当时插嘴说。"这主张固然是好，不过还是因才而教，随他们志趣发展的好。"沈先生在旁边点着头。

大家都可以料知，做大学教授的沈先生的收入是不足以应付其生活的需要的。然而，他们的家庭却实在是太快乐了。沈先生和沈太太应付一切麻烦似乎都很有幽默的风度。舍妹告诉我说"从来就没有听到过他们在吵闹"。

据说沈太太善唱昆曲，她虽是安徽人，但住在苏州很久，也大有苏州女子的温柔性。她跟温文的沈先生真可以说得"郎才女貌"的一对了。难怪没一个人不羡慕他们呢。

上述近一千三百字的报道，单篇篇幅较之前述《前锋报》报道更为可观，报道内容也更为详尽确切。这篇报道以呈贡沈宅的1944年中秋聚会这一事件为中心，着力刻画了沈氏一家在呈贡的生活情状，予读者绘声绘色，如临现场般的亲切观感。

据查，1944年9月2日，星期六，即为当年的农历八月十五，中秋节。观《沈从文年谱》（吴世勇编著），这一天并无事迹记载。或可据此报道补入年谱，记曰："1944年9月2日晚，时值中秋，沈氏夫妇与方振亚等人在呈贡桃园新村家中聚会。"

说到这里，还必得约略考述一下这篇报道的作者，沈宅1944年中秋聚会的参与者方振亚之生平简历。据查，方氏其名未显，除此文署名之外，实难再

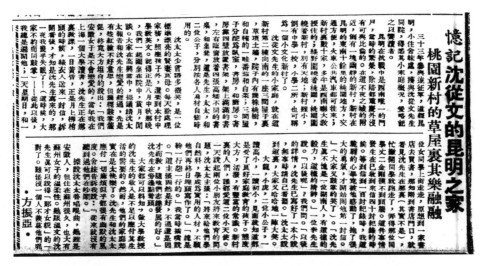

《忆记沈从文的昆明之家》，原载上海《东南日报》，1947 年 7 月 6 日。

寻获其他线索。唯《黄华方许氏宗谱》1927 年续谱之中，有"方振亚，字醒东，生于宣统二年（1910）"的记载；宗谱新版有简要介绍称，方氏"为黄埔军校第十期生，祖籍桐城，现今枞阳县雨坛镇石会山方家享堂人，系黄华方许氏族人，后举家搬迁至南京城，后人居住在南京市以及美国"。联系到方文开篇即有"三十三年参与远征军，道经昆明"云云，可知其军旅出身的生平，或可采信，尚有待进一步访查。

最后，还有必要简略说明一下当时《东南日报》总社在上海，分社在杭州的历史背景。《东南日报》前身为杭州版《民国日报》，初创于 1927 年 3 月，本是国民党浙江省党部的机关报，后经过体制革新，成立董事会、监事会，成为公私合营的报纸。1934 年 4 月更名为《东南日报》。1937 年 11 月中旬，因日军即将侵占杭州，《东南日报》被迫西迁金华继续出版。1942 年 5 月，金华沦陷前，分两路后撤，一路撤到浙南，先后在丽水、云和出版；另一路辗转到了福建南平，创办"南平版"。1945 年抗战胜利后，《东南日报》分两路复刊，"云和版"回杭州继续出版，成为分社；"南平版"则迁到上海，作为总社。

可以看到，抗战前后，《东南日报》的组织架构发生了很大变化，抗战之前杭州本是《东南日报》的发源地与总社所在地，抗战之后杭州却成了分社所在地。因此，关于沈氏呈贡生活的报道，应当是在当时《东南日报》总社所在地——上海首发。与此同时，该报分社所在地——杭州的读者，也应当是可以读到这一报道的。

◎《小春秋》报道呈贡沈宅里的联大学生"包子宴"

话说这《忆记沈从文的昆明之家》一文，在《东南日报》首发三天之后，1947年7月9日，上海《时事新报》即刻予以全文转载，标题略作改动，题为《沈从文的昆明之家》。

上海两报刊发三个多月之后，时至1947年10月31日、11月1日，《前锋

《沈从文的昆明之家》，原载《时事新报》，1947年7月9日。

火物誌

他有賢慧的妻子快樂的家庭

沈從文

北大教授沈從文先生，在北方文壇中，是大家注目的一位人物，今年暑假，因關健康的關係，曾在頤和園小住，現在已經回城授課，從事於寫作生活。沈先生有一個快樂的家庭，一位賢德的太太，輔助着這位作家完成其每一篇傑作，在這裏我們談談他的私人生活。

沈氏任教西南聯大，住在昆明東郊十餘里的桃園翺村。下面的文字是簡錄方振亞君的紀載：

「沈從文先生的小家庭，就在翺村第二棟向南的一座三間屋子裡，草頂十勝，院子內有幾株桃樹，和自種的一畦蕃茄和白菜，三間屋子分配做臥室，書房，和廚房。書房靠四壁放置書架，架上滿滿的書，左右陶然放着四張高矮不同的書桌，和學模，還是先生，太太，和二位公子，分別按各人身材自修時用的。

沈太太少言語多微笑，是一位標準漂亮的賢妻良母。每天除處理家務，照應孩子外，還要到本村中學教英文，八月中秋那晚，我們一起圍坐庭中，閒談。大家在高興當中，提議請沈太太報告，和沈先生戀愛的經過，先是有些紅臉不好意思，但幾經鼓掌催促，終究大方坦白的說出：「我們安徽女子是不會戀愛的，當年我住在上棟崢頭的時候，正是沈先生寫情書，綠衣人失眠了的時候，大家不約而同鼓掌）從此以後，我幾乎失眠了（逗時候，一天星期日，和一位女同學上街走進一爿店去買書，那知剛到書店門口，就看見沈先生在那邊走過來，原想到一家書店去避開他）（其實不是避開他），忙拋開同學就跑走了，弄得那位同學莫二金摸不到頭腦。這件事情發生在我收到他第四封情書的時候。等到信到一百封紀錄時，我這脆弱的心早寬被他感動了，抱了很大的勇氣，才開始回給他第一封信。」（大家又鼓掌的笑了）。（上）

《沈从文：他有贤慧的妻子、快乐的家庭》（上下），南阳《前锋报》，1947年10月31日、11月1日。

报》又将此文摘录转载了出来，好似南北呼应一般，要将沈氏的呈贡生活，让国内各地读者周知。转载仍安排在了该报"人物志"栏目中，这已是沈从文的呈贡生活报道第三次出现在这一栏目中了。

此次转载，该报编辑改动了题目，改为《沈从文：他有贤惠的妻子、快乐的家庭》，仍然是要突出沈氏妻子张兆和的贤内助形象，仍然是要着力抒写沈氏一家在呈贡的和睦幸福生活。为此，该报编辑还为此次转载，特意加写了一小段引言，原文如下：

北大教授沈从文先生，在北方文坛中，是大家注目的一位人物。今年暑假，因为健康的关系，曾在颐和园小住，现在已经回城授课，从事于写作生活了。沈先生有一个快乐的家庭，一位贤德的太太，辅助着这位作家完成其每一篇杰作，在这里我们谈谈他的私人生活。

在抗战期间的大后方，沈氏任教西南联大，住在昆明东南十余里的桃园新村，下面的文字是节录方振亚君的记载……

摘录方文内容结束之后，《前锋报》编辑还以为此文可信度做保证的口吻，为之加写了一小段类似于跋语的内容，文曰：

这段记载，是有十分之九的可靠性，这个快乐的家庭，已由遥远的昆明移到古老的北平，回想起以前的生活，沈先生也许不免怀念吧！

《前锋报》对方文的重视，源自对沈氏呈贡生活的持续关注，这自然是难能可贵的。当然，随着沈氏"北归"的进度，越来越多的沈氏呈贡生活的点滴忆述也被各地报刊的编辑所青睐；并不仅仅只有《前锋报》的编辑才有此眼力，远在贵州贵阳的《小春秋》报社编辑对此也有独家心得。继《前锋报》的首次报道沈氏呈贡生活近一年之后，1947年9月7日，《小春秋》就又推出了这一主题的独家报道。

此次报道首度披露了呈贡沈宅为西南联大学生办"包子宴"的趣闻，其缘由竟然是因为"沈从文教书不叫座"。当年究竟是怎样情状，这"包子宴"办得效果又如何，不妨细读，报道原文如下：

战前以写湘西风土人情小说著名的沈从文，如今的风头已大不如往昔了。去年沈从文尚未北上留昆明时，笔者曾向他拉过稿，他说："我是最挨骂的一个人，文章恐怕不会受欢迎。"的确，沈从文自抗战始，骂他的人确比捧他的来的多。然而，沈从文自己也曾骂过人，也因为这一骂，他才当了西南联大的讲师。

……

第二年，沈从文被聘为联大讲师，开的是二门课：一门是《中国小说史》，一门是《语体文写作》。可是沈从文向不善辞令，上课不到半月，听讲的学生愈来愈少，于是沈从文求商于太太。太太计上心来，笑着说："这也很容易，只要你常常请客就是了。"自此以后，沈从文周末常拉选课的学生到家里去吃沈太太亲做的包子。沈太太是当年中国公学的皇后，以美艳著称，如今虽已是中年妇人，然风姿不减当年。有一位调皮的学生说："我们的嘴不但大嚼沈太太的包子，连我们的眼睛也大吃了半小时的冰淇淋！"丽质动人，不减当年，于此可见。

读罢上述三四百字的报道，无论是当年西南后方抑或南北各地的读者，还是七十余年后的如笔者辈后世读者，除了不禁莞尔之外，恐怕对于沈从文在西南联大任教的往事，就此又多了一个视角，多了一番感触。仅一幕此联大学生到沈家吃包子的往事，沈氏夫妇相濡以沫的呈贡生活已栩栩映现，宛在目前，着实令人动容。

这一幕，既可视为活生生的纪录片，又可视作"声声慢"的文艺片。这一幕，既如同沈氏夫妇呈贡生活的一帧实景缩影，又宛如一部令人会心一笑的电影片段。

诚如那位吃过沈夫人亲手做的包子的调皮学生所言，"我们的嘴不但大嚼

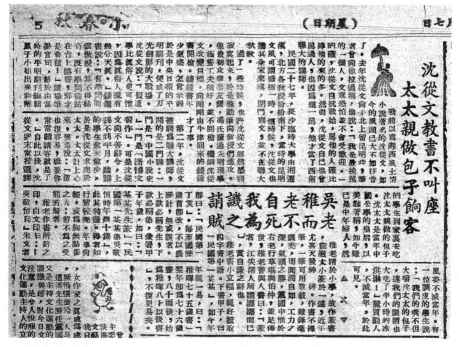

《沈从文教书不叫座，太太亲做包子饷客》，原载贵阳《小春秋》，1947 年 9 月 7 日。

沈太太的包子，连我们的眼睛也大吃了半小时的冰淇淋！"读者阅此报道，也仿佛身临其境，一边咀嚼沈氏夫妇的呈贡生活之别样况味，一边追怀沈氏夫妇对联大学生的关爱之情。沈氏夫妇的乐观豁达，联大学生的风趣直白，一时间都在这篇报道中得到了极其生动的体现。

此外，调皮学生对沈宅"包子宴"的那一句总评之语，也颇能见识到沈从文的联大学生既不乏幽默谈吐，亦不乏文坛见闻。这"眼睛吃冰淇淋"一语，本就源自当年的电影文学评论界，出自二十世纪三十年代，上海电影界与文化界关于"硬性电影"和"软性电影"的那一场争论——当时黄嘉谟撰发《硬性电影与软性电影》一文，文中就提出了"电影是给眼睛吃的冰激凌，是给心灵坐的沙发椅"这一观点①。

◎沈从文眼中的呈贡景观与自然哲学

前述各地关于沈氏呈贡生活的报道，可能仅仅是目前已知的一部分，尚有遗佚，可待追寻。这类报道，以历史现场的第三方视角，从所谓"客观"的角度，对沈氏眼中足下的呈贡，予以了各自的记述与解读，当然是弥足珍贵，值得研究的。不过，沈氏自己笔下的呈贡，沈氏"主观"意义上的呈贡，难道不更值得珍视，更应予以充分重视吗？

诚然，纯粹从国内现有的传统文学史角度去研究沈氏呈贡时期的作品，恐怕的确不那么令人满意。那个以描写乡村生活，塑造乡村见长，善于以散文笔法抒写故事的沈从文，在此似乎已经归于彻底沉寂了，读者喜闻乐见的那个《边城》里的沈从文，在此似乎已经悄然消沉于封闭自足的西南一隅了。

无可否认的是，无论是作品数量与种类，还是作品影响力与流行度，在沈氏的呈贡生活期间，都的确出现了直线下滑的趋势。无怪乎，前述《小春秋》的那篇报道，开篇即语："战前以写湘西风土人情小说著名的沈从文，如今的风头已大不如往昔了。"

另一方面，仅以沈氏这一时期的代表作《烛虚》《水云》《潜渊》《绿魇》之名称而言，也很容易为读者预设出一个虚无幻灭的主题感受，也很容易令读者产生幽暗压抑的心理印象。沈氏暂寓呈贡七年间，其作品逐渐受到冷落，曾一度淡出平津沪宁等一线城市读者的视野，也基本上退出了国内文坛一流作家

① 原载《现代电影》第1卷第6期，1933年12月1日。

行列，也的确是无可回避的历史实情。

不过，七十余年之后，反观沈氏呈贡时期作品，其别样的创作旨趣与风貌，其独特的心理抒写与探求，都实在是值得去重新发掘与发现。笔者以为，无论当代还是后世的读者、作者、研究者，都绝不能以战后或和平时期的心态去揣度战时创作者的心态及其作品，因为没有经历过战争创伤，生活艰险，物资奇缺，命运无常的历史实况，就无法感同身受乃至充分理解，更遑论深入探究与精微解析战时创作者的灵魂煎熬，身心困顿，情绪苦闷与"主观"再造。

尤其是沈从文这样的战时创作者，在当代文学评论体系中，一如前述诸篇报道，总被描述成一位乐观豁达，与世无争的文学大家，却始终未能从其战时作品中去耐心体贴地解析，细致入微地还原出当时当地的情景。简言之，沈氏

沈从文《烛虚》，1941 年 8 月初版，封面及版权页。

在呈贡期间所见所闻，所感所知，及其所思所想，所写所述，那个"主观"意义上的沈氏呈贡生活之呈现，至关重要，也至为宝贵。

仅以笔者观感，沈氏呈贡时期作品中，流露出来的自然哲学思想与意识流表述方式，尤为特别与特殊。诚然，自然哲学方面的思考与表述，一直是沈氏小说或散文中的一大主题：呈贡一地殊异于内陆乡村的西南边陲之自然风貌，令乡居于此达七年之久的沈氏，在文学创作中重启实景抒写实属自然而然之事。然而，除此之外，还应当意识到，呈贡的自然景观，在沈氏战时创作生涯之中，实质上已然成为带有启示与启发性的"母题"，乃是这一时期沈氏创作的灵感源泉。

这一时期的沈氏代表作《烛虚》中，就多次明确提及呈贡，并将呈贡的自然景观予以"神迹"般的细致描述，其间的哲学意味非常浓厚。譬如，《烛虚（二）》的引言与开篇语，反映的正是呈贡自然景观与由之启示、引申而来的自然哲学演绎之思路。这类似哲学语录的章节引言，乃是沈氏在呈贡乡间骑马漫游时的思想结晶。原文如下：

自然既极博大，也极残忍，战胜一切，孕育众生。蝼蚁蚍蜉，伟人巨匠，一样在它怀抱中，和光同尘。因新陈代谢，有华屋山丘。智者明白"现象"，不为困缚，所以能用文字。在一切有生陆续失去意义，本身亦因死亡毫无意义时，使生命之光，煜煜照人，如烛如金。作《烛虚（二）》。

上星期下午，我过呈贡去看孩子，下车时将近黄昏，骑上了一匹栗色瘦马，向西南田塍走去。见西部天边，日头落处，天云明黄媚人，山色凝翠堆蓝。东部长山尚反照夕阳余光，剩下一片深紫。豆田中微风过处，绿浪翻银，萝卜花和油菜花黄白相间，一切景象庄严而兼华丽，实在令人感动。正在马上凝思时空，生命与自然，历史或文化种种意义。俨然用当前一片光色作媒触剂，引起了许多奇异感想。

可以说，引言+开篇语的文体模式，呈贡自然景观+自然哲学演绎的创作模式，贯穿《烛虚》通篇。虽然沈氏在个别断章处理中，也有意无意地尝试对这一模式有所突破，但总体而言，呈贡自然景观及其伴生的自然哲学演绎之思路，一直是沈氏在文中着力加以表达的。

另一个比较显著而又特别的例子，出现在《烛虚（四）》这一断章之中。此章以对人类进化史与社会史的思考为着力点，乃沈氏在呈贡乡间冥思神游，烛照幽微的又一次深刻表达。这一断章曾于1940年7月15日，首发于《战国策》杂志第八期。正文之前原有一段引言，仍是沈氏对呈贡自然景观的描述，及其引申而来自然哲学演绎之表达。遗憾的是，后来结集成书时，这一段引言被删除了，故如今的通行本《烛虚》中，皆是见不到这一段独特表述的。

为更好地领略沈氏呈贡时期作品原貌，笔者以为，这一段极其重要的引言，还是应当令更多读者与研究者予以充分研讨。在此，转录原文如下：

家住呈贡，黄昏前独自到后山高处，望天末云影，由紫转黑。稍过一时，无云处天尚净白，云已墨黑，树影亦如墨黑。光景异常清寂。远望滇池，一片薄烟。在仙人掌篱笆间小小停顿，看长脚蜘蛛缀网，经营甚力。高大山楂树正开花，香气馥郁，蜂子尚营营嗡嗡，不肯休息。觉人生百年长勤，情形正复相似。捕蚊捉虫，吃吃喝喝，其事至小，然与生存大有关系，亦即十分庄严。但从这些小小生物谋生认真处看来，未免令人对于"人"生悲悯心。因通常人总喜说为"万物灵长"，脑能思索，手能发明，进步至不可思议。殊不知进步中依然处处尚可见出与虫豸完全相同处，即所思所顾，单纯而天真，终不出"果口腹""育儿女"二事。有些方面且不如虫豸认真，未免可怕。作《烛虚（四）》。

至于完全以思想碎片式记录呈现的《潜渊》，乃至以在呈贡山林间与蚂蚁对话作为开篇的《绿魇》，虽然文体与创作模式上又有了新的变化，可创作"母题"仍无一例外地源自呈贡自然景观。

通过这些篇什，细心且耐心的读者都不难发现，柏格森的"绵延"哲学，海德格尔的"存在"哲学，胡塞尔的"现象"哲学，梅洛庞蒂的"散文"哲学，尼采的"超人"哲学，这些西方近现代哲学体系中颇具代表性的哲学理论之旨趣，在沈氏这一时期的作品中俱有体现。只不过，沈氏未必翻检、研读过如此庞杂繁复的哲学理论（其中相当一部分西方哲学理论，当时尚未译介到国内），而是通过呈贡自然景观的启示与引申，自发而来，自然而然地形成了一系列带有自然哲学演绎性质的独特创作。

再者，仅以文学技法而言，伍尔芙、普鲁斯特、乔伊斯、福克纳等西方现代作家的创作思路与表现手段，在沈氏这一时期的作品之中，都若隐若现地可以感受得到。西方现代文学史上曾风行一时的"意识流"写作，也曾在沈氏的呈贡写作生涯之中神光乍现；那些看似平淡无奇的"母题"，或者仅仅是通过一处呈贡乡居"墙上的斑点"，就令沈氏笔下如有神助，一度在其呈贡乡居岁月中，在那孤寂无垠的"逝水年华"中，抒写出内心深处的"喧哗与骚动"。

当然，与前述那些西方哲学理论一般，沈氏也未必翻检、研读过这些西方"意识流"作家的文学著述，之所以有如此这般的神来之笔，仍与如"神迹"一般存在于沈氏视野中的呈贡自然景观有关。

沈从文，摄于昆明，1938 年。

概而观之，正是呈贡乡居的这段独特岁月，令沈从文在生活与文学方面，虽归于孤寂，却终得安适；更令其在思想与视野方面，独享厚赐，别开生面。若论自然哲学与"意识流"写作，在这一时期的中国文坛里，恐怕唯有沈氏作品，堪称一枝独秀，独当一面。

与沈氏同时期的读者、作者、研究者，对这一时期的沈氏作品不明就里，云里雾里，或尚可理解，可七十余年之后读者、作者、研究者，对这一特殊时期呈现出特异面貌的沈氏作品，则理应予以正视与充分重视。在此，笔者乐观预期，以呈贡为重要文学地标的沈氏文学编年史之类的研究著述，乃至整个中国战时文学地图，将来都必将因这一段沈氏呈贡生活及其相关作品，予以重新审视、定位与勾勒。

沈从文的佚信佚文

——以《东南日报》《华北日报》新见史料为中心

三十余年前，沈从文逝世后不久，黄永玉于1988年8月所写的《这些忧郁的碎屑——回忆表叔沈从文》一文中，曾经提到：

一九五三年以前，我住在香港，一直跟表叔有书信往来。……可惜所有的通信，那些珍贵的蝇头毛笔行书，都在"文化大革命"中烧毁了。

的确，黄永玉所言非虚。如今，翻阅《沈从文全集》，那卷帙颇丰的书信卷（第十八至第二十六卷）中，仅收录了一通沈氏写给黄永玉夫人梅溪的信，却无一通写给黄永玉的信。看来，那一段特殊历史留下的遗憾着实令人无奈，再也无从弥补。

◎ "烬余"遗珍，长信一通曾摘录千字发表

幸运的是，笔者近日闲坐故纸堆中，却偶然翻检到一通沈氏致黄永玉的"佚信"，实在是一份弥足宝贵的"烬余"遗珍。

当然，这并不是通信原件，而是曾经发表在1947年8月28日《东南日报》之上的摘录文本。为披露史料计，亦为便于考述，笔者根据报刊原文，酌加整理①，转录全文如下：

中国雕刻的风格

——给永玉的信

沈从文

（上略）关于木刻古典作品好的还多，如汉六朝《报十七孝图》《曲水流觞图》，和明清方法完全不同，黑白对照，极有意思，古拙处带图案性，极动人，可惜上海不易见到。墨谱也有可观的，精细中有拙处，设计巧得很。宋磁影青越窑划花设计，也有极巧的。漆器剔红及精巧单纯不可想像，给人深刻印象。……总之，可师法参考的多不可数，一般人眼和心得不到好处，即无法吸收。……以木浮雕，如戏台前透花阑干或石桥上半圆形雕阑干而言，好处亦多不可数。……一切创造多由综合传统而来，因另一时另一地人的热情和幻想或信仰，实已留下许许多多各不相同的东西，到处可掇拾，重新综合成为一种新的表现也。

笺谱（如十竹斋笺谱），本草（彩色套印），芥子园画（开花纸精印彩色

---

① 原文中加有括号者为沈信原注，"上略"与"下略"两处为编者原注。

套版），均分浓淡，全凭印者手艺；尽管手艺高强，两份总不能尽相同。又唐诗画谱，有些极好，拙中有飘逸。又日人印敦煌画有极好的，设计伟大巧妙，尤令人心折。中国营造学社，桥上阑干浮雕拓片即有上万拓片。中研院则有拓片拾万以上，真是取用不尽。现在二三弄雕刻的，只知仿希腊或文艺复兴作家群，挤人一堆，全不知中国式从武梁石刻，后晋石刻，到宋明石刻，多重分布，留出空间点缀树石花鸟，别有从容处。又如浮雕，气魄极伟大重厚的，有霍去病墓前人熊抱子图，大至二丈，只作一母一子，圆浑壮丽，极可取法。我想汉人石刻有许多可转到木刻上，因为注重黑白对比，注重分配，线条强壮而单纯，拙中有斌媚。瓷器（宋瓷）暗花则设计巧妙温雅，移之于木刻，亦必可另成一格局。

晋六朝刻则最可注意点为人像黑白法，以及置人物于山中水石之间法。树木叶片尚对称如图巡查，在画中则《洛神图》尚有此式，树木均对称具图案美。似乎极拙，可斌媚之至。这个法则一直到明清工匠石刻还保存。所以从石桥雕装饰人物看，还可以学许许多多！铜器则铜镜可以学甚多，线刻如龙虎四兽镜，浮刻如海马葡萄镜，刀如手掌，常有大气魄。商周镜则重矩形花纹比称，生物用蟠夔，亦不甚重象形，只重图案。彩陶有种可改作木刻的，十字布扣花亦有可取法为彩色木刻的，尤其是十字布与同类扣花。彩色多混合综合成一瞳眬虹彩，稚弱天真中有生命流动；用于新木刻，让此色重叠于彼色之上，可产生真正的新意义，值得一试。

对于中国画，有极多伟大到不可形容作品，将来必有机会看到，且有些亦可使木刻影响的，如唐人画小景，木屋拙重厚实，于小院中配以点点花木石栏，却用淡彩相晕染，看来起种奇感。宋人如林椿作花鸟，夏圭《溪山晴远》

卷子，赵子昂拟徽宗墨画《秋江叠嶂》，用墨神奇到不可思议。钱舜峰则于用色淡韵与人物风致相称，均了不得。又咫尺小幅作千里景物，收纳江海楼观外，还能在海岸小船上写家庭生活，用心之深，均可师法（下略）。

　　上述千余字的文本内容，可能摘自沈从文1947年8月间致黄永玉的一通信件。摘录者，自然应当是收信人，黄永玉本人。摘录时，掐头去尾，将信文内容集中在"中国雕刻风格"这一主题之上，即付诸发表。

　　概观这摘自通信中的"千字文"，不啻为一篇缩微版的"中国古代雕刻史"，亦不妨视作"中国现代木刻"如何取法"中国古代雕刻"的一纸研讨书。这里边既饱含着沈从文有意从文学创作转向文物研究的个人志趣，更有其对表侄投身现代木刻事业的真切关注与热切期冀。仅就摘录部分即达千余字的篇幅

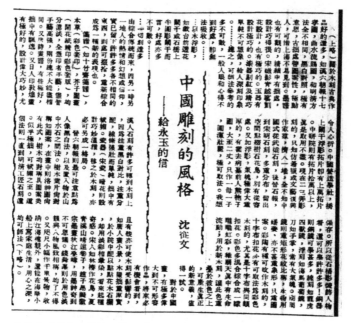

沈从文致黄永玉信件之摘录《中国雕刻的风格》，原载《东南日报》，1947年8月28日。

沈从文信中提到的《曲水流觞图》，传为宋代李龙眠绘制，又称《兰亭图》，故宫博物院藏有明清摹刻拓本数种。此为日本东京国立博物馆藏：明代益（宣）王重刻《兰亭图》拓本（局部）。

日本东京国立博物馆藏：明代益（宣）王重刻《兰亭图》拓本，王羲之像（局部）。

视之，此信全文篇幅颇为可观，乃是一通下笔千言，真情洋溢的长信。

◎ "佚信"背景解读：汪曾祺初晤黄永玉

值得一提的是，刊发此信的《东南日报》第七版为"长春版"，1947年4月至10月期间，黄永玉的木刻画作经常刊印于此。而且，这个版面还经常刊登研讨或评述中国现代木刻的文章，几乎每期都会刊印新近的木刻画作，俨然可以称之为"木刻艺术版"了。

无独有偶，不单单是七十余年后的笔者对此版有此观感。早年有此观感，且就将此"长春版"径直称之为"艺术版"者，竟还有汪曾祺。且汪氏说此乃是出现在1947年致沈从文的一通长信之中，此信又间接透露了当年黄氏行踪及其与"长春版"的密切关系①。

原来，这一通长信乃是汪曾祺受沈从文委托与黄永玉见面后，次日（1947年7月15日）即写成的，主要是向沈氏"汇报"相关情况。此信主体内容，乃是对沈氏表侄，已为木刻家的黄永玉的初次印象与大略评价。显然，当时沈、黄叔侄二人都还尚未见面，身在北平的沈从文，亟待了解暂居上海的黄永玉近况。

汪信中言及黄永玉近况时，提及黄永玉之前"到福建集美学校教了一年书"，"去年冬天本想到杭州接张西厓的手编《东南日报》艺术版"，"张跟报馆闹翻了，没有着落，于是到上海来，'穷'了半年"。

汪信中提到的"张西厓"，应当是章西厓，只不过因发音相近而将"章"误作"张"了。据考，章西厓（1917—1997），乃是著名的中国现代装饰画家、木刻画家，曾于1939年创办《刀与笔》期刊，与张乐平等编绘《星期漫画》副刊。1947年曾出版中国现代第一部装饰画专集《西厓装饰画集》，1948年作品入选《中国版画集》（中华全国木刻协会编，上海晨光出版公司）。1949年之后曾任上海文艺出版社编审，曾为中国美术家协会会员，中国版画家协会

---

① 此信收入2019年人民文学出版社新版的《汪曾祺全集》。

会员。

汪信中还提到了所谓《东南日报》的"艺术版",即章西厓负责主编的《东南日报》"长春版"。汪信中称,黄永玉因章氏"跟报馆闹翻了,没有着落,于是到上海来"。至于怎么"闹翻"的,因何"闹翻"的,汪信中没有详叙。不过,据查证,直到1948年底,章氏作品及其极富特色的版头装饰画,仍在《东南日报》的"长春版"上刊印发表,或者竟没有跟报馆"闹翻",或者后来竟又"和好"了。

此外,值得注意的是,1947年4月至1948年6月期间,黄永玉的木刻画经常刊印于《东南日报》"长春版"之上,与章西厓的版头装饰画交相辉映,颇有相得益彰的意趣。虽然未能继章氏接手"长春版",可在这个版面之上,黄氏作品在相当长的一段时间内还是屡有出现的;可以揣想,章、黄二人的交谊,或许并未因前述汪信中所言跟报馆"闹翻"事件受到影响,二人关系还是比较密切的罢。

汪信中提到,黄永玉原本"想到杭州接张西厓的手编《东南日报》艺术版",这里提到杭州,可当时的《东南日报》却是在上海印行的,依常理而言,黄永玉应该直奔上海才对,何必又绕道杭州,再因"张跟报馆闹翻了,没有着落,于是到上海来"呢?这样的状况,后世读者恐怕不容易明白其中缘故,难免一头雾水,以为是不是汪曾祺误记了。

诚如前边《沈从文的呈贡岁月》一文中所提到的,抗战前后,《东南日报》的组织架构发生了很大变化,抗战之前杭州本是《东南日报》的发源地与总社所在地,抗战之后杭州却成了分社所在地。当时《东南日报》"长春版"副刊,由总社陈向平任主编,但具体的编辑工作交由杭州分社章西厓负责。所以,汪

黄永玉 1947 年为沈从文小说《边城》所作木刻插图。

信中提及黄永玉先至杭州，再去上海，是符合历史实情的。

　　而黄永玉将沈信摘录后，发表于《东南日报》"长春版"。报纸本身虽是由上海总社印行的，可是稿件最初应当还是"绕道"杭州，交由当时实际负责编辑工作的章西厓来办理的罢。

◎汪曾祺"身家作保"，沈从文"留心扶植"

　　至于沈信中何以大篇幅的论及"中国雕刻风格"，一方面固然极有可能黄永玉曾主动去信对这一问题有所研讨；另一方面，从这一通1947年7月15日的汪信中，就可以看出"诱因"与话题之"预设"。事实上，初晤黄永玉，汪曾祺对其印象极佳，对其作品也激赞不已。在致沈从文的信中就这样写道：

　　黄永玉是个小天才，看样子即比他的那些小朋友们高出很多。……他想找一个民间不太流行的传说，刻一套大的，有连环性而又可单独成篇章。一时还找不到。我认为如英国、法国木刻可作他参考，太在中国旧有东西中淘汲恐怕很费力气，这个时候要搜集门神、欢乐、钱马、佛像、神偶、纸花、古陶、铜器也不容易。您遇见这些东西机会比较多，请随时为他留心。

我想他应当常跟几个真懂的前辈多谈谈，他年纪轻（方二十三），充满任何可以想象的辉煌希望。真有眼光的应当对他投资，我想绝不蚀本。若不相信，我可以身家作保！我从来没有对同辈人有一种想跟他有长时期关系的愿望，他是第一个。您这个作表叔的，即使真写不出文章了，扶植这么一个表侄，也就算很大的功业了。

不难设想，收到汪信之后，沈氏必定会"随时为他留心"，在"中国旧有东西中淘汲"方面，对黄永玉有所指导与建议。可以假设，即便远在上海的这个表侄，当时还没有致信与之研讨"中国雕刻风格"方面的话题，就仅仅以汪氏"身家作保"的激赞之辞，沈氏也必定会有所关注与表达罢。

值得一提的是，也正是在沈、汪、黄交错通信的这一年，1947年，黄永玉为沈从文小说《边城》创作了木刻插图。仅以此插图的构图与风格来看，已然摆脱了当时中国木刻画界的流行模式，即沈氏信中所批评的"现在二三弄雕刻的，只知仿希腊或文艺复兴作家群，挤人一堆"的那种模式，正在试图将中国传统木刻技法与剪纸技艺的民间风情，乃至现代漫画的元素与线条相结合，力图摸索出一种新的带有"中国风情"的现代木刻画创作路径。

次年（1948）入选《中国版画集》的黄永玉木刻画代表作《生命的疲乏》，也早在1947年8月3日，即已发表《东南日报》"长春版"之上了。只不过，当时此画题名为《卖玩具者》，其风格与其同年所作《边城》插图如出一辙。

这也表明，即便没有沈从文来信建议与指导，黄永玉在艺术创作思想上的"早熟"也早已与流行模式背道而驰，早已走向新的创作路径了。

事实上，黄永玉的早期木刻画精品，曾以《东南日报》"长春版"为发表平台，刊布过不少。这样的状况，或可视作章、黄二人交谊延续使然，或亦可视作章、黄二人创作风格较为相近，二人惺惺相惜，颇有默契使然；同时，章、黄二人创作的高频度"出镜"及其在一段时期内的持续影响力，或亦可视为抗战胜利后中国木刻新生力量的"半壁东南"之体现。

无论是当时的读者还是如今的观众，只需粗略观览章西厓与黄永玉的版画作品，即可感觉到二人风格确实较为相近。仅以二人同时入选《中国版画集》的作品（章氏三幅，黄氏两幅）相比较，不难发现，传统木刻、剪纸与现代漫画相结合的技法，以一种看似随意，实则刻意的意趣融入到了二人现代版画的作品创作中。

不过，由于稍微年长，以及长期办报的缘故，章氏版画作品更富装饰性，

黄永玉木刻画作《老鼠嫁女》，原载《东南日报》，1947 年 7 月 6 日。

表现力也就更为"中性化",更适合为各类报刊作插图,以装饰和适应整个报刊版面。与之相比较,黄氏版画作品则更富视觉冲击性,更具表现力与浓烈感,如用作报刊插图,必得图文风格极相匹配才行,往往更适合童谣、诗歌、传说类书籍的插图。

至于章、黄二人"画风"相近的看法,可不是笔者一时兴起,凭空杜撰的。在二十世纪四十年代的中国版画评论者群体中,已有将章、黄二人并提的说法的先行者。譬如,1947年8月30日,就在《东南日报》的"长春版"上,刊发的头条文章乃是史良黻所撰《与徐蔚南论木刻》,文章末段就明确提到,"胜利以后木刻的题材,已经是多方面的发展了,如西厓、永玉、铁华诸兄的抒情木刻画……就相当的接近为艺术而创作了"。这里提到的"抒情木刻画",已然可以视作章、黄二人"画风"的某种概称了;而"相当的接近为艺术而创作"云云,则可以视作章、黄二人的共同艺术旨趣。

又如,1947年11月13日,《东南日报》第二版刊发的《木刻圈外十年琐记》一文中,就将章、黄二人作品划定在同一个层级、同一种意趣之中,并为之列举作品,加以比较,做如下评述道:

西厓的《城里的故事》及永玉的几张民歌组图在会声中是凸出的,除了选用东方人握有的黑条子白底及中间色外,在情趣的把握上,几乎令人不可捉摸,是一种曾经苦心吸收优秀固有的东方艺术的结果,一种生长在朴实的广大群众里所得到的感情的衍化物。

这样的评价,简直就是把沈从文信中所言的概述性质的理论话语具象化,用更为具体的评述式语言重新诠释了一遍。沈信中曾有言：

> 一切创造多由综合传统而来，因另一时另一地人的热情和幻想或信仰，实已留下许许多多各不相同的东西，到处可掇拾，重新综合成为一种新的表现也。

显而易见，此时的黄永玉已然将沈从文的这一番话落到了实处，融入了创作，也因之得到了圈子内外的一致好评。

当然，也有对这种创作风格不满者，偶尔也会发出一些批评之声。譬如，1948年5月18日，《东南日报》的"长春版"刊发的《第三届木展观感》一文中，仍将章、黄二人作品相提并论，却这样评价道：

> 也许有些人是刚刚从章西厓、黄永玉的"漫化作风"解脱出来的结果，每逢刻到边民生活的时候，多少不等总还带点浪漫的气息，故意把人物画得奇形怪状，以示与内地人物的不同，这或许是过渡的现象吧！至于章西厓、黄永玉的木刻，这次展出的也有不少……

诚然，这篇评论稿的作者不太认可章、黄二人的创新路径，称其为"漫化作风"。不过，也无意间透露了同时代木刻艺术工作者受章、黄二人的影响颇巨，否则评价中便不会有什么"刚刚从章西厓、黄永玉的'漫化作风'解脱出来"，"至于章西厓、黄永玉的木刻，这次展出的也有不少……"云云。

◎沈从文近两千字"佚文"惊现

1948年5月16日,《华北日报》的"文学"周刊,刊发一篇题为《印译〈中国小说〉序》的头条文章,此序作者乃是沈从文。据查证,《沈从文全集》中并未收入此文,是为"集外文",至今尚未见全文披露者,或亦可称之为"佚文"。

值得一提的是,《华北日报》的"文学"专刊,为不定期在该报第十二版刊行,乃是1948年1月才创办的,主编为沈从文与陈纪滢轮流担任。作为主编之一的沈氏,将自撰《印译〈中国小说〉序》列为周刊版面的头条文章,足见其对此文相当重视。

为披露与分享这一稀见史料,亦为便于后文考述,笔者根据报刊原文,酌加整理,转录全文如下:

沈从文《印译〈中国小说〉序》,原载《华北日报》,1948年5月16日。

印译《中国小说》序

沈从文

印度泰无量先生，来中国研究现代文学，选了些短篇小说译成印度彭加利文，预备出版，要我写一点序言。我觉得这个工作，可说是中印关系一回新的起始，值得特别注意。因为中印国境毗邻，同有长久历史文化，千余年来彼此无争，本来友谊即奠基于学术思想的流注。法显、玄奘等大德名僧，西行求学问道，历尽艰险，不以为意。其忠于知识，忠于信仰，宏法忘身的精诚博大精神，更连结两大民族友谊在历史上的永固长存。

我个人工作侧重在现代中国文学思想发展的研讨，及短篇小说的写作，即常常感觉前贤往哲过去的努力，为后来者实留下一笔丰富珍贵的遗产。这部遗产所包含的人生思想，虽已失去意义，如以短篇小说故事设计而言，试于大藏诸经中稍加注意，也就可知，一个作者若善长运用，还能够把取无穷无尽的芬芳！

近三十年中国新文学运动，系由社会思想解放重造而来，初期发展得力于外来介绍甚多：莎氏比亚，易卜生的戏剧，迭更司，托尔斯太，莫泊桑，契诃夫的小说，王尔德，安徒生的童话，……对于初期作家的用笔，都无疑是一种健康的刺激和启示。至于散文诗及抒情小诗，有希腊，日本，印度文学的浸润，却应数印度诗人太戈尔先生《新月集》的介绍，和他本人一再莅临中国作客，意义大，影响深。中国两个现代诗人的成就，都反映太戈尔先生作品点滴的光辉。一个是谢冰心女士，作品取用的形式，以及在作品中表示对于自然与人生的纯洁情感，即完全由太翁作品启迪而来。另一个是徐志摩先生，人格中综合了永远天真和无私热忱，重现于他的诗歌与散文中时，作成新中国文学一注丰饶收成，更是太翁思想人格在中国最有活力的一株接枝果树。两个诗人的工作，尚未能得到充分的展开，即各因生活变故，或搁笔，或早逝；且因社会变动过于剧烈，所有作品在二十年时间洗炼新陈代谢中，也俨若失去本来的华泽，为新一代青年人所忽视。然而中印两国民族出自同一土壤培育生长的文学，却尚有个平行相交的一点，即诗歌散文小说里，对于土地自然景物的依恋，人生素朴的爱，凡所以浸润太翁的作品中，使作品形成一种健康纯厚人民气质的，新的中国文学，实同样丰富而充沛。有心读者从这个译文中所介绍的短短篇章，应当也可以看出。

不过近二十年中国的一般学术运动，多因习惯注意集中从欧美作"科学训练"的学习，和"民主制度"的接受，近十年又被迫集中全国人力物力，作抵抗侵略防卫本土的牺牲。因此国境毗邻文化交流的中印关系，反因交通阻隔，如不相闻问。中印两国人民，虽然对于孙中山先生和甘地先生，一生为人民伟大的努力，相互表示由衷的钦佩。太平洋大战发生后，同盟国为反攻准备，中国新军的训练，及作战物资的补给，又幸得用印度作基地，战事方能继续进行，获得最后胜利。然而两大国家近十万万人民，为追求民族解放自由，对此同一目标所作的种种挣扎，半世纪以来遭遇的困难挫折，以及因内在矛盾，思想观念对不得已的流血，各自有一出长不闭幕无可奈何的悲剧，也庄严伟大也错误迷路的情形，表现于文学中的万千种纪录，就还缺少彼此沟通藉作参证的机会。近十年内虽有谭云山先生，吴晓铃先生及其夫人石素贞女士，并金克木，常任侠诸先生，前往印度国际学院，或讲授中国文学，或致力语文研究；印度方面也有师觉月先生，来北京大学主讲印度文化，泰无量先生来研究中国文学，交换中印学术。然而直到最近吴晓铃先生回国后，少数中国朋友，实在

才知道中国友人太戈尔先生，用他本土文字
印行的著作，原来已到二十巨册，这些伟大
作品，不特中国尚未曾译出百分一二，即英
文的迻译，也就并不怎么多！（骂太戈尔的
就从来不曾仔细读过他作品。）至于印度朋
友对于中国近三十年新文学的成就，由于语
言文字的悬差，以及学习机会的难得，自然
更加觉得隔阂，无从着手了。中国中古文化
史最光华灿烂的一页，所得于印度的赠予既

沈从文在北大宿舍前，摄于 1948 年。

不少，投桃报李之事则至今犹无所闻。关于这一点，关心中印友谊的学人，必
不免感觉到有种待尽未尽的责任。

　　所以泰无量先生这个译文的完成，使我除了对于他的热心认真从事工作，
表示十分敬重外，实在还寄托一种更大的希望，即过不多久，印度和中国学
人，能够有个永久性的中印文学会的组织，将两大民族出自人民最真挚诚恳情
绪表现的文学作品，照计划来相互转译介绍，作为在发展中印两国友谊和理解
一道新而坚固的桥梁。这工作虽相当沈重，不易短期见功，如能逐渐进行，我
深信对于东方十万万人民的团结进步，以及未来世界和平安定与繁荣，都将有
重要的贡献。工作庄严的意义，亦决不下于千年前大德高僧的宏法译经。我愿
意把这点意思，藉这本小书提供给印度读者面前，盼异邦友朋，肯共同来促成
这种崇高理想的早日实现。

中华民国三十七年三月十七日于北京大学

上述近两千字的序言，乃是沈从文为印度学者泰（太）无量用印度彭加利文选译的中国短篇小说集所撰之序。沈序首句即言此集"预备出版"，当年究竟出版没有，或者出版之后，是否也用印度彭加利文将沈序翻译而弁之篇首，这些细节，目前还无法确证。恕笔者孤陋，尚未获见此集出版物；且遍查刊发此序之后的《华北日报》，亦未见到任何相关报道，故确实无从考索。

此外，尚见有《世纪评论》（1948年第三卷第十六期）亦刊发有此文，内容与《华北日报》刊发者一致。

◎泰戈尔侄曾孙曾留学北大，生平还待确考

关于此集编译者泰（太）无量，后世读者可能比较陌生，但毕竟还是有案可循的。据查，《新文学史料》1980年第二期之上，就曾刊发吴晓铃所撰《关于泰戈尔的侄曾孙泰无量》一文，对泰氏的生平履历及中国留学事迹有简短扼要的说明。文中称，"泰无量是诗人泰戈尔的侄曾孙，不是侄孙"，又忆述道：

1942年至1946年间，我在印度孟加拉邦寂乡的国际大学中国学院任教，泰无量是我的学生。1948年至1950年间，他在北京大学读书，也听过我的课。他专攻五四以来的文学研究，当时是杨振声和沈从文两位先生做他的导师。

吴文还提到了泰氏的多部译著，逐一介绍称：

他曾和我的爱人石真合作，把毛泽东同志的《在延安文艺座谈会上的讲话》和赵树理同志的《小二黑结婚》译为孟加拉语。除了新文学以外，他还用

孟加拉语译过《道德经》；用英语选译过一本宋代的山水诗，叫做 *Moments of rising mist*。

1972年，吴氏还收到过泰氏新著《中国现代文学（1918—1937）的论战》。然而，吴文自始至终并未提到过印译《中国小说》一书，这就给后世读者留下了一点悬念。

再者，吴文也没有具体交代泰氏年龄，只能另据傅宁军《在泰戈尔的故乡》一文[①]，大致可知2015年初，傅氏曾在印度与"80岁的泰无量先生"有过会面。据此推算，泰氏约生于1935年。如果这一推算基本成立，那么，沈氏撰发《印译〈中国小说〉序》的1948年，泰氏年方十三岁，竟然已能留学北大，编译中国短篇小说集，实在令人颇感惊奇。因此，泰氏年龄究竟如何，在未获见更直接可信的文献之前，仍还是只能存疑待考的罢。

反观沈序本身，这可不仅仅是一篇为泰氏译著所作的序文，更是一篇借题发挥，为中印文化、文学、文明交流的历史与现状特别撰写的"宏文"。应当说，除了在文中饶有兴味地提到冰心与徐志摩的文学创作与泰戈尔的诗性哲思之间的亲密关联，除了在文中特意将孙中山与甘地并举，且特别强调中印两国在抗日战争及反法西斯战争中结成的同盟情谊之外，沈序并没有对泰氏译著本身有过多的细节评述，而更多地将泰氏的这一学术成果，视作中印两国友好关系的又一进展。对此，沈序中有明确表述，称："所以泰无量先生这个译文的完成，使我除了对于他的热心认真从事工作，表示十分敬重外，实在还寄托一

---

① 此文原载2015年4月6日《现代快报》。

种更大的希望，即过不多久，印度和中国学人，能够有个永久性的中印文学会的组织，将两大民族出自人民最真挚诚恳情绪表现的文学作品，照计划来相互转译介绍，作为在发展中印两国友谊和理解一道新而坚固的桥梁。"

不难发现，沈序如此这般的表达，有着特定的历史背景与政治语境，不可将其视作一般意义上的文学评论或文学史研讨意义上的表述。为了比较充分地理解沈序撰发的背景与语境，这就有必要约略了解一下当时中印两国文化与学术交流的基本概况了。

◎印度留学生画展上的胡适与沈从文

且看沈序中明确提到的"近十年内"中印两国学术交流方面的一个现象，称："近十年内虽有谭云山先生，吴晓铃先生及其夫人石素贞女士，并金克木，常任侠诸先生，前往印度国际学院，或讲授中国文学，或致力语文研究；印度方面也有师觉月先生，来北京大学主讲印度文化，太无量先生来研究中国文学，交换中印学术。"

原来，当时中印两国政府的文化交流合作项目中，有一项是两国交换教授及留学生。由中国派遣一位教授到印度讲授汉学，由印度也派一位专家到中国去传授印度学。双方各派十名研究生，到中、印两国交换研究。师觉月博士于1947年由印度政府派往中国，赴北京大学出任印度文化讲座教授，一直工作到1948年底，任满回国。

师觉月（Prabodhi Chandra Bagachi，1898—1956），印度佛学家、汉学家。印度大学毕业后，赴法国远东学院师从佛学家莱维教授，从事汉文佛典的研究工作。归国后，曾任印度泰戈尔国际大学中国学院教授、副校长。1944年，撰成并出版《印度与中国——千年文化交谊史》，对中印友好历史作了回顾。他通晓古汉语、梵语和中亚语言，专门从事中印佛教文化交流史研究。

就在沈序发表后不久，由胡适、师觉月、徐悲鸿等发起的，以印度留学生苏可拉（Y. K. Shukla）与周德立（N. R. Chowdhuri）来华留学之后的习作为主体的画展，在北大隆重举办，沈从文也在出席嘉宾之列。

1948年6月4日，"印度留学生画展"（预展）在北大蔡子民纪念堂举办，数十人在堂前合影，沈从文居于第三排居中位置。师觉月则在略被遮挡住的沈从文右侧，即那位着西装，戴深色眼镜者。

在此次展览开幕之前，时任北大校长的胡适有简短致辞，特别强调称：

中印文化关系有二千多年的密切关系，中间有几百年断了，现在又恢复

1948年6月4日，北大校长胡适与出席印度留学生画展（预展）的来宾在蔡子民纪念堂前合影。

合影局部，箭头所指者即为沈从文。

了，徐、叶两位到过印度，这是开端，他们保送有学问的研究生到中国来，我们热烈欢迎，这是重新恢复二千年来应该不断的文化关系，重建十几世纪的文化关系。今天有泰戈尔和卜斯的画，卜斯在二十四年送我的画，他们那时在复活中印文化交流的意见，现在已经开始。

胡适致辞中提到的徐、叶，即徐悲鸿与叶浅予，正是他们推荐保送的印度留学生到北大学习。徐悲鸿于1939年赴印度举办画展之事，早已为后世读者所知。沈序中所提到的"近十年内"中印两国学术交流种种，这个"近十年内"，可能即是从徐悲鸿于1939年赴印度举办画展开始推算的时间区限。

据考，早在1938年，尚在中央大学艺术系任教的徐悲鸿，即接到泰戈尔的邀请，开始筹备赴印办展。1939年，徐悲鸿在印度国际大学举办中国近代画展。1940年，继续在印度逗留，为泰戈尔画像，又在加尔各答举行作品展，同年还以印度人做模特，完成了中国画《愚公移山》。1941年，方才由印度归国。上述这一历时近两年的印度之行，乃是目前所知徐悲鸿赴印办展的基本情况。叶浅予赴印时间，比之徐氏则要晚一些，时为1943年，归国后又曾举办旅印画展。

至于胡适致辞中提到的印度画家卜斯，又译作南达拉·波斯，即Nandalal Bose（1882—1966），被誉为现代印度绘画文艺复兴的先驱之一，是印度现代艺术运动中孟加拉学派的代表人物，曾陪同泰戈尔访华。胡适称有"卜斯在二十四年送我的画"，由此可知，卜斯曾于1935年赠予胡适画作。因当年胡适并未出访印度，应为其来华时赠予，这一史事尚未见有研究者提及，尤待深入探研。

胡适致辞中关于中印两国关系之展望，也非常明确，即"重新恢复二千年来应该不断的文化关系，重建十几世纪的文化关系"，并且认定"复活中印文化关系的意见，现在已经开始"。画展次日（1948年6月5日）的北平《世界日报》上，就以胡适致辞的主旨为主题，刊发了题为《中印文化关系复活，留华两研究生画展今日揭幕》的报道。

显然，沈序与胡适致辞的主旨是一致的。虽然一方面是为印度留学生的编译中国文学作品而撰序，另一方面则是为印度留学生的绘画作品展览而致辞，沈、胡二人的言论，却都不是纯粹从文学与艺术角度去评述的，而皆是为了"复活中印文化关系"而发挥的，皆是为了促进中印两国友好关系而表达的。

林徽因的"封面"时代

——以沪京津三地早期报刊图像文献为线索

◎上海《申报》上首现画像

1924年7月3日,上海。

当天的《申报》,多出了一个版面的"本埠增刊"。这个版面上,刊印有一幅"梁鼎铭君粉画林徽音(因)女士肖像"。画中时年仅二十岁的林徽因,手执花束,端坐椅上,身体略微倾斜,倚在桌边。她的脸庞上虽稚气未脱,却颇有些"名闺"风致。画像下方附有图注(原文俱以顿号断句,笔者酌加通行标点):

前司法总长林长民之女公子林徽音(因),已于上星期,偕其未婚夫梁启超之子,赴美留学。离沪前一日,曾请画家梁鼎铭,为其画一粉画。上图即女公子之画影也。该画色调甚匀,颜彩极配。

虽然,这可能不是林徽因之名或其形象初次登上报刊。譬如,在此约两个月之前，1924年5月13日印行的北京《佛化新青年》（第二卷第二期）杂志上，就曾刊印过一幅"佛化新青年会"欢迎泰戈尔访华时的合影，合影中居于左侧坐位最靠里边的一位女士即为林徽因。不过，这只是一张人数众多的合影，并不是专为林徽因摄制的个人照片，更没有专为其个人有所介绍。

因此，《申报》刊发的这一幅画像，或可视作林徽因个人形象的首次"出镜"罢。

梁鼎铭君粉画林徽音（因）女士肖像，原载《申报》，1924年7月3日。

只是，画像与照片，毕竟还是有所区别；艺术化的形象与摄影术的真实，总还是有所差异的。林徽因的个人照片首次登上报刊，还要再等上一年的时间。

佛化青年会欢迎泰戈尔之合影，泰戈尔、林徽因与徐志摩（箭头所示）等合影，原载北京《佛化新青年》第二卷第二期，1924年5月13日。

◎《图画时报》上的"封面女郎"

1925年9月20日，上海。

《图画时报》第二百六十八号出刊，头版的"封面女郎"，乃是二十岁左右的林徽因。作为"封面女郎"，林徽因的"出镜"方式有些与众不同，该报编辑为其安排了一坐一立两张照片之组合。

封面上的组图，一张是其家居照片，一张是其戏装照片，正青春年华，光彩照人。两张照片上，都各加有附注。那一张家居照片的附注（原文无标点，笔者酌加）如下：

林徽音（因）女士

女士为林长民先生之女公子，明慧妙丽，誉满京国；精通中英文，富美术思想。平居无事，辄喜讲求家庭布置之方，小至一花一木之微，亦复使之点缀有致。前在北京，曾就培华女校习英文音乐各科。民九远航，问学英京，入圣玛丽学院。逾年内渡，转学北美，专习建筑图案，尤注意于戏台构置。首往纽约省之游瑟城Ithaca，入康赛山大学Cornell University，继往飞飞城Philadelphia，入贲省大学University of Pennsylvania。诚以欧美诸邦专才辈出，剧场建筑不独以工程坚固，陈设华丽见称。举凡美术兴趣，历史观感，随处流露，无往不足，引人入胜。以视我国剧场，洵有天渊之别，不可同日语也。将来女士学成归来，必可以贡献于国人者。

显然，这并不是即时拍摄的新闻照片，而应是一年前的旧照了。因为早在1924年6月，林徽因就与梁启超长子梁思成同时赴美攻读建筑学。直到

林徽音（因）照片组图，原载上海《图画时报》第二百六十八号，1925年9月20日。

1928年8月，二人完婚并在欧洲度完蜜月之后，方才回国。《图画时报》第二百六十八号的出刊时间，恰在林徽因出国后一年多的时间段里；此时，自然不可能拍摄得到她的家居照片。这张照片，应为其1924年6月赴美留学之前所摄。

那么，另外一张戏装照片又摄于何时何地呢？不妨仍先细读一下这张照片的附注，原文（本无标点，笔者酌加）如下：

女士于戏曲一门，亦有研究。每饰曲中人物，惟妙惟肖，描摹适当，具有天才。左图为女士饰印度文豪太谷氏 Rubindia Tagore 所著戏曲中之《姬 Chitra 珈玳 Ngada 公主》曲中情事，根据印度大史（按印度语 Maha 大也，Bharatra 史也。大史意犹正史）略谓印度某国王名姬佛哈 Chitra Vahans 者，先世因无子而修道甚虔，感动天神，赐其每代得一子以绵宗祀。传至姬佛哈王求婚，王以将来生子须令继续王统为条件，遂谐姻好。居京三年，竟举一子隐士，忽动出家之想，重为世外之人，野鹤闲云，不知所往。

仅据此附注之介绍，这张戏装照片的拍摄时间已非常明确，时为1924年5月8日。林徽因所扮演的剧中角色，当时通行的音译为"齐德拉"公主，而剧本正是印度诗人泰戈尔所著《齐德拉》。

原来，1924年5月8日是泰戈尔的六十四岁寿辰，正值其访华期间，北京文化教育各界人士遂筹备为他举办祝寿会。祝寿会的压轴戏，乃是观看新月社同仁用英语演出泰戈尔的剧作《齐德拉》。该剧取材于印度史诗《摩诃婆罗多》，讲述了一段古印度的爱情故事。剧中，林徽因饰公主齐德拉，张歆海饰王子阿顺那，徐志摩饰爱神玛达那，林长民饰春神伐森塔，梁思成担任舞台布景设计。《图画时报》上刊布的照片，应为此时所摄。

◎上海的"封面女郎"缘何选自北京

一份上海的时尚画报，将关注焦点放在北平，且将一位北平女性作为封面女郎，实属不易。依常理而言，报社就坐守摩登上海，本就是时尚前沿，有的是名媛淑女，封面女郎的人选，又何须舍近求远，竟向北国搜寻？毕竟南北间隔千里，采访编辑的难度与成本也会相应增加。

然而，林徽因是个例外，《图画时报》愿意为之破例，即便未能采用到最新的即时拍摄的新闻照片，也不妨将一年前的旧照印上头版封面。显然，这与林徽因的"誉满京国"有关，也与这份画报的宗旨有关。

纵观二十世纪二十年代的报纸附刊，摄影图片使用普遍，读图时代已俨然揭幕。《图画时报》，原本是上海《时报》的一个周刊，也是中国第一个报纸摄影附刊,由上海时报社出版印制;至1924年2月17日的第一百八十六期,更名为《图画时报》。初为周刊,自第三百五十八期改为三日刊,至1935年10月13日停刊,共出刊一千零七十二期。主编戈公振在画报创刊号的《导言》称:

> 世界愈进步,事愈繁琐;有非言语所能形容者,必籍图画以明之。夫象有鼎,由风有图。彰善阐恶,由来已久。今国民敝锢,政教未及清明,本刊将继文学之未逮,一一揭而出之,尽画穷形,俾举世有所观感,此其本旨也。若夫提倡美术,增进阅者之兴趣,又其余事耳。

这样的主编言论,十分清楚地阐明了创办摄影附刊的旨趣,旨在强调摄影图片应起到"彰善阐恶"的作用——进步的即是善,当然要通过摄影图片来生动体现与大力表彰;落后的即是恶,也要通过摄影图片充分披露。

当年,林徽因的聪慧才智以及在学业上的进取追求,在《图画时报》看来,是理应作为"进步典范"予以表彰出来的,但又并不是将其如流行明星一样来追捧。《图画时报》每期必有一位或多位"进步典范"的人物照片刊发出来,林也只是其中之一罢了;只是因为这第一次登报,又上了封面,才让人颇觉"惊艳"。

事实上,林徽因并不是《图画时报》的"常客",报社方面对于人物报道本身也有严格的选取标准。她的照片再次登上《图画时报》,已在近三年之后。这是在其与梁思成完婚之后,作为已婚妇女"进步典范"才再次出现的。同时,这也是她的照片最后一次出现在《图画时报》之上,时为1928年5月30日,该画报的第四百六十期。

梁思成夫人林徽音（因）女士玉照，原载上海《图画时报》第四百六十期，1928年5月30日。

这是一张林徽因于1928年3月所摄的签名照片，可能是应报社之请求，特意从欧洲寄回国内的。这张照片刊发于《图画时报》之上时，加有中英文图注称[1]：

梁思成夫人林徽音（因）女士，文思焕发，富有天才。早年试演西剧，曾充太谷翁名作《姬珈玳》一幕之主角。留美数载，学诣超卓于舞台布景，以及导演诸术，无所不能。近毕业于合众之国之"耶耳大学演艺院"，方偕梁思成君作蜜月之旅行，兼事考察宫室之制及演艺之作风，联袂抵欧。巧值世界戏曲大家易卜生百年纪念盛典，诚我东方古国学术前途之福音也。（小可志）

这里提到的《姬珈玳》，就是前述泰戈尔的剧作《齐德拉》，只是音译不同

---

① 原文无标点，笔者酌加。

而已。也可想而知，林徽因在出国之前的那场演出，其影响力三年间亦未衰减，已成为这位"榜样妇女"的一个老掌故了。而这张照片的签名时间，恰逢挪威著名戏剧家易卜生（1828—1906）百年诞辰纪念之际，更让这张照片的介绍者不由得产生联想与感慨，强调称此时尚在欧洲与梁思成做蜜月旅行的林徽因，归国后一定会成为"东方古国学术前途之福音"。

介绍者在其所撰照片附注末署"小可志"三字，可知介绍者或名为"小可"。这位"小可"实在是非同小可，竟能弄到林徽因在欧洲蜜月之旅时的签名照，对其国外行踪及学业动向似乎也非常了解，应当是国内外皆颇有人脉，颇善交际者罢。且"姬珈玳"这一独特的译法，在《国画时报》上只出现过与林徽因相关的两次图文介绍中，这就很容易让人猜想，这两次图文介绍可能都出自这位"小可"之手。至于这位"小可"究竟是谁，姑且按下不表，留待后文详解。

◎美国大学里的"中国校花"

且看《图画时报》第二百六十八号图注中所称，有梁、林二人"继往飞飞城，入贲省大学"云云，不熟悉民国时期对英美各地译名的读者，可能会不知所云。其实，所谓"贲省大学"即宾夕法尼亚大学（University of Pennsylvania），如今简称"宾大"，位于美国宾夕法尼亚州的费城（即"飞飞城"）。

宾大是美国一所著名的私立研究型大学，八所常青藤盟校之一。宾大创建于1740年，本杰明·富兰克林是学校的创建人，它是美国历史上建校时间排名第四的高等教育机构，也是美国第一所从事科学技术和人文教育的现代高等

林徽因证件照，1927 年摄于宾大。

学校。

宾大在中国招生，可以追溯到晚清。当时，根据音译，宾大又译为"本薛佛义大学"。1924年6月，梁思成与林徽因携手赴美深造。9月正式入读宾大，而宾大建筑系当时不收女学生，林未能如愿去建筑系学习，只得入美术系学习。凭借她对美术设计的浓厚兴趣与良好功底，从一入学开始，就令校内师生刮目相看，颇得好评。她得以破格跳级，直接升入三年级。林的注册英文名为菲莉斯（Phyllis Whei-Yin Lin），梁的注册英文名则为Ssu-Cheng Liang。美术系和建筑系同属美术学院，又因梁在建筑系，林得以旁听了建筑课程。

林徽因是宾大中国留学生会社会委员会的委员，她性格开朗，举止优雅，深受同学们的欢迎，俨然是在此就读的中国留学生群体里的"中国校花"。她与美国同学伊丽莎白·苏特罗（Elizabeth Sutro）友谊最深，经常到苏特罗父母家里做客。苏特罗晚年依然清晰地记得当年交往细节，并称林"是一位高雅的、可爱的姑娘，像一件精美的瓷器……而且她具有一种优雅的幽默感"。

林在宾大受欢迎的另一个原因，还在于她本身在学业与学术方面崭露出来的过人才华。她积极从事美术设计活动，在大学生圣诞卡设计竞赛中还曾获奖。虽然只是一张小小的纸质卡片的绘制，但也可以看出她精细的才思——那是用点彩技法画的一幅圣母像，大有中世纪欧洲圣母像的古朴质感。这件中国学生的优秀作品，至今还保存在学校的档案馆中。她只用两年时间，就如期取得了美术学士学位；又作为建筑系旁听生，竟然不到两年就受聘担任建筑设计教师助理，不久更成为这门课程的辅导教师。这位秀外慧中的中国女学生，注定是要在宾大留下一些珍贵记忆的。

在宾大档案馆中，可以看到林徽因在宾大留下的证件照。证件照中的她，如今看来，依然那么摩登秀美。她身着中式外套，一头微卷的短发，眼神中流露出聪慧与坚定，才女外形与淑女气质，已显露无遗。而她与梁思成的合影，在此也存留了一张。

那是1927年2月，梁思成获建筑学士学位，7月获得硕士学位。林徽因则以高分获得美术学士学位，四年学业三年完成。在毕业典礼的文艺会演中，梁、林二人参加化装舞会，还拍摄了一帧身着剧装的合影，至今仍留存在宾大

梁思成与林徽音（因）化装舞会合照，1927年摄于宾大。

林徽音（因）与梁思成，在加拿大的结婚照。

档案馆中。

从合影来看，梁思成身着绘有简单龙纹装饰的长袍，腰束布带，但脚穿皮鞋，头戴短筒无沿礼帽，面部还特别画有八字胡须；林徽因则一身清代宫廷女装打扮，着"旗装"，梳"旗髻"，套戴一顶形似扇形的，可能是纸糊的彩冠，手持一柄大白纸折扇。林、梁二人这身衣装，形似清代宫廷人物，颇有点穿越感。所扮角色虽无从查考，但可以揣测得到，这样装扮的主旨无非是讽刺晚清腐败的政治，表达新生代知识分子对新世界的期冀。从林当时浓厚的美术设计兴趣来看，这身装扮可能是她亲手制作的。

1927年8月，梁思成向哈佛人文艺术研究所提出了入学申请，理由是"研究东方建筑"。哈佛最终录取了他。他于9月离开费城至麻州剑桥。次年2月，梁完成了他去哈佛研修的目的，原拟归国。而对戏剧表演及美术设计一直心存向往的林徽因，在宾大取得学士学位之后，便进入耶鲁大学戏剧学院，跟随著名的G. P. 帕克教授学习舞台设计，她也因之成为中国第一个在国外学习现代舞台美术的女留学生。这时，梁向林正式求婚，林为此也缩短了她学习舞台设计的课程，二人同往渥太华，开始筹备婚礼。

1928年3月21日，梁思成与林徽因在渥太华中国总领馆举行婚礼。婚礼完毕之后，他们便启程到欧洲度新婚蜜月，随后归国。在宾大的整整三年时光，不长不短，但对梁、林二人一生事业与生活却有着举足轻重的分量。在这三年间，二人在学业与感情方面，可以说都修成正果；也正因为如此，探寻二人此刻此地的史料点滴，别具一番意义。

圣诞卡、证件照、剧照合影——虽然这一丁点"鸿影雁痕"不算特别丰富，但仍可圈可点，可感可思。试想，当年《图画时报》但凡能拿到其中一件，恐怕也会是大张旗鼓地上了封面推介的罢。

◎欧洲蜜月之旅登上了北京《星期画报》

1928年5月13日，北京。

《晨报》社印行第一百三十三号《星期画报》中，在北京的画报中，首次出现了林徽因的个人照片，以及大篇幅的个人介绍。

这一次，林徽因没有成为"封面女郎"，因此画报头版主图一向选取历代名画，当时还概无印制名人肖像作封面人物之例。不过，这一次林徽因却创造性地成了"跨版女郎"，即其个人肖像居于两个版面之间，一个通版的中央，介绍文字环绕其间，煞是醒目。介绍称：

新光蜜月记

戏剧者，艺术之母也。欧美各国演艺界突飞猛进，一日千里，我国瞠乎其后，除齐如山、黄哲维、李释戡诸君，富文学之天才，偶为梅兰芳制新曲外，向无戏剧专家。集艺术之大成，而为澈底之研究者，是林徽音（因）女士与梁思成君之以学识相齐成伉俪，不可谓非我国演艺界破天荒之新记录矣。林徽音（因）女士，福建闽侯人，天资超迈。昔尝从印度诗哲太戈尔（Rubindia Tagore）翁游。试演西剧《姬（Chitra）珈珧（Ngada）》之一幕，中外人士交口称美。嗣自费赴英，入圣瑁丽学院，并于休假之暇，向巴黎治法文。至一九二三年始渡美。其治演艺学，始于漪瑟市（Ithaca）之康宝山（Cornell）大学，成于飞飞城（Philadelphia）之彬林（Pennsylvania）大学，前后凡四载。最后一年，转入新港（New Haven）耶耳大学演艺院（Yale University School of Drama），精研舞台布景及导演者法，兼事实习，昕夕无暇晷。梁思成君留美治宫室学（Architecture）及演艺之事，其学程与功力，与林女士略相等。本年三月，两人学业告终，相约同赴加拿大就大河市（Ottawa）之中国总领事署结婚。近以蜜月旅行来巴黎，兼事考察各国宫室之制，暨各派演艺之作风。昨偕记者入市游览，即夕就法国剧院（Comedle Francaise）看做工戏（Drama），题曰《萨福》（Saphho）。萨福者，希腊享盛名之女诗人也。是剧演巴黎两少年恋爱一善舞之女郎。相传某雕刻家塑萨福像之时，曾以此女郎充范人（即模特儿），故是剧题"萨福"之名。巴黎女名伶伯爵夫人苏赛雪（Mme. Ceeile Sorel）饰为剧中主角之女郎，善写苦情，动人激赏。梁君谓："演剧所贵在动作，宜似穿花蛱蝶之一息不停。是剧第四幕，坐谈过久，减却精神不少。余则体贴入微，情境妙肖。"徽音女士谓："现代戏剧分三派，最新者曰构成派（Constructionism），今俄京方盛行。前于构成派曰表现派（Expressionism），其布景甚简单，乃就线痕成色彩，略加演染，使真景豁然流露，而观剧者目之所触，能相悟于不言中。其做工仅以种种象征，显出喜怒哀乐之情。如哀感可就演剧者之动作见之，不必现其拊膺大哭也。此类作风，在今日亦可谓之新。其最早之一种，乃写实派（Realism），布景之地位宜宽，演剧之人宜多，主角而外，并宜加入无数配角，使其情景妙肖逼真。今夕法国戏院所导演者即属此派。"女士又云："巴黎市之高楼大厦，多数均属文艺复兴时代（Renaissance）之作风，其圆形屋顶，四周开小窗，乃法国特有之扣沙顶（Mansard），各得其宜，不容互易也。"梁君又言："复兴时代末期之宫室，名螺壳式（Rococo），斑驳甜俗，极似广东式之楼阁"云。李昭实自巴黎寄。

上述近千字的介绍文字，如蝴蝶展翅一般，高低错落地环绕在"跨版女郎"——林徽因照片的周围。仅就篇幅之大，内容之翔实，远远超过了上海《图画时报》那两次图文介绍。

除了介绍林徽因及其夫君梁思成的近况，全文还有近半数的篇幅记述了林、梁二人对记者的谈话。这既是此文区别于一般性质的图文介绍或报道的生动之处，更是后世读者得以获知林、梁二人早年言论的宝贵之

林徽音（因）女士，原载北京《星期画报》第一百三十三号。

处。之所以有这样的特别之处，《新光蜜月记》中已经明确提及，"昨偕记者入市游览，即夕就法国剧院看做工戏，题曰《萨福》"，乃是因记者与林、梁二人当天同游巴黎市内之后又一起到剧院观影，即将观影之后二人的聊天记录摘

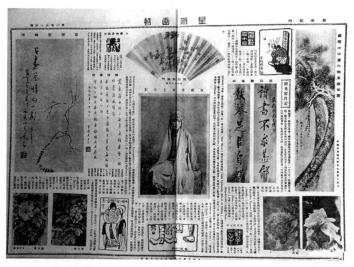

北京《星期画报》第一百三十三号，1928 年 5 月 13 日。

林徽音（因）签名照之一，曾载上海《图画时报》第四百六十期。

选了三两句出来。可想而知，这位记者的社交能力定然非同一般，或者说与林、梁二人的交谊也应当不一般罢。

◎ "婚装"单人照与改名缘由

如今，近百年之后，翻看这一张"蜜月"期的林氏倩影，稍微熟悉林氏生平的读者，对照片中的林氏神情仪态，尤其是头饰衣着，却总会有一丝似曾相识，但又无从说起的感觉。毕竟，这一张林氏早期照片，刊发于这一份近百年之前印行的报纸之上，年代久远，保存不易，留存下来的也实属凤毛麟角，难得一见了。那么，这一丝似曾相识的感觉，究竟又源自何处呢？

循着那一丝似曾相识的感觉，略经查考，即不难发现，林徽因与梁思成在加拿大完婚时所摄的那一张结婚照中，林氏所佩头饰及衣物，即与此刊发于《星期画报》上的林氏单人照相符。据称，结婚时的衣饰均为林氏亲自设计制作，颇为珍爱。可以揣测，这一张林氏照片，或正是当年拍摄结婚照时，特意单独拍摄的"婚装"单人照片之一，留存下来赠予关系特别密切的亲友。而李昭实，正是当年的照片获赠者之一。

此外，有必要说明的是，无论是《图画时报》《星期画报》《北洋画报》上的报道，还是林徽因照片上自己的签名，当时都还明确地写作"林徽音"，而不是后来读者熟知并已习用的"林徽因"。实际上，至少要等到1931年之后，

"林徽因"这一名字才会正式出现在国内各大报刊之上。

林徽音之所以改名"林徽因",起因是与上海作家林微音的名字太过接近,为避免引起误会或张冠李戴,才最终改"音"为"因",以示区别。1931年10月,林在《诗刊》第三期上发表诗作,徐志摩在《诗刊·叙言》中附带声明一则:

本刊的作者林徽音,是一位女士,《声色》与以前的《绿》的作者林微音,是一位男士,他们二位的名字是太容易相混了,常常有人错认,排印亦常有错误,例如上期林徽音即被刊如"林薇音"所以特为声明,免得彼此有掠美或冒牌的嫌疑!

从此,林徽音才摇身一变,成为"林徽因"。《图画时报》《星期画报》《北洋画报》上的林徽因早期照片与签名,报道与图注,都还明确写着其本名"林徽音",或可将其视作这改名事件之前的"原型"之珍贵存照罢。

◎"名媛"李昭实力推"名闺"林徽因

前文已经多次提及,持续报道并力推林徽因登上南北各大报刊封面的这位女记者,虽署名"小可",个人能力却实在是非同小可。

从报道时间上考察,北京《星期画报》比之上海《图画时报》第四百六十期的林徽因图文介绍之报道,还早了两周时间。从报道内容概观,上海《图画时报》所报道者,似乎更像是北京《星期画报》所报道者的超级缩写版,但二者内容主体是相似的,尤其是同样出现了"姬珈玧"这一特定译词。这就不得

女新闻家李昭实女士在巴黎摄影，原载上海《良友》杂志第二十六期，1928年。

不令人再度联想，上海报道所署"小可"者，与北京报道所署"李昭实"者，或即同一人。

果不其然。据考，李昭实（1897—1946），别署李小可、小可，字佩荃。她是福建闽侯人，名士李宣龚之女。曾在南通女子师范、江南女子公学、圣玛丽亚学校等处就读，1918年与中国驻奥地利使馆秘书王一之完婚之后，即赴美国留学深造。之后又在欧美各地游学，经常撰述海外见闻及各类访谈，付诸国内《申报》《时报》等各大报刊发表。

略微翻检二十世纪二十年代的上海《申报》《时报》《时事新报》《妇女杂志》《良友》等知名报刊，以及北京《星期画报》与天津《北洋画报》等北方中心城市报刊，不难发现，李氏的"出镜率"与"周知度"，当年远远超过林徽因。她既是活跃于上海报界的名记，亦是经常参与包括政府当局外事活动在内的各类社会活动的名媛，在妇女界中更是声名大噪。不单单是由其提供的各类图文报道比比皆是，介绍李氏乃至评述李氏言论者也时常见诸报端；讲演、座谈、宴会、典礼等各种社交场合均常见其身影，且大多还是身处国外，非常引人瞩目。

1925年，《图画时报》首次介绍林徽因时，正值李昭实归国省亲期间。当时，李、林二人应当已经结识，略通讯息。时至1928年，李氏又向《星期画报》首次介绍林徽因时，其时已身在法国巴黎，与当时同在巴黎度蜜月的

中国女名流在法京巴黎市外鲁滨孙市亭馆之宴集（李昭实、张雅南、未详、林徽音），
原载天津《北洋画报》第二百八十二期，1929 年 2 月 19 日。

梁、林夫妇均有交往，故而提供的介绍文字中有相当生动，极具"现场感"的表述。

同年上海《良友》杂志第二十六期中，"妇女界"栏目中刊印有一张"女新闻家李昭实女士最近在巴黎摄影"，图中的李氏肖像，正是摄自与林徽因等在巴黎聚会之时。次年春，1929 年 2 月 19 日，天津《北洋画报》第二百八十二期中，有一张李、林等人在巴黎聚会时的合影刊发了出来，题作"中国女名流在法京巴黎市外鲁滨孙市亭馆之宴集（李昭实、张雅南、未详、林徽音）"。这张合影，即足以证明李、林二人在巴黎时确有交往。

值得一提的是，为向国人介绍当时还"养在深闺人未识"的林徽音，李昭实不遗余力，一度向南北各大报刊大力推介。就在向北京《星期画报》提供大篇幅的图文介绍之后，李氏对原稿略加删订，又为上海《时报》撰述了一篇《徽音女士之游美心影录》的文稿，并选配另一张林氏在巴黎拍摄的照片，署名"小可"，于1928年5月25日发表。与此照应为同时拍摄的另一张照片，在五天之后，于1928年5月30日，由天津《北洋画报》第一百九十二期刊发，再次成为"封面照片"，题为"梁思成夫人林徽音女士"，图下标注有"李昭实女士自法寄"字样。可见，仍是李氏推介之结果。

有意思的是，1928年5月30日这一天，天津《北洋画报》第一百九十二期与上海《图画时报》第四百六十期的封面女郎，同为林徽因。南北两大中心城市的头号画报之上，在同一天出现同一位封面女郎的情况，极为少见。谨就笔者所见，这恐怕是唯一的一次罢。这也足见李昭实之热心与用心之至。

此外，需加注意的是，翻开《北洋画报》第一百九十二期头版，第二版上还有李昭实为林徽音照片所写的简要附注，文曰：

> 龚定庵诗有云："美人才调若飞仙，词令聪华四座传。撑住东南金粉气，未须料理五湖船。"以林徽音（因）女士才调之高，聪华之茂，龚氏此诗，不啻为其新郎梁思成君代作矣。

短短数十字图注，李昭实巧借龚定庵的诗句，将其对林徽因的赞佩表达得淋漓尽致。就这样，仅仅在1928年前后，在李昭实的热心推介之下，林徽因在尚未归国时，即已在北京、上海、天津的画报上各"出镜"两次，且这共

《徽音女士之游美心影录》，原载上海《时报》，1928年5月25日。

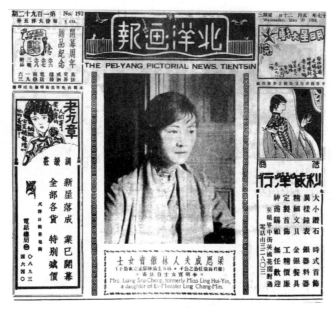

梁思成夫人林徽音女士，刊于天津《北洋画报》第一百九十二期。

计六次"出镜"都配有个人照片，可谓图文并茂，秀色可餐，其倩影芳踪也就此展现于国内南北各地读者眼中。与当年活跃在国内演艺、社交、文化圈的众多名媛名闺相比，时年二十四岁的林徽因，从"深闺"走向"封面"，完全是无意为之反倒"别开生面"了。

萧红在香港的最后时光

——以沪港穗三地报刊文献为中心

◎流寓香港贫病两年，传奇生涯至此终结

著名女作家萧红的生平事迹，其人其事其作品，早已为人们所熟知。她的传奇一生，更因数年前影片《黄金时代》的热映，再度为人们所关注。如今，各类萧红文集、全集、选集，早已层出不穷，走进了更多读者的视野。

不难发现，在萧红传奇却又短暂的一生中，其在香港的生平事迹及其作品，尤为引人注目。无论是通过影片《黄金时代》的转述与传播方才亟欲觅读这一时期的萧红作品的普通读者；还是长期从事萧红研究，一直致力于发掘、发现与进一步完善这一时期萧红生平及其作品的专家学者，无不对萧红在香港的生平及其作品，予以相当的重视与瞩目。

须知，萧红年仅三十一岁的生命历程中，仅有两年在香港度过。在此，不妨先约略回顾一下，这一段非常短暂却又格外传奇的人生历程：

1940年1月，萧红与端木蕻良从重庆同抵香港，先寄居九龙尖沙咀金巴利道诺士佛台，1941年初又迁至位于乐道八号的小屋。在这里她写下最成功的回忆长篇小说《呼兰河传》，以及《马伯乐》和一系列回忆故乡的中短篇如《小城三月》等。7月入住玛丽医院，11月底出院。1941年12月8日，日军从深圳开始进攻香港，同年12月25日，香港沦陷。而从12月7日起直至1月22日去世，萧红因病及避难前后辗转十处，其中在港岛跑马地养和医院期间被误诊为气管瘤而动手术，术后身体状况更加虚弱不堪。1942年1月22日11时，萧红死在日军控制的临时医务站（由圣士提反女校匆忙改建）里，年仅三十一岁。

萧红1938年留影

萧红著《生死场》，1935年12月初版，1938年第七版毛边本。

那么，在这样一段颠沛流离，艰苦异常的人生尾声时期，萧红在香港的生活细节究竟如何呢？除了端木、骆宾基等当事人的忆述之外，还有没有第三者视角下的更为客观、细致的忆述？萧红在香港期间，与当地文学界、文艺界人士有何交往与事迹？诸此种种疑问，对于普通读者与一般研究者而言，仅仅通过研读萧红全集、选集或一些常见的纪念性质的文章，是无法充分解答的。

◎住四楼七号，爱生吃番茄　常邀人观影，自制柠檬茶

　　幸运的是，笔者寻获一份1945年12月27日在上海印行的《时事新报》，该报第四版刊有署名为"马协衷"的《我忆萧红》一文，恰恰正是忆述萧红在香港的往事点滴的一篇文章，至为难得，弥足珍贵。为披露文献，便于考述，笔者不揣谫陋，酌加整理，转录原文如下：

我忆萧红

马协衷

　　我认识萧红，是在香港的一个寒风劲烈，孤菊傲霜的时候，现在又到了东篱傲菊又凋残的时节，我不禁回忆她在香岛，起居时的片段生活，拉杂写来，以实本报。

　　萧红籍隶东北沈阳，在"一·二八"战事爆发之初，她便由桂林而入蜀中，与端木蕻良先生一同担任复旦大学教授；与已故孙寒冰氏，以文字之交，时相切磋，友谊很笃。在民国廿九年间的冬天，她因为重庆水土不服，胃疾发作，想换一换环境，呼吸一点新鲜空气才决定乘机到港。

　　在一个灯阑人静的黄昏，她果然安抵了香港。当由寒冰招待，下榻于九龙乐道八号三楼大时代书局，那时寒冰先生担任大时代书局总编辑，便聘请萧红为该局特约撰述，我认识萧红，这是第一次。

　　她身材长长的，头上梳个大鼓式云髻，身着奶黄色的大衣，一副音容笑貌，使人一望便知她是东北人了。她说得一口流利的国语，曾在香港妇女协会

开会的席上，演说过一次，真是庄谐并致，滔滔不绝。她除为大时代书局担任撰述外，复应星岛日报总经理胡好之聘担任写作长篇小说。

她港居生活是极度简略而朴素，她初与我们是同在局中共餐，继因感觉不大便利，因此在我们书局编辑所的贴邻，寻找房屋。结果，竟为她找到了一家七号的门牌，是四楼，这地方立刻便成了她的偃息之所，从此她便自炊自给。每当晨曦微露，我时常看见她手持一筐，缓步街头选购蔬菜。她唯一的上饭菜，便是番加（番茄）牛肉汤，红烧海盆鱼，有时竟生食番加（番茄）二三枚而不厌。她常对人说："这种果物，富有维他命，是我唯一心爱之品"。

她在文思缭乱之间，时偕端木蕻良浏览影片，香港九龙油麻地一带大华、平安两影戏院，时有她的踪迹。我记得某日平安影戏院开映《乱世佳人》一片，她首先前往参观，深觉该片颇有寓意，并深致赞扬。有一次笔者和二弟马寅霖，承女士邀约到她的新屋去参观，虽然一间房屋，布置得非常简略，而窗明几净，回顾四壁，毫无人间半点尘，真是"屋雅何须大，花香不在多"。东西两面有床，堂中置一圆桌，旁设四椅；台上有花瓶一座，蓄以黄花一撮，芬芳馥郁，诚令人有积虑顿消的感觉。

我刚坐定下去，女士便唤仆人敬我香茗一杯，并说："马先生，你恐怕没有饮过这一种茶吧？"原来是在沸水中搀以白糖，并加柠檬数片，真甜津而适口。女士说："这是我生平唯一爱好的饮品。"

谁知一别数年，噩耗传来，悉女士于三四年前，因肺疾而病逝香岛，卜葬于某花园中，清夜梦回，偶一想及前尘，怎禁得悲感交集？她流浪了一辈子，不能目睹祖国胜利的光荣飘舞于大地，这遗憾，我想她是即在九泉之下，也不会消灭的吧？

上述千余字的忆述，为曾在香港大时代书局与萧红共事过的马协衷所撰，自然具有相当宝贵的史料价值。在马氏的忆述中，萧红在香港的生活状况，远不是后世读者所想象的那样糟糕与狼狈。当然，马氏的忆述内容，局限于其仅仅几次与萧红不多的交往，难免流于片面，不够全面与充分。然而，从这几次仅有的交往中，确也不难发现，萧红在香港的生活，仍然是富于情趣与活力的，且经济条件恐怕也并不十分窘迫，至少居所中尚雇有仆人。

◎马协衷曾为上海文坛达人　胡风曾言萧红"不够坚强"

通过马氏忆述，萧红在香港生活的"全新"一面，至少是不同于主流文学史概述的一面，悄然展现在七十余年后的读者面前。说"悄然展现"，一方面是指这样的忆述史料难得一见，少有研究者提及；另一方面则是指马协衷其人其事，同样鲜为人知，其忆述的传播与影响，自然远不及萧军、端木蕻良、骆宾基等与萧红有过共同生活的当事人，也不及胡风、聂绀弩、丁玲、许广平等

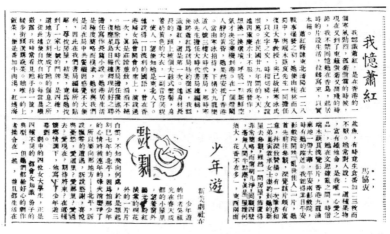

马协衷《我忆萧红》，原发上海《时事新报》，1945年12月27日。

与萧红有过交往或同事的友人。

为探明马协衷其人真实身份，笔者多方查证，方才从多种旧报刊中逐步了解了其人其事迹。首先，还是从上海《时事新报》中寻得线索，马氏之名曾数见于二十世纪三十年代的该报报道中，往往冠以名衔为"海上名作家""海上名流""新闻界人士"之类，又有报道称其为"南洋模范中学教员"，足见其当年在上海文教界还是较为活跃的。

最为重要的是，还搜寻到一份刊发于1933年7月的"丹徒马协衷君书扇"的广告，这不啻为一份马氏生平简历了。广告中称：

> 丹徒镇江马协衷君，别署天恨我生，年少英俊，服务海上报界有年，自"一·二八"后，得契友之召，旋厕身于教育。公退之余，除仍为各报撰稿外，尤雅好临池，书法工整挺秀，直追钟王，非仅我新闻界同人所欣慕，有求其墨宝者，亦踵相接焉。

于此可知，马氏乃江苏镇江人，别号"天恨我生"，确实于二十世纪三十年代初即活跃于上海文教、新闻界了，且雅好书法，乃多才多艺的文坛达人，有一定知名度。

此外，1923年《妇女旬刊》第一百二十八期之上，刊发有马氏诗作《性》，为笔者所见马氏作品发表最早者。结合前述1933年广告中称"年少英俊"云云，估测马氏生年可能为1905年前后。又见1946年上海《海光》杂志第三十三期之上，曾刊发马氏所作《镇江善堂新联语》一文，以及1946年4月《时事新报》上也曾刊发马氏所作《闲话镇江肴蹄》《镇江滴醋谭》两篇文章，

《纪念萧红》，原载《时事新报》，
1946 年 1 月 30 日，版头及简讯。

因这三篇文章均涉及镇江风物，加之此后再未见有马氏文章发表，似可据此揣测，马氏或于1946年之后即返归镇江，其后再未在上海各界活动了。至于马氏后来的行踪，及其确切的生卒年，一切都还只能存而待考了。

值得注意的是，就在马氏所作《我忆萧红》刊发一个月之后，《时事新报》于1946年1月30日这一天，刊发了一条《纪念萧红》的新闻简讯。报道中称，萧红逝世四周年之际，中苏文化协会于1月29日举办了一场纪念会。此次会议上，聂绀弩发出了"萧红是天下第一美人"的激赞之词，可胡风却发表了"萧红不够坚强"的不同意见。至于究竟怎么"不够坚强"，报道中没有明确提及，只是说现场"引起好多作家的反驳"。看来，当时会场上对萧红的评价，还是有一定争论的。

如果将胡风所言"萧红不够坚强"，与马协衷忆述中对萧红在香港的生活细节之描述相联系，是否可以理解为萧红在香港的生活不够贫困，不够艰苦即是"不够坚强"，又是否能够将萧红富于生活情趣的一面归结为"不够坚强"，这恐怕又只是见仁见智，各有取舍的话题了。当然，这已属题外话了。

◎疑似萧红漫画，曾刊香港《立报》

关于萧红的文学成就，普通读者与研究者各有所见，也皆有可取，在此无须再论。萧红的文字风格极具画面感，有极强的绘画般的写实感——在这一论点上，无论是普通读者还是研究者，基本都能达成共识。就这一论点引申出来的，谈及萧红早年学习绘画，及其画作研究的论文也有不少。

据考，萧红从家乡呼兰县出逃，到哈尔滨这样一座具有异国情调色彩的大都市，为其人生际遇敞开了另一扇大门，尤其是在进入"哈尔滨市东省特别区区立第一女子中学"以后，除了学业和阅读文学书籍，最令她感兴趣的要算是绘画了。闲暇之余她就会画上几笔。她的美术教师高仰山是上海美术专科学校毕业的，对学生们的要求非常严格。在老师的倡导下萧红与同学们组成了绘画小组，老师带领他们去公园、郊外写生。

通过对绘画知识理论的学习和大量的练笔，使萧红在众多的学生当中脱颖而出，表现出绘画天赋，她的毕业作品《劳动人民的恩物》还参加了校展，受到了师生们的一致好评，老师夸奖萧红的绘画作品构思独特，具有鲜明的正义感与现实色彩[①]。萧红在这期间对绘画的学习和实践，极可能就为她以后的文学创作奠定了艺术思维的基础。

在此后的人生履历中，萧红还曾经决定入当时的北平艺专学习绘画，后因返回哈尔滨而未果。1932年她在哈尔滨正过着饥饿、失业的生活，为了赞助当时举办的一个水灾助赈的画展，她应邀画了两件作品参加展览。这两幅粉笔画，画的都是静物，其中一幅是一只破棕鞋和一个杠子头（即硬面火烧）。两幅静物画侧面地反映了她那时穷困简单的生活环境。

1935年，她的中篇小说《生死场》由鲁迅协助编入"奴隶丛书"在上海

---

① 详参：孙延林《萧红研究》第一辑，哈尔滨出版社，1993年。

出版，而她自己设计了该书封面。《生死场》的封面简练醒目，中间斜线直如利斧劈开，上半部似为东北三省之版图，"生死场"三字即印其上，寓示着山河破碎，正遭受着日寇宰割。如果一定要对萧红的绘画风格作某种阶段性划分，以《生死场》封面设计的1935年为界，在此之前的萧红画风是构图与寓意都很直白的写实主义风格。这一风格，可能到她流寓香港时，才略微有所变化。

目前已获知的，萧红在香港的绘画创作不多，比较典型的是萧红生前出版的最后一篇中篇小说《马伯乐》的封面，这是她亲自设计的。因为书中主角是一个出身优越而动摇、自卑的知识分子，封面也与这一主角形象相呼应，以右下角一个骑马的绅士型的人物图案做装饰，别有风味。在香港期间，她还为端木蕻良等主编的《时代文学》（1941年6月至9月）制作过封面画。[①]除此之外，萧红在香港的两年时光里，饱受精神上的摧折与肉体上的病痛，似乎也并没有充分的精力与空间，去从事更多的绘画创作了。

然而，历史往往还会有出人意料的"脚注"。笔者新近发现，香港《立报》上曾刊载有三幅漫画，从署名、漫画内容与风格来看，都疑似萧红作品。当时还身在内地，亲历前沿抗战的萧红，可能已有画作投至香港发表了。

1938年6月7日、8日，香港《立报》刊出三幅署名为"吟吟"的漫画作品。因为萧红曾用笔名"悄吟"，"吟吟"之名可能与之有关；此外，三幅漫画均反映了抗战军政与民生的急迫问题，也有可能与此刻身在武汉，处于抗战最前线的萧红有关联。

---

① 详参：孙延林《萧红研究》第三辑，哈尔滨出版社，1993年。

从萧红的生活轨迹来考察，1937—1938年间，应当是其最能感受国难时艰，最能从宏观角度转向左翼文艺思路的两年。因闻鲁迅先生噩耗，她于1937年1月从日本东京回到上海，期间曾至北京短暂逗留，但七七事变突然爆发，"八一三"抗战也旋即展开；为避战火，她与萧军于当年9月至武汉。1938年，寄居在西安"西北战地服务团"时，虽几经犹豫与彷徨，她还是与同居了六年的萧军分手，5月与端木蕻良在武汉结婚；当年9月为避战火，又辗转至重庆。

这两年时间里，萧红在上海、北京、武汉、西安、重庆各地辗转流徙，历经着抗战以来的各大主战场，战争的残酷与惨烈，民生的艰难与惨淡，尽收眼底。而新近发现的这三幅"战时"漫画，所描绘的图景与蕴含的作者立场，与萧红上述经历是完全吻合的。

◎ "吟吟"亲历"武汉保卫战"，绘制漫画投至香港《立报》发表

这里还有必要简要介绍一下香港《立报》的来龙去脉。香港《立报》实际上是上海《立报》的战时复刊版，是属于都市大众新闻性质的主流媒体。上海《立报》于1935年9月20日创刊。1937年11月24日因抗战爆发而被迫停刊。1938年3月2日又在香港复刊，太平洋战争爆发之前，迫于时局，又不得不于1941年4月30日停刊。

应当说，像萧红这样的，倾向于左翼文学价值观的，且有着明确反日抗日立场的文字作品，要在《立报》上刊载几无可能。因为当时的国民党政府新闻审查制度严苛，这类作品即便有投稿，有拟用可能，一般而言均会被官方查禁，而难以发表出来。只是到了抗战期间，应时局与舆论之需，当局新闻管制

的力度确有所缓和；加之民众对战事民生方面的新闻需求日增，《立报》顺势而为，才刊载了大量相关图文信息出来。

当然，即使迁移到香港，即便已然处于抗战期间，国民党政府新闻管制力度在此地已相当有限，可在殖民地港英政府的新闻管控之下，《立报》的刊行仍然举步维艰，时有障碍。随意翻阅该报几期，就会发现，"开天窗""打空格"的版面几乎每天都有。这虽然比直接删改图文要稍好一点，但毕竟说明还是有相当力度的言论限制——香港也并非真正的自由港，毫无保留的新闻自由在这里也不可能实现。由此可见，署名"吟吟"的三幅漫画，能在此发表出来，也实属不易。

发表于1938年6月7日香港《立报》的两幅漫画，一幅被印制在头版的"左报眼"位置，一幅被印制在"花果山"副刊的版面上。应当说，同一期报纸安置同一作者的两幅漫画发表，在《立报》办报历史上并不多见。依照惯例，《立报》在头版版头的"报眼"处，长期以漫画＋新闻图片（或重大新闻述要）的方式来处理，但能在"报眼"处刊发的漫画，多属业界名家。如上海《立报》时期，头版的"左报眼"位置的漫画，长期执笔者是鲁少飞；香港《立报》时期，开办之初，头版的"左报眼"位置的漫画，长期执笔者是陈烟桥。而报纸其他版面的漫画作者，程抱一、叶浅予、曹涵美等名家也常露面；可以说，要在《立报》上发表漫画是有相当难度的，并不是一件普通投稿者可以企及的事。

纵观《立报》"报眼"漫画的主要特征，就是要针砭时弊，聚焦国事，鲁少飞的漫画如此，陈烟桥的漫画更如此。由于香港《立报》开办之初，武汉战局初显，全国民众皆聚焦于武汉等地的抗战进展情况，陈氏当时也主要在武汉、重庆等地从事抗日宣传活动，故而其漫画作品的内容主要还是在体现武汉抗战情势。到了1938年6月，"武汉保卫战"正式打响，《立报》"报眼"位置则基本不再安插漫画，而全部用于报道前线战事及最新时事动态。署名"吟吟"的这幅漫画，此刻被安置在"报眼"位置，足见其时事特征明显，体现"武汉保卫战"的情势生动，被报社认为是相当真实可信，独具新闻价值的。

这幅"报眼"漫画，名为《"□□□"的精神何在？》。画面描绘了一架印有青天白日徽记的飞机，机上飞行员正向一位降落伞中的日军飞行员挥手致意。显然，漫画名称打空格处的三个字应为"国民党"。这幅漫画实际上是讽刺国民党政府在抗战中有所保留，或者说是在抗战军事上的消极心态。而同期另一幅漫画，题为《血债！》，则更直截了当地体现了战区人民的苦痛。画面表现了一位中年男子，在空袭后的断垣残壁间，手捧幼子尸骸，失声痛哭的情景。

1938年6月8日，香港《立报》"花果山"版面，再次出现，也是最后一次出现署名"吟吟"的漫画。这幅名为《□□□□□》，题目被全部"打空格"处理的漫画，其画面内容更具讽刺意味，颇耐人寻味。画面中央站立着一位抗战士兵，他两手向外摊开，做无奈忧虑状；在其前后左右四个方向，分别画着列队而出的士兵，空空如也，结着蛛网的军费银库；写着"革命党""共产"字样的多只拳头，戴着种种面具，瞪眼咬牙的政客。这幅漫画，应当体现着当时抗战的国内困局，主要是指国共合作与资源调度的困局。作者敏锐地意识到，这些困局不解决，前线流血牺牲得来的战果迟早将化为乌有；画面中央那位抗战士兵的忧虑状，正是困局中的生动写照。这样的漫画，在当时的香港能刊登出来实属不易，题目自然是只能"技术处理"掉了，估计是"抗战何处

漫画《血债！》，署名"吟吟"，原载香港《立报》，1938 年 6 月 7 日。

去"之类的反问句罢。

回溯历史，可以看到，三幅署名"吟吟"的漫画，在香港悄然面世之际，萧红还身处武汉前线。"武汉保卫战"的惨烈，她亲历亲睹，绘制三幅这样的漫画，当是有感而发。结合到她的文字风格以及先前的画作特征来看，"吟吟"极可能就是"悄吟"。此刻的萧红，已不再是孤身独坐于旅馆，在小纸片上随意勾画花纹的"悄吟"，而是要让更多民众知道抗战时局，已经颇有左翼文艺倾向的"吟吟"了。

此刻，虽然她的生命历程已近尾声，可这三幅漫画，不单单是让人们看到了一位流浪女作家的苦难及其对苦难的别样表达；还让世人仿佛真切地听到了

漫画《"□□□"的精神何在？》，署名"吟吟"，原载香港《立报》，1938 年 6 月 7 日。

她那人生与文学的杳杳尾声，虽是音量低微的"悄吟"，却也有着一丝最有分量的激愤与苍凉。

漫画《□□□□□》，署名"吟吟"，原载香港《立报》，1938年6月8日。

◎浅水湾中萧红墓　萧萧落红几人知

1942年1月22日，萧红病逝于香港，遗体在香港跑马地日本火葬场火化，1月25日，端木蕻良等将萧红的部分骨灰埋葬在浅水湾的荒滩上，墓前立有一块木牌，上书"萧红之墓"四个大字。

萧红死后不久，一度有过不少文化界、文艺界名人赴浅水湾谒墓追思。其中，"雨巷诗人"戴望舒也曾于1942年，几经周折寻得墓地，其作《萧红墓畔口占》最为后世读者所乐道。

1944年9月10日，戴望舒在其主编的《华侨日报》副刊《文艺周刊》上，发表了这首口占诗，诗题为《墓边口占》，诗如下：

走六小时寂寞的长途，
到你头边偷放一束红山茶，
我等待着，长夜漫漫，
你却卧听着海涛的闲话。

据说，戴望舒保存了这首诗的剪报，并在上面备注："原题为《萧红墓边

《口占》，萧红二字被检。"原来，因萧红乃时人皆知的抗日作家，日本占领香港时期，"萧红"二字是不能见报的，所以戴诗发表时被检而删去了"萧红"二字。其实，原诗中那个未被删除的"偷"字，也间接地说明了当时环境的恶劣——即便千辛万苦，花了"六小时寂寞的长途"才找寻到当时匆促掩埋的墓地，想为墓主人、长眠的友人祭献上"一束红山茶"，也只能"偷放"。

抗战胜利之后，浅水湾不再是军事禁区，祭扫萧红墓不再需要"偷放"祭品。可又因国内战局初显，世途依然险恶，前去祭扫者也日渐寥落。不过，著名剧作家夏衍（1900—1995）曾于1946年底亲访萧红墓地，为世人留下了一篇描述萧红墓地实景的《访萧红墓》。这篇文章，曾刊发于1946年12月26日的广州《前锋报》上，署名"朱如"。因为普通读者并不知道夏衍还有"朱如"这样一个笔名，所以这篇文章似乎是报纸副刊上的普通来稿，并不十分引人瞩目。

夏衍《访萧红墓》，署名"朱如"，原载《前锋报》，1946年12月26日。

当时，在众多追思萧红的纪念文章中，除了戴望舒的《萧红墓边口占》被视作诗中佳作之外，丁玲的《风雨中忆萧红》则被视作文中佳篇。这些诗文，皆出自与萧红曾经有过较为密切交往的友人之手，无论从独特的历史细节之描述，还是从流露的个人情感之真切而言，自然有着感人至深的效果。比较而言，这篇署名"朱如"的作者所写的《访萧红墓》，并

萧红在浅水湾滩头的墓地（1942 年摄）

不具备上述这些萧红生前友朋所撰纪念文章的优势，却从"旁观者"的角度更为客观，更为直接地描述了萧红墓地的真实景况，这又独具另一番史料价值了。

为更充分披露史料，也为更清晰勾勒史实，在此，笔者不揣谫陋，酌加整理，转录报刊原文如下：

访萧红墓

朱如

（香港通讯）前天去访问萧红的墓。

打电话给 K，他是光复后最早到香港来的，他曾和戴望舒去扫过墓，所以他知道这位身世凄凉的作家，埋骨的地方。在汽车里，K 一直怀疑，这墓是不是还会存在。

"我们去的时候，那一带已经是一片荆棘，上月有人说，这一带已经整理过了，那就不知道他们会不会把它整理掉了。"

还有余威的秋阳晒得我有点头晕，我没有谈话。

从黄泥涌峡道转了一个急湾，浅水湾已经在望了，海水依旧平得像一面镜子，沙滩上还有人在喝茶，闲眺，开留声机，丽都俱乐部除出顶上的英文名字被改成日本字体的"东亚"二字之外，一点也没有毁伤，依旧是耀眼的彩色遮阳，依旧是白衣服的西崽，依旧是"热狗"和冰咖啡，铁丝网拆除之后，似乎比战前更没有战争的气味了，我们在丽都门口下车，K依旧是一路怀疑，几次三番说可能已经被英国人拆掉，可是很快的他就喊了："在这里，在这里，没有动。"

萧红的遗骨埋在从丽都的大门边正北行约一百七十步的地方，西向面海，算得上是风景绝佳之地。没有隆起的坟堆，在一丛开着花的野草中间，露出一块半尺阔的木板，排开有刺的草，才看出"萧红之墓"这四个大字：看笔迹就知这是端木写的，木牌后面有一棵我叫不出名字的大树，很奇怪这棵树的躯干是对分为二的，以墓为中心，有一圈直径一丈多的矮墙，其实，这不能说墙而只是高不及尺的"石围"而已，从墓西望，前面是一棵婆娑的大果树，两三棵棕榈和凤尾树，再前面，就是一片沙滩和点缀着帆影和小岛的大海了。

我们很感谢英国人整理海滩的时候没有毁坏掉这个坟墓，整个浅水湾现在找不出另一个坟墓，萧红能够有这么一个埋骨之地倒似乎是一种异数了。很明白，管理海滩的人不铲平这个坟，外围的石围起了很大的作用，这是一位仗义的日本人拿出钱来修的，这个人是东京《朝日新闻》社的香港特派员，小掠广，他认识望舒也认识端木，除他之外，参加这善举和在战争中着意保存了这

墓地的，还有《读卖新闻》社的记者和他的
夫人。

　　我们采集了一些花，结成一个花圈，挂
在端木手书的木板上，站在墓前，望着平静
的海，我们都有些羡慕萧红的平静了，受
难，吃苦，呼号，倒下来，就这么永远的安
息了，要是她今天还知道她的故乡在胜利之
后还要打仗，她的祖国在和平之后，还不能
得到民主，那么她也许就不能平静地睡在这
异乡的地下了吧。

1940 年 8 月，萧红在香港鲁迅诞辰六十
周年纪念会上。

　　我们带着黯淡的心回到香港，天黑了，依
旧是灯光烛火，依旧是鼓乐喧天，北望祖国，我们仿佛听到了大炮和轰炸的声音。

　　上述这篇"千字文"，还在上海《新民晚报》刊发了出来（1946 年 10 月 22
日），文章内容大致相同，只不过在上海刊发时直接署名为"夏衍"，所以如今
方知夏衍还有一个笔名为"朱如"，也才知晓这篇文章几乎同时曾在上海、广
州两地刊发过。

　　令人费解的是，为什么夏衍在上海发表此文时直接署名"夏衍"，而在广
州发表时却要署笔名"朱如"呢？原来，夏衍曾于 1946 年 9 月 10 日乘奉天轮
由上海到香港，在周恩来领导下在南京、香港等地进行各种"有政治目的"的
工作，直到 1949 年 5 月才返北京。正是在这一期间，曾到浅水湾访萧红墓。可
能也是出于工作保密需要，1946 年 12 月在邻近香港的广州《前锋报》上发表

萧红著《马伯乐》，1940年初版，此为香港重印本。

《访萧红墓》时，化名"朱如"；而在上海《新民晚报》上发表时，则仍以"夏衍"名义发表，给人以本人尚在上海的印象。

事实上，夏衍在香港逗留期间，不止一次亲访萧红墓地。1948年初，还曾与陶金、秦威、吴祖光、吴家骧等再次瞻访萧红墓地，在墓前还有合影。近十年之后，因浅水湾原丽都宾馆地带兴建工程，在各界人士倡议之下，决定将萧红墓内迁至广州银河公墓。

1957年8月3日，香港文艺界六十余人在九龙红磡永别亭举行了庄重的送别会。亭子内墙壁中央，悬挂着萧红遗像，下面放着一个浅赭色的骨灰木盒。周围并绕鲜花，遗像两旁挂着挽联：

"人赏奇文，证才气纵横，亦遭天妒；魂归乐土，看山河壮丽，待与君同。"

送别仪式后，由车队护送灵车到尖沙咀火车站，由叶灵凤、曹聚仁、阮朗等六人乘火车护送骨灰到深圳，当天下午运抵广州。8月15日下午，萧红骨灰安放在了广州郊区的银河公墓。

◎附录：1957年萧红墓迁墓简报

著名女作家萧红骨灰将由香港运送到广州

【新华社香港23日电】我国已故女作家萧红的骨灰已经在22日从香港浅水湾墓地中挖出，即将运送到广州。萧红是1942年因肺病死于香港的。今年7

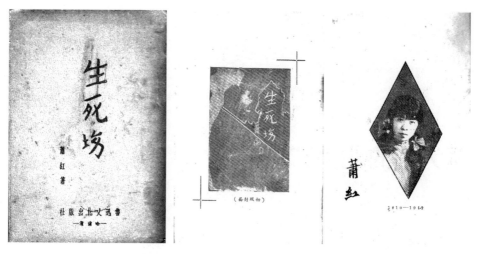

萧红《生死场》，哈尔滨鲁迅文化出版社，1947 年纪念版，内附初版书影及萧红像。

月，萧红生前友好和香港中英学会共同主持对萧红墓地的挖掘工作，将装载骨灰的金塔挖出。香港中英学会并同中国作家协会广州分会取得联系，准备把这塔骨灰送回广州。

——上海《文汇报》1957 年 7 月 24 日

萧红骨灰将安葬广州

【据新华社广州 3 日电】作家萧红骨灰今天由深圳运到广州。萧红的骨灰将由作家协会广州分会重新安葬于广州东郊银河公墓，并已成立由欧阳山等 11 位作家组成的萧红同志迁墓委员会。

【本报香港 3 日专电】15 年前病故香港的我国女作家萧红的骨灰，3 日晨从香港运送广州安葬。今晨 10 时，香港文艺界人士在九龙红磡永别亭举行简单隆重的送别仪式。

——上海《文汇报》1957 年 8 月 4 日

张大千的北平"讼案"

◎小引：张大千、于非闇、徐燕荪的"三国演义"

2019年，是著名画家、艺术家张大千（1899—1983）一百二十周年诞辰。这一年，也是著名画家于非闇（1889—1959，又署非厂、非庵）一百三十周年诞辰，徐操（1899—1961，字燕荪，又署燕孙）一百二十周年诞辰。

说起张、于、徐三位画家，就不得不提那一桩八十余年前轰动平津，惊动南北的"画家讼案"。这三位，都是当事人，连环打官司；也正所谓"不打不相识"，打完了官司，又成了"煮酒论英雄"——各自都成名成家，名重一时，仿佛魏、蜀、吴三分天下，真搞得跟"三国演义"似的。（此讼案中，徐氏也确曾指责张、于以"曹操"影射他，详见后文。）

众所周知，张大千是享誉世界的中国画家，其画风工写结合，重彩、水墨融为一体，尤其是泼墨与泼彩，开创了新的艺术风格，因其诗、书、画与齐白石、溥心畬齐名，故又并称为"南张北齐"和"南张北溥"。自二十世纪五十年代以来，张大千游历世界，举办过多次作品巡展，获得了巨大的国际声誉，被西方艺坛誉为"东方之笔"。

不过，在成名之初，五十岁之前的张大千，其恃才傲物，特立独行的性格，也在国内画坛引起过不少非议与质疑，甚至还引起过不小的风波。当时，张大千在国内、国际初具影响力，已在上海、南京等地办过画展，还曾在日、朝、法、俄等国展售作品，但在北平确实还立足未稳，尚未跻身画坛前茅。当时的北平画坛，对于这位外来画家的技法与风格尚不十分了解，加之张大千旅平早年曾以仿作谋生，几与画商行径相类，画坛中人有相当一部分对此难以接受；再因同行相轻，地区差异，圈子内外有别的习气等因素，使得本地画家对其并未有太过赞赏。

只有一位与本地同行的态度截然相反者，乃是经常与张大千、张善孖（1882—1940，又署善子）兄弟一道展出作品的，著名工笔画家于非闇。

于氏不但以实际行动支持与追随张大千，且还以曾任《北平晨报》编辑的身份，经常撰文在《北平晨报》上表达对张大千及其作品的由衷激赏，"南张北溥"之说，即出其手。非但如此，还因为大赞张大千绘画用的一种高档特制宣纸，撰文时甚至用到了"奴视一切"的词句，大有唯张独尊的意味。

此文一经发表，即引来北平画坛许多人士的不满，齐白石就曾特制一印章，印文为"吾奴视一人"，以示态度。北平本地画家徐燕荪，更因"奴视一切"之语激愤而起，先是撰发文章讥刺于、张二人，展开"暗战"；后更与于、张二人"明战"，演变为一桩诉诸法律的"画家讼案"，在北平乃至国内画坛都轰动一时。

当然，张、于、徐三人之间的矛盾，之所以激化至此，早有苗头；"奴视一切"之语，只不过起到了导火索的作用，一点就着了。关于这三位之间，如

张大千　　　　　　　　　徐操　　　　　　　　　于非闇

何你来我往，明争暗斗，坊间传闻颇多，至今尚有不少道听途说的通俗文章可读。不过，当年有确切时间的实时报道，有翔实内容的"讼案"原文，有明确记述的三方言论，如今已不多见。

◎海南岛："画家讼案"远播"天涯海角"

笔者经年搜求，查获当年"画家讼案"的旧报报道若干，如入画坛与法庭现场，三位著名画家"口诛笔伐"的史实即刻在场显现。在此，逐一列出这些旧报报道，可令读者诸君一篇在手，即如重返历史现场，即刻陪审旁听，再不必"隔靴搔痒"，连猜带蒙地去翻看那些七拼八凑的所谓"掌故"了。

据考，至迟在1935年9、10月间，张大千、于非闇即向北平地方法院递呈诉状，率先控告徐燕荪侮辱诽谤。至于诉状的内容，至今八十余年从未有过披露。即便当年的北平报刊，恐怕也觉得诉状的内容不雅，难以示众，遂未报道。但此案影响重大，远播南北，其影响力甚至波及了海南岛。于是乎，次年1月11日，海南岛海口的《琼崖民国日报》，以"平市文字狱，牵涉画家记者诗人"为题，将张、于、徐三人的官司，一度全盘托出。

虽然报道的时间，比之北平的讼案起始时间晚了三个月，可北平当地报纸不便刊发，不愿刊发的内容，却在这一份远在"天涯海角"的报纸上刊发了出来，实在是难能可贵。且看《琼崖民国日报》的报道，原文摘录如下：

平市文字狱

牵涉画家记者诗人

张大千于非庵徐燕荪互控侮辱

双方诉状笑料百出

（北平特讯）画家张大千，北平晨报副刊记者于非庵与徐燕荪，初以文字在平、津报端互相攻击，以至互以诽谤侮辱罪成讼于北平地方法院，截至前日，该案已票传庭讯两次，双方当事人未报到，仅由律师互相争辩，致有"勇于告状，不敢见官"之讯。前日推事张曰辂，已当庭面谕双方律师，限日内调解，但闻双方律师迄未拟定若何调解方案。该案情节，虽属轻微，但互控内容，笑料甚多，择尤披露如下：

张大千、于非庵自诉徐操（即徐燕荪）诽谤侮辱部分：

关于诽谤张大千部分

谓徐在《天津商报画报》作打油诗，其第三首原注有"海客与鼓姬狎，某作家为粉饰计，则以《花筵赚》相况"等语，某作家为指于非庵，海客为指张大千，因张大千云岁曾纳一鼓姬为妾云云。

关于侮辱于非庵部分

谓上述打油诗第二句起句"亭楼斋阁复轩厅"之"厅"字，与非庵之庵字相同；又第三句、第四句"尊号若加毛字读，会同也训一诽观"及原注"也，说文，女阴也"，"非庵"之"非"字加毛，为"毸"字，与"也"字同训，解为女阴；又第一首中有"为拜于思作阿爷"句，原注"某大报屁股作家""蜀客某矮而聱"，系侮辱非庵为屁股作家，而拜大千为父云云。

徐操自诉张大千、于非庵诽谤侮辱部分

谓大千及非庵曾有"若使徐娘见"，"蜉蝣撼树笑儿曹"等诗句，徐娘之徐，与徐操之姓字同，儿曹之曹，徐与操之名音近，合两字而指徐操之名姓，并辱徐操为徐娘，按徐娘为梁元帝妃，与左右淫通，所谓徐娘半老，丰韵犹存者是也云云。

张大千"画家讼案"及"画家比艺"风波之报道，原载《琼崖民国日报》，1936年1月11日。

上述摘录的六百余字的讼案诉状之内容，虽并非诉状的全部内容，仅其"择尤披露"的部分，也的确是如报道副标题所称，"双方诉状笑料百出"。这样的诉状内容，在向为"首善之区"的北平，当地的报刊无论是出于什么样的考虑，恐怕都确实是难以翔实报道出来的罢。

值得注意的是，报道中提到的张、于与徐乃"互控"，报道中所列举的各自诉状内容也各称其为"自诉"部分。这就给人一种暗示，仿佛张、于、徐是事先约好的一般，同时或者几乎同时向法庭提交的诉状——而且内容正好相反，你告我侮辱诽谤，我也告你侮辱诽谤。然而，事实果真如此吗？与北平千里之遥的海南岛报纸之报道，其用语措辞是否完全准确可信？

◎北平：《世界日报》全程报道"画家讼案"

事实上，早在1935年9月19日，北平《世界日报》就刊发过一条简讯，篇幅很小，文字很少，但却可能是这一桩"画家讼案"最早的报道。原文如下：

因"奴视一切"问题

画家起讼端

双方均已委任律师

调解不知能否收效

【特讯】画家于非厂最近因著文讨论现代画家作品之优劣，对画家张大千大加赞许，推为国内第一人，文内有张可"奴视一切"一语，引起另一画家徐燕荪之不满，致发生龃龉。现双方已各委任律师准备向法院起诉，于委江庸，徐委梁柱，双方现均互致函警告，日内即将诉之法庭。另闻画界中多人，均各获有均等之证据，恐即对簿公堂，亦难有何良好结果，故昨已有周肇祥、厉南溪、张醉丐等多人出面，进行调停云。

因篇幅所限，报道中"发生龃龉"云云，尚不能一明究竟。不过，与张、于二人"发生龃龉"的徐燕荪，无论身世背景，还是专业资历，都非同一般，在当时的北京画坛中是非常有代表性的一位人物。在此，不妨先约略介绍一下。

徐燕荪，原名徐存昭，又名徐操，字燕荪，又署燕孙，别号霜红楼主，又号霜红龛主、中秋生等。其人祖籍河北深县，生于北京商贾之家，家境殷实。自幼痴迷书画，早年拜光绪年间宫廷画家管念慈为师，后又追随清末民初海派人物画家俞涤烦学画，主攻人物，临学宋元名画，深得宋元画之真髓。曾一度专事连环画创作。如今年纪在四五十岁的国人，他们小时候爱看的小人书，如《水浒传》《西游记》之类，大多出自其手。

可想而知，张、于、徐三人，一个工写兼具摹古造新，一个专擅工笔花鸟，一个主攻人物画，俱为享誉一时的国内知名画家，他们卷入的这一场"画家讼案"，自然是当年轰动京城的一桩大事件了。而北平《世界日报》作为当时与《北平晨报》《实报》"鼎足而三"的一家主流媒体，且作为一直持守比较严肃认真的新闻报道立场的都市大报，也就此展开了对这一桩"画家讼案"的跟踪报道。

在此，还需说明的是，作为于非闇曾供职且多撰发文章的《北平晨报》，以及徐燕荪等多有刊发文章的《实报》，在"画家讼案"发生前后，这两家主流媒体实际上已经呈"对垒"之势。讼案正式成立之后，这两家报刊都基本保持沉默，不愿牵涉其中。处于"第三方"的《世界日报》，以"观察员"身份来报道"画家讼案"，在当时是独具客观优势的。

约三个月之后，1935年12月12日，张、于、徐三人的官司首次开庭，《世界日报》对此做了简要报道。原文如下：

画家讼案　今日开审

画家张大千，自诉画家徐燕荪侮谤一案，地方法院定于今日下午三时，首度开庭审理，由推事张曰辂主审，双方所请律师，计张大千为谢道仁，徐燕荪为梁柱，届时均到庭辩论云。

次日（12月13日），《世界日报》又对开审情况做了简要报道。原文如下：

画家讼案　昨日开庭
两造当事人均未到　推事限一星期和解

画家张大千、徐燕荪因文字涉讼，平地方法院二庭，昨日（十二日）下午三时开庭，两造当事人皆未到，由双方律师谢振诩、谢道仁出庭，庭推事张曰辂勒令两造律师限一星期和解云。

据上述两次连续报道可知，这一桩"画家讼案"虽然开庭，却"门庭冷落"，当事人张、于、徐三人无一人到场，皆委托律师出庭处理。开庭并没有

《画家讼案纠纷未已》之报道，原载《世界日报》，1935 年 12 月 21 日。

什么结果，只不过勒令和解罢了。那么，是否即到此为止，再无下文了？

且看这一桩"画家讼案"开庭九天之后，1935 年 12 月 21 日，《世界日报》再次刊发跟踪报道。此次报道篇幅尚可，内容较丰，前述报道中"发生龃龉"云云，张、于、徐三人之间究竟发生了怎样的"龃龉"，终于大白于天下了。原文如下：

画家讼案纠纷未已

张大千昨再递呈地方法院　对徐操反诉理由分别辩驳

谓"徐娘""儿曹"字样并非暗指徐操

画家张大千控告徐操（燕荪）侮辱诽谤案，徐未到案，复提出反诉后，张大千、于非庵两氏，昨再递状呈地方法院，反驳徐之反诉理由，该院定日内开庭审理。兹觅录张、于原状如次：

为反诉侮辱罪不能成立请予驳斥事。窃大千非庵自诉徐操侮辱诽谤一案，该被告抗不到庭，反提起反诉，以为抵制之计，请将反诉侮辱罪不能成立理由，简单答辩如左：（甲）引用法条之蒙混舛错，查侮辱诽谤二罪，犯罪之条件各别，处刑之轻重亦异。且侮辱罪最重刑罚为拘役，依刑法第三十六条，被告得委任代理人到场，诽谤罪则不许可也。徐操反诉大千：（一）捏称题《扑蝶图》诗所云"徐娘"系暗指徐操，题《花卉》诗所云"蜉蝣撼树笑儿曹"，"曹"字与徐操之"操"音相近，仅此二句，姑无论大千本意如何，而并未指摘或传述，足以毁损他人名誉之事，则极显明。充其量，只能妄指为侮辱，而不得谓之诽谤，徐操不谙法律，意或有意蒙混，反诉大千诽谤侮辱，故大千专就指责二句答辩，是否侮辱为已足，诽谤云云，可置之不论。应先陈明钧院，请允大千许委任原代理人到场，代为应诉。（乙）二诗无侮辱何人之意思，且徐娘儿曹等词，亦不足遽为侮辱：（一）考《南史·元行徐妃传》，妃以帝眇一目，每知帝将至，必为面面妆，传中又有徐娘虽老，犹尚多情等语。于非庵画《扑蝶图》，大千为补半面美人，题以一诗，有"若令徐娘见，吹牛两大王"之句，徐娘盖指所画之半面美人，稍读故籍，粗知诗义者，皆能辨之。而徐操竟以徐娘自命，瞑谓大千拟之于古之美人，岂不令人喷饭？（二）蜉蝣撼树等譬喻，古今人诗中，数见不鲜，若谓为侮辱，则韩昌黎，实为祸首，唐宋以来，犯侮辱罪者多矣，谓儿曹之曹字，与操字相近，实不知所云。又谓其名为操，有以曹操相讥之意，大千即公然承认，恐地下枭雄，亦必掀髯大笑，拂然不悦。（况大千此诗，实系今年春在日本所作，归至上海写示非庵，后与非庵画荷，乃题之，图上有原函，可以证明。）反诉实属滑稽，应请钧院严厉驳斥。谨呈北平地方法院。

上述八百余字的报道，将张、于二人率先控告徐燕荪侮辱诽谤，复被徐提出反诉，张、于二人再递状反驳徐之反诉的讼案进展，即"张、于控告徐——徐反诉张、于之控告——张、于反驳徐之反诉"这一基本历程勾勒了出来。当然，报道内容主要集中在了"张、于反驳徐之反诉"这个环节上。不过，通观张、于二人的反驳状，已然约略知晓了这一桩"画家讼案"的来龙去脉。

据此报道，即可知前述《琼崖民国日报》的报道中提到的张、于与徐之间的所谓"互控"，列举各自诉状内容也各称其为"自诉"部分，这种说法并不准确。

事实上，首先是针对徐的公开侮辱与诽谤，张、于二人率先向法院提交控诉，意即不再与徐展开笔墨文字上的"暗战"，而是要诉诸法律，追究责任了。可是，徐拒不承认张、于二人所控告的那些公开侮辱与诽谤之举，却反过来又向法庭申诉，坚称张、于二人侮辱与诽谤在先，并一一罗列证据。接着，张、于二人就徐的"反诉"递状"反驳"，对徐的诉状诸条予以驳斥。

可以看到，张大千所作《扑蝶图》与《花卉》上的题诗，成为双方"反诉"与"反驳"的焦点。徐燕荪则坚称《扑蝶图》题诗"若令徐娘见"，所云"徐娘"系暗指徐操；《花卉》题诗云"蜉蝣撼树笑儿曹"，"曹"字与徐操之"操"音相近，亦指徐操；两处题诗均系侮辱。而张、于二人对此的反驳，则引经据典，于法理、文理、情理之中，均说理充分，颇见力度。

应当说，无论张大千题画诗中有无影射讥刺徐燕荪之意，仅就"法理"而言，恐怕都很难予以"定性"，更遑论"定罪"。就此报道内容，不难感受得到，张、于二人在这一桩"画家讼案"中，都明显占据上风，处于主动地位。而徐则相形见绌，渐趋被动。

张大千、于非闇合作《扑蝶图》　　　　徐操《美人图》

◎插曲：张大千畅谈对徐燕荪"反诉"的看法

《世界日报》本着严肃认真的新闻报道立场，对张、于、徐三人在法庭之外的言行，几乎没有任何报道。换言之，即对"画家讼案"的庭审之外与结案之前的新闻线索并不热衷。

那么，在法院两度开庭之后，徐燕荪均未到庭，且提起"反诉"，在这样的情势之下，张大千一方当然有所回应。而这种回应，在对"反诉"提出"反驳"和将"反驳"意见正式提交法院之前，以张大千直爽快意的性格而言，私下的、公开的言论，都应当会有一些。可是，包括《世界日报》在内的北平当地报刊，并没有采编与刊发这些言论，不约而同地保持沉默。这样的情形，就予后世读者一种印象，好似这一桩"画家讼案"自成立之后，就确实是在完全正式的法律程序中审理而已。除此之外，当事人三方再无任何举动，均相当谨慎地在等待法律裁定了。如此一来，当事人三方即便是有情绪上的波动，说理上的激昂，一切都付诸诉状与法庭，北平当地报刊的确没什么可以再做报道的了。

殊不知，还是在那一篇《琼崖民国日报》的报道之上，就透露了张大千对徐燕荪"反诉"的看法，其内容由记者专访采编而来，颇具"现场感"。这就让人们对法庭之外的"画家讼案"当事人之态度，有了更为生动形象的感受。为此，转录这部分内容如下：

张大千谈

张大千昨对人谈渠与徐操讼事，略称，徐因侮辱诽谤我们（意兼于非庵），为江翌云先生所见，代抱不平，方始以律师名义去函问质。其间虽曾有人出而调解，但彼方（指徐）始终无诚意，迫不得已，方始诉诸法律。在法律，自诉人聘有律师，自可以不必到庭，故两次开庭并未亲到。我画的《扑蝶图》，引用徐娘之典，因为我画的是背面女人，所以我题"若使徐娘见，吹牛两大王"，这是自谦画得不美。另外一时用"儿曹"之典，他也误解到曹孟德身上，真是笑话。我在南边久已闻得北平艺术家甚讲义气，及至读了《艺林打油诗》（徐作），公然的侮辱起人来，我们也就一笑置之。比经众朋友出来调停，而对方反提出了反诉，我原不想久居北平，不过因此事，我已另租了大的住房，拟在此久居，倒要看个水落石出。本来现在的言论太不自由，弄至用起不相干的典故，也会使人家误会，这真所谓"欲加之罪，何患无词"了。

上述三百余字的报道，摘录自《琼崖民国日报》记者对张大千的专访，应当时为徐燕荪提起"反诉"之后不久。张大千畅谈"画家讼案"始末，条理非常清晰，措辞也非常理性，并无十分激烈情绪。只是后面提到的"我原不想久居北平，不过因此事，我已另租了大的住房，拟在此久居，倒要看个水落石出"云云，也非常直接地体现了其"快意恩仇"的性格，十分明确地表达了要将官司打到底的决心。

◎管翼贤倾力调停，"画家讼案"终平息

然而，就在张、于二人对徐之"反诉"提起"反驳"之后不久，不过五六天的时间，这一桩"画家讼案"出现重大转机——于、徐二人竟然握手言和，这两位北平本地画家先行和解，要撤销诉讼了。1935年12月26日，《世界日报》曾有如下报道：

画家讼案　经管翼贤等调解业已言归于好

于非厂为讨论张大千画的问题，徐燕荪认为于语带侮辱，曾赴地方法院控告于非厂。此事曾经艺术界多人出面调停，均归无效。现在此事复经管翼贤等，再三调处，徐、于双方，亦感觉讼事麻烦，已言归于好，决定撤销诉案。得由管翼贤等调处人出名，邀请徐、于双方欢宴，并邀平市名流数十人作陪，定于今日下午六时，假座大美番菜馆欢叙云。

次日（12月27日），《世界日报》再次对张、于、徐三人冰释前嫌的这一

场"欢宴"实况予以了简要报道。众人聚餐的所谓"番菜馆",就是清末民初以来在中国开设的西餐厅,当时就这样称呼。试想,以张、于、徐等为首的一伙长衫马褂的画坛名家,在北平的一家西餐厅里拿着刀叉,喝着洋酒,把一桩官司给了结了,在当时的北平城里,的确算是一桩新闻。且看报道原文如下:

张大千徐燕荪误会冰释

大美番菜馆昨日欢会即日撤销诉讼

　　画家张大千、徐燕荪以文学互讼一案,艺术界极为注意。此事导源以徐燕荪对于非厂"奴视一切"一言,有所诘问,发生误会,致起波澜。现经双方友好,极力调停,已言归于好。经过情形,已略志昨报。闻昨日在大美番菜馆欢宴,除双方当事人外,调人管翼贤,胡佩衡,郭绥珊,穆蕴华,徐君彦,傅沅叔,林仲易,李芷洲,王柱宇,谢道仁,谢振诩,赵裕藻,梁柱,蔡礼,宜永光,张醉丐,厉南溪等均在座,尽欢而散,即日撤销诉讼云。

　　且不说此次西餐"欢宴"席间细节如何,亦不谈出席者之众,各界名流俱在,仅据上述两次连续报道内容,即可管窥当时都市报媒对新闻事件记述的"随意性"。分明是张、于二人率先控告徐,此时报道中却称徐氏"认为于语带侮辱,曾赴地方法院控告于非厂",又将徐的被动"反诉"反转为主动"控告"了。于此,也就不难理解,约半个月之后的《琼崖民国日报》的报道,要将张、于、徐的控告与反诉,写成仿佛同时发生的"互控"了。

　　暂且撇开媒体报道的随意性,于、徐二人究竟因何和解的问题,恐怕才是当时的读者与如今的研究者比较关注的中心话题。为什么"此事曾经艺术界多人出面调停，均归无效"，却于"现在此事复经管翼贤再三调处"之后，二人又言归于好了呢？因史料匮乏，个中细节自然无从详究，不过，让二人言归于好的调解人管翼贤，其人其事迹颇可玩味，在此不妨约略介绍一下。

管翼贤（1899—1951），湖北蕲春人，早年留学日本，毕业于东京法政大学政治经济科，二十世纪二十年代初步入新闻界，任天津《益世报》驻京记者以及神州通讯社记者。1928年，在北京创办了闻名一时的小型报纸《实报》。该报以下层民众为主要对象，采取"小报大办"的方针，对稿件进行精编、浓缩，版面编排也生动活泼，受到读者欢迎，发行量最高时曾达十万多份，居华北各报之首。

那么，为何北平画坛众多"圈内人"出面调解，"均归无效"，一位当地报界名流——管翼贤，却能最终平息这一场"画家讼案"风波呢？究其主因，乃是徐燕荪撰发攻击张、于二人的文章，主要就是依赖管翼贤主办的《实报》，以此作为舆论平台，与于氏经常撰发文章的《北平晨报》相对峙。①

而管氏之所以要出面"再三调处"，一是因徐氏在《实报》上刊发了攻击张、于二人的文章，自身本已卷入此案，若真要对簿公堂，穷究责任，《实报》及其操办者自然难脱干系；二是为个人的社会关系以及《实报》声誉计，以调停此案为由头，拉拢众多画坛名士，成就一桩"艺林佳话"，岂不两全其美？不难揣想，当年管氏一定费了不少口舌与心思，动用了不少关系与资源，方才使得这一桩"画家讼案"最终化解。

1936年1月14日，《世界日报》刊发了一篇报道，正式宣布"画家讼案已

---

① 详参：崔普权《张大千与徐燕荪、于非闇的笔讼》，原载《海内与海外》，2008年第6期。

中南海芳华楼植秀轩前，张大千、于非闇、
徐燕荪三人与北平画坛诸友合影留念。

告结束"。原文如下：

画家讼案已告结束

——地方法院通知

——双方准其和解

张大千徐燕荪二画家，前因文字误会，曾涉讼法庭，轰动一时，幸经双方友好出面调停，双方言归于好，张徐两人，均向法院声请撤回自诉及反诉，业经法院核准，兹录通知原文如下：

声请撤回自诉通知书

为通知事，本院于民国二十四年受理自字第一三三号张大千徐燕荪互诉侮辱及诽谤一案。现双方均具状声请撤回自诉及反诉。本院应即查照刑事诉讼法第三百十七条第一项准其撤回，特此通知。右通知张大千徐燕荪知照。中国民国二十五年一月六日，北平地方法院刑二庭推事张曰辂，书记官刘德全。

1936年新年伊始，轰动京城的"画家讼案"，终于尘埃落定，当事人握手言和，言归于好。1937年，在徐燕荪的住地——中南海芳华楼植秀轩前，张、于、徐三人与北平画坛诸友合影留念，宣告这一场画坛风波彻底平息。

这一帧合影中尚可辨识的人物为：徐燕荪（左一）、张大千（左三）、于非闇（左十一）、寿石工（左十）、谢子衡（左五）、胡佩衡（左七）、蔡礼（前排右一，为律师）。这些人大多也皆是大美番菜馆那一场"欢宴"中的座上宾，再一次见证了"画家讼案"之了结。

◎ "奴视一切"惹众怒之"画家比艺"

因于非闇"奴视一切"的激赞之语，张大千在北平画坛惹众怒，所招致的冲突与烦扰并不仅止于"画家讼案"一桩。就在"画家讼案"开庭之后不久，张大千又遭遇了"画家比艺"的风波。这真可谓"官司"与"比艺"齐来，"文斗"与"武斗"皆受。

时为1935年12月18日，《世界日报》报道称，张大千将与北平本地画家吴幻荪（1905—1975）"比艺"，地点拟定为中山公园。这类似于"比武"式的公开"比艺"，对北平公众而言还是头一回见识，一时大为轰动。这究竟是怎么一回事呢？不妨先细读报道，原文如下：

艺术界韵事

画家比艺将实现

张大千前晚拜访吴幻荪

吴昨函张拟定比艺办法

北平画家吴幻荪（茱萸），函请张大千比艺后，已震撼平津画坛。此事发生后，凡关心绘事者，咸极注目。吴函于十五日用挂号信寄递，张氏即于前晚（十六日）下午五时偕乃兄张善子，及于非厂两氏，前往西直门内小六条拜访吴幻荪。适吴因事外出，由其尊人吴紫岩氏代见。大千对于"奴视一切"一语极意剖白，谓出自于君手笔，初非对于大家，并举画家派别不同，见仁见智，难有定评等语。惟对其"老子腹中容有物，蜉蝣撼树笔儿曹"之诗，未加解说。善子则称绘画比赛非打擂事，于非厂氏则稍询比艺方法；吴紫岩答称：小儿一未鬻画，二未入画会，三无师承，四不沽名钓誉，对公等此举，经激于"奴视一切"一语，公等勿疑为打擂，此中殊光明，无背景也。张等乃约吴幻荪次日至伊寓晤谈而去。吴氏归后，以在比赛前，不愿与张晤有多谈，已于昨日（十七日）下午复函张氏，大意谓公既有所剖白，若谓非所敢承，则宜刊诸报端，今与公约，倘有悔吝诚意，则请以一纸见示。书明所以被人置火炉上，非敢自上从号，则仆与公，既未谋面，何嫌何怨。届时当拥公于画坛，犹恐不及。若日内不获命，则是公自承无疑，请仍践前约，并拟定比艺苏法四项如下：（一）地址，在中山公园（傥价自仆方出，勿为公累）。（二）日期：在拜收复缄，十日内，以便登报及傥函。（三）比试方法，公既自承"奴视一切"，则"一切"当皆精绝，所未欲仆限以范围一层，恕不敢应命，因公自为健翮冲天，所如无不利，岂敢有所笼挂，凡一末技为公所不能或能而不如仆精者，当即另禅此言于后学者。（非仆）否则当奉赞为师。（四）宣布方法，于比赛之先，双方登报三日，说明所以比赛原因，乃为公自承"奴视一切"，聊代全国画苑，一申正谊，此事公幸勿拒，盖以公椽笔，仆所必负，成公"奴视一切"之崇衔，公何乐而不为？至仆虽费，亦当宣明所取辱之道。又并于延聘友好一层，可以不必。最好使世有热心选事诸公，自由临视，世不乏明眼之士。末更阐明，敢搁诚正告，仆既不转门户之见，又非与公争名，徒为国内画苑同人令名计，故不敢偭首从名，请自思索等语。此函发出后，尚未知张氏如何相复云。

据上述这篇报道可知，1935年12月16日下午，张大千与其兄张善孖、于

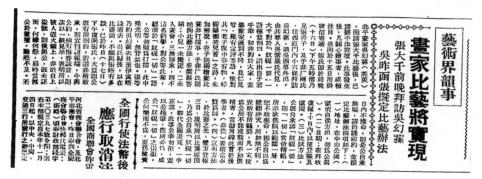

张大千与吴幻荪比艺之报道，原载《世界日报》，1935年12月18日。

非闇亲自上门拜访吴幻荪，就是为所谓"画家比艺"之事而去的。但这一场"画家比艺"并不是张大千兄弟的主意，且前去拜访之意，本就是为了解释所谓的"奴视一切"之语，希望消除误会。

吴幻荪，原名吴哲生，号茱萸，别号吟碧馆主。自学绘画，青年时期参加湖社画会。研究北宗山水画法，致力于山水画写生融合西法。曾任国立北京艺专教师，北京国画社画师，中央美院、中央工艺美院教师。他同时还是剧作家、剧评家，参与过相当多的剧本撰写与改编，在北平文化圈子里颇有声名。应当说，吴氏个人更多的精力是投注在剧苑而非画坛，致函张大千"比艺"，纯属激愤之举。吴函信文，转录如下：

大千先生有道，仆尝妄附风雅，学涂山水，自知庸俗粗劣，不敢出眩于人，惧有欺世盗名之讥耳。诚欲得一山水画宗，而请益之，不引世无仲尼不当北面之例，以自傲岸，求绝高贤也。偶阅报载，有于非闇也，推崇公画，谓可"奴视一切"，复引公诗，有"老生腹中容有物，蜉蝣撼树笑儿曹"句，坐是，因与指摘此语者，且兴窜牙之讼焉。是公隐然自负，谓足可当此奴视一切，斯诚非下士所敢呵天扪日，以故况者。当代画范，颇亦为泚，惟是窃有所惑，故仍不惮问道于高明。夫"奴视一切"者，前无古人，后无来者，以六合八荒之大，无可当日之谓也。然戋戋之意，以为虽自殊于艺人者，当不致以此名目而非圣。昔至圣如孔子犹云"十室之邑，必有忠信"。又云"后生可畏，焉知来者之不如今也"。以秦王之禀，未敢横绝四海，矧为六艺之一事，蕞尔小技乎？以是小子昧于"奴视一切"一语，不自揣其酰鸡蜡凤，欲与公约，作公开绘画较量。接素联丹，跻题并轴，任公解衣搏虎，投带引鹤，愿陪末席。苟有一石一树，为公所不能为者，请目口褫此"奴视一切"留待后学，否则当奉赞为师。不然，未能甘与国内艺苑同人。齐作公未能拜门之无辜涅籍，而听横加"蜉蝣撼树笑儿曹"之讥也。自知袜线之材，然欲一罄老子腹中之物，幸勿作晴川阁上太白之搁笔，与公同勉，慎勿为傍人以规避为诮可耳。敬请定期广开坛坫。并揭橥其事，昭告同文，咸请来观，庶白真是真非于天下。批鳞之言，尚希勿怨。耑颂教安，伫候明复。后学茱萸吴幻荪谨白。[1]

张大千收到这封信后，也深恐以吴幻荪为代表的一些北平画坛中人对其误会加深，矛盾有进一步激化的趋势，于是郑重其事与其兄长及当事人于非闇登门拜访，期望能解释清楚，消除误会。可惜的是，吴氏当时恰恰未在家中，由其父接待张大千一行。待到吴氏归家，得知张氏一行曾来访之后，仍然没有放弃比艺的想法，且拟订了更为具体的比艺办法以作补充。那么，二人最终在中山公园公开比艺了吗？

---

① 详参：崔普权《张大千与徐燕荪、于非闇的笔讼》，原载《海内与海外》，2008年第6期。

据目前已知的文献史料，时至1936年新年伊始，"画家讼案"风波已然平息，而这一场"画家比艺"都还没有进行。遍查当年的旧报刊及相关文献，在此之后也都没有相关报道与记载。于此基本可以判定，这一场"画家比艺"最终应当没有进行，或是在同行各方调停之下，或是在更为私密的沟通之下，与前述"画家讼案"的情形相似，二人达成了谅解与理解之故罢。

◎ 1948：北平一别不复返

终于，"讼案"与"比艺"风波相继平息，张大千在北平画坛虽毁誉参半，倒也暂可"安居乐业"，根基渐稳。可惜的是，张大千与北平画坛的融洽与互动，并没有持续多久。1937年七七事变爆发，不久北平即沦陷于日军铁蹄之下。张大千困居北地，百无聊赖，暂居颐和园听鹂馆中；期间又应故宫文物陈列所之聘，任国画研究班导师。

时至1937年11月10日，北京赈灾书画展览会开幕，张大千、吴幻荪、徐

吴幻荪《归渔图》

燕荪、齐白石、寿石工等四十余位画坛名家，俱出席到场，并皆有展售各自作品，用于赈济灾民。1938年夏，为避日军纠扰，张大千化装逃出北平，辗转上海、香港，经广西桂林，返归蜀中，隐遁于青城山中。

至此，张大千与北平画坛一别八年。仅就《世界日报》的报道考察，直至抗战胜利之后，1946年初，张大千才又一次返归北平，当时在颐和园养益轩小住，作画课徒，不久即返上海暂寓。同年末，又因患糖尿病，由上海飞抵北平同德医院疗养数日。1948年10月16日，又与谢稚柳一同由上海飞抵北平，据其自称，此行预备一周时间，乃是专程看望北平画界友人的。他对记者说，抵平当天即去了琉璃厂，"那里的名画已经比从前大大减少，并不比上海的多，这大概是因为南方人买的比较多吧"。至于"甘肃省参议会控告他损坏敦煌艺术一事"，他则颇为随意地应答道："不知道这话从何说起，试想佛像怎么挖？颜色怎么刮去？对这种所谓控告，根本不去理会"。

或许，这即是《世界日报》上最后一篇关于张大千的报道（1948年10月17日），也可能就是其在北平的最后一次逗留之记录罢。报道题为"古城秋意浓如许，张大千为红叶来"，倒真真有些萧瑟意味，颇有故人虽为佳景来，终将归去为异客的观感了。

张大千来平赏红叶之报道，原载《世界日报》，1948年10月17日。

试想在此"红叶之旅"十年前，从"画家讼案"中全身而退的张大千，此刻从敦煌临摹古画带着"敦煌艺术"开辟者之誉重返北平，著名学者陈寅恪亦盛赞其"实能于吾民族艺术上，别辟一新境界"①，或许，此刻的北平之行，张大千原本还是有一番故友重聚，新艺重振的计划的。孰料刚刚飞抵北平，逛了一圈经营惨淡的琉璃厂之后，即又陷入"甘肃省参议会控告他损坏敦煌艺术一事"的记者提问之中，恐怕又别是一番滋味在心头，大感扫兴，亟待归去了罢。这番揣测虽未必真切，可至此之后，张大

张大千肖像，1946 年签赠照片。

千环游世界，扬名海外，可谓隐遁江湖，逍遥余生，确实再也没有回到过北平或是北京了。

---

① 详参：陈寅恪《观大千临摹敦煌壁画之所感》一文。

齐白石的"南游北归"

——以《世界日报》专访等相关文献为线索

◎大师力作，石破天惊

2017年12月17日，著名画家、现代国画大师齐白石（1864—1957）的作品《山水十二屏》在当晚举行的北京保利秋拍夜场中，拍出9.315亿元人民币的惊世高价。这一价格刷新了齐氏作品拍卖纪录，《山水十二屏》也因之成为全球最贵的中国近现代艺术品。

当晚，《山水十二屏》以4.5亿元起拍，经过57轮竞价，最终以8.1亿元落槌，加佣金以9.315亿元成交。这在业已屡创新高的近现代中国画作品中，创下了"一峰独高"的纪录，"齐白石"这个早已熠熠生辉的名字，再一次焕发出独步中国画坛的耀世光芒。

近年来，齐白石的作品虽是拍场常客，市场价格也屡创新高，如2011年嘉德春拍的《松鹰图》亦达4.255亿元之巨；可像《山水十二屏》这样的精品巨制确不多见，这一次确实是"石破天惊"！不难揣想，当晚见证这一历史性

齐白石《山水十二屏》，2017 年保利秋拍，以 9.315 亿元人民币成交。

时刻的所有在场者与不在场者，恐怕都会禁不住自语：齐白石回来了！

◎七十余年前，大师"南游北归"之旅

殊不知，七十余年前的北平文艺圈，也曾发出过这样的呼声：齐白石回来

了！这就让人颇有时空穿越之感了。这又是怎么一回事呢？且看 1946 年 11 月 25 日、26 日，北平《世界日报》连载刊发报道《齐白石回来了》，原文如下：

【本报专访】知道齐老白石返平，是前晚十时的事情。昨日星期，记者到西城跨车胡同，做了一度不速的拜访。"新闻界朋友来了，也没处坐"，经过负责看护的夏女士介绍之后，齐老从布椅上坐起，向记者寒暄。

屋子里温度很适中，虽然生着炉子，但并不太热。我们谈的很和谐，另外还有两位朋友，一位是替记者作指导的江伟琅小姐，一位是齐氏高足欣生店画店经理董立言。齐氏这次南行，除掉在上海降落时有点发晕外，来回都很平安。"倘能再活三年，便九十了。"在谈到他的年岁时，答复的异常轻松。我想除掉诗画之外，齐老的散文，也一定颇可咀嚼的。在南京，蒋主席曾召见过他一次，并且一再叮嘱他保重身体。除掉张道藩之外，齐老在南京又收了一位女徒，是艺专校长徐悲鸿的离婚夫人，张道藩的秘书，蒋碧薇。在京沪四十余日，差不多天天要赴筵会，但只喝过一次酒，那是在全国宪兵总司令张镇的席上。但也只是小小的一杯，却使他的大弟子张道藩担心的提出劝告，而且举杨森招待某高寿老人，因吃酒丧生事作例。

杨啸天的三女公子杨晴凤，女作家赵清阁，郎静山的太太雷佩芝，都拜在齐氏门下作弟子，这是齐氏在上海荣誉与酒筵以外的收获。杨晴凤原名杨岫清，新名字是齐老给她改的。齐老的三少爷也来平了。谈到三少爷，齐老特别兴奋。"以后我不再画昆虫了"，他说三少爷的昆虫画比他好。

说到家庭，那真够的上一个"大"字，如果有人请客，要齐老门弟光临，必须别外预备六桌酒筵，一辆大型的公共汽车来接送。最大的女儿已接近古稀之年,最小的一个不是在一出生时便伴同母亲死去,今年才只有三周岁,这是奇迹。正如问齐老由木匠变成中外闻名的画家诗人一样,近乎一点"传奇"。据我想,齐老一生事迹,足够写一部长篇小说。

"就是福气差一点",多寿,多男子,已经满够二多的条件了。但齐老似乎还有些不满足。他的弟子董立言安慰他:"两处有地,北平有房子,也就可以了。"

除掉艺专的学生以外,真正磕头拜师的,也有和齐氏年龄相近的人士。他说最近预备登报,要大家来登记,他要写一本《师门录》。齐氏数年做木匠,二十至三十画山水,三十至四十画人物,五十以后,专画花卉。这次去京,献给蒋主席一幅《松鹰图》,三尺宽,八尺长,代表立足千年的意想。

夏女士说:齐老除掉有时患牙痛之外,其他各部门的器官都是非常健全的。每天起睡都很早,每饭吃挂面,向来不过饱。"起早,睡早,不吃饱",是齐老享高寿的三秘诀。

上述《世界日报》专访齐白石的报道,分两次连载,共计约千字的篇幅,并不算特别张扬,但在1946年那个特殊的历史时期,亦属难得。须知,时值抗战胜利后次年,国民党政府内忧外患仍剧,国内民生凋敝,报纸版面大多为关系国计民生的军政经济类新闻占据,能抽出这样篇幅的版面来所报道一位老年画家,足见报社方面及社会各界之关注。

《世界日报》用"齐白石回来了"的标题来报道此次专访,亦足见当年北平各界对这位耄耋之龄的国画泰斗有着相当的关切与挂念。那么,齐白石于1946年深秋赴南京,离开已定居数十年的北平,南游宁沪两地究竟所为何事?

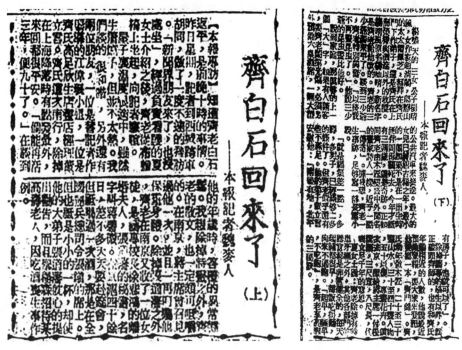

《齐白石回来了》（上、下），《世界日报》报道。

　　事实上，对齐白石的南行，北平《世界日报》一直予以高度关注，有一系列的跟踪报道。如1946年10月14日，就首次报道了齐氏南行的行踪，对外宣称：

　　"故宫文物研究会理事齐白石、溥心畬，二氏久有南游之意，近应该会理事长张半陶氏（即张道藩）邀请，于昨日同机飞沪，在南京、上海作短期旅行。"

　　10月16日，齐、溥二人即赴南京。11月3日，张道藩在南京拜齐白石为师，社会各界反响强烈，轰动一时。张氏还以"中华全国美术会"的名义在南京为齐、溥两位北方画家举办联合画展，因时值蒋介石六十岁生日，南京方面径直称其为"祝寿画展"。其间，蒋介石接见了齐白石，齐氏为此专门创作了一幅《松鹰图》与两方印章赠蒋。以上事迹种种，即是齐氏南行的大致经历。

齐白石《松鹰图》，为蒋介石祝寿之作；2011 年嘉德春拍 4.255 亿元人民币成交。

◎齐白石"善忘"，真实年龄成谜

齐白石南行北归之后，即接受《世界日报》专访，虽然报道篇幅不大，但所包含的历史信息却相当丰富。除了报道中提到的众多名流与齐白石的交往之外，尚有三处信息值得注意：首先是齐白石的年龄——当时据他亲口所述"倘能再活三年，便九十了"，可知他当时至少已是八十六岁（虚岁八十七）高龄了。奇特的是，据如今通行的齐白石年谱来测算，他当时应为八十二岁（虚岁八十三）。那么，这究竟是怎么一回事？难道齐白石连自己的年龄也会算错，或者说是如今通行的齐白石年谱有误？

这一切，还得从齐白石请胡适编撰年谱说起。就在齐白石接受《世界日报》专访之前不久，于 1946 年秋请刚刚在美国结束了九年外交工作返国的胡适为其编撰年谱。归国即赴任北大校长的胡适，虽各项事务烦冗，仍接受了为齐白石编撰年谱的工作，并于次年展开考证与写作。

齐白石提供给胡适的生平资料，还是比较齐备的。其中包括白石老人八十岁时所撰的《白石自状略》的初稿、发表稿、写定本数种。诸如杂记稿本《三百石印斋纪事》一册；残页《入蜀日记》；自撰《齐璜母亲周太君身世》；友人所作《齐白石传》一册；还有几本诗歌作品，如《借山吟馆诗草》《白石诗草自叙》初稿及改定本，《白石诗草》残稿本等；以及有关齐白石的剪报、函件多种。

擅长文史考证且对传记文学有着独特见解的胡适，在使用这批齐白石生平资料时，却很快发现了"疑点"。

《齐白石年谱》，商务印书馆，1949 年 3 月初版。

胡适认为，齐白石的真实年龄需要详加考证，齐氏本人的忆述可能靠不住，并已然为之推算出了较为确切的生年称：

《白石自状略》是他八十岁写的，其时当民国二十九年（1940 年）。从民国二十九年上推，他的生年应该是咸丰十一年辛酉（1861 年）。

可在其他记载中，譬如齐

白石自撰《齐璜母亲周太君身世》一文中，他的生年却是同治二年癸亥年底（实为1864年1月1日）。

为确定齐白石的真实年龄，胡适托人婉转询问；而对于其出生年月的确切时间，齐白石只给了一个"含糊的答复"，没有明确回应。胡适以为，这其中或有隐情，可能有不便道与外人的"小秘密"，便把这个"疑点"记在初稿中，留待与齐白石有多年深交，又是自己朋友的黎锦熙来解答。

随后，黎锦熙一面自查资料，一面频频出入齐宅，"过门辄入，促膝话旧"。终于获知，齐白石因为根据算命先生的说法，"怕七十五岁有大灾难，自己用'瞒天过海法'把七十五岁改为七十七岁！"于是，胡适确信，齐白石的生年应是同治二年癸亥年底。虽然齐白石自己对这一生年信息一直含糊其词，不置可否，但现在通行的齐白石年谱，正是以胡适主持编撰的年谱为基础，将齐白石的生年确定为1864年了。当然，如果一定要以此次专访中齐白石自己的话来取证，他的生年则又应再往前推四年，竟然是1859年前后了。

不难揣想，当时齐白石毕竟年事已高，"回忆往事，每不能记为何年"，其"善忘"健忘之老态，与其艺术成就之老练，形成了鲜明对比。其实，齐白石早在接受此次专访十四年之前的1932年新年之际，就曾写过一篇《老年人善忘》的手札，被《北京画报》当作一篇饶有新意的"新年公告"发表了出来。文曰：

老年人善忘

齐白石行年七十又二矣。独独善忘。尝呼工人，工人至，忘其为何事也。即来家书，须立复，经夜必忘。凡朋友及世谊之寿诞、哀悼及嫁聚（娶）等事，承（曾）经通告者，多忘其期。或忽忆及，其已过矣。至多违命，诸君谅

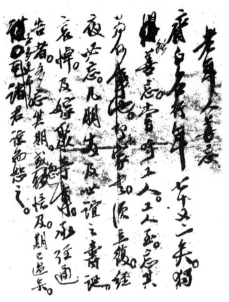

而恕之。

《北京画报》刊发《白石老人手书新年之告白》

这通手札，洋溢着齐白石对自己善忘误事之老态的自我解嘲之意，令人观之忍俊不禁。手札中有多处误写添改之迹，即便如此，仍有误字两处，亦足证老人当时善忘情状。且观手札中自称"行年七十又二"，当时为1932年，反推其生年，竟又成了1860年或1861年（虚岁七十二）了。

◎齐白石南京收徒，轰动政坛内外

专访报道中，还提及了齐白石南京收徒之事。齐白石南游在京沪均有收徒，但他在南京先后收的一男一女两位新弟子，最为引人瞩目。

这两位新弟子，即时任"中华全国美术会"理事长的张道藩（1897—1968）与他的秘书，刚于1945年底与徐悲鸿离婚的蒋碧薇（1899—1978）。这在当年也是轰动一时，引发热议的公共新闻。

实际上，齐白石抵达南京之初，张道藩便对其关怀备至，处处皆有代办代劳之力。1946年11月1日，《世界日报》的"教育界"版面头条，刊发了一条简讯，并非什么真正的教育界、文化界重大事件之新闻，却是一篇发自南京的通讯报道，标题竟是《张道藩警告齐白石》，这究竟又是怎么一回事呢？且看报道原文如下：

张道藩警告齐白石
高年画家少赴会
——以杨森招待某老人故事为例

【本报南京十月三十日航讯】名画家齐白石、溥心畬两氏画展，连日往观者络绎不绝。此次两氏售画全部收入，除部分旅费支出外，均捐作故都研究文物会基金。闻渠等在京有数天勾留，即赴上海各地观光，然后返京。昨日中委张道藩，在某处欢宴齐、溥两氏席间，曾发表其个人对欧洲画派之持论特点及其观念，并特对年高之齐白石说一笑话，请大家少请高年画家吃饭。据张称：贵州省主席杨森，当其为军长驻扎于四川万县时，据报附近有一老人，年已一百五十八岁，身体尚十分强健，乃遣专人访来，请教其有何妙法，享如是之高年？老者谓：无他，乡下树木茂盛，环境清幽，我个人早眠早起，吃饭从不过饱而已。杨氏继询常吃何物，但肉类少吃，蔬菜多用。杨氏乃设宴招待，并留营中一礼拜，不料因食用过多，竟罹重疾，几遭死亡，故特将此故事介绍欲高寿之人云云。按：齐白石氏为画界中年龄最高者，以八十六岁之高龄，尚能作画，各方对渠此次画展均评赞：气魄大，意味浓，境地高。

读完这篇四百余字的通讯报道，不难发现，报道标题《张道藩警告齐白石》实在只是炫人耳目而已，如同现今的"标题党"。其内容无非是张道藩特别关心齐白石，寄望其保持健康，长寿未央。此时的张道藩，俨然已与齐白石保持着十分密切的交往关系了。

1946年11月4日，上海《立报》率先报道了齐白石在南京收徒的消息，新弟子正是张道藩。报道原文如下：

齐白石收徒

张道藩拜师

香铺营昨晚盛会

三鞠躬姑代跪礼

【南京三日电】中央文化运动委员会主任委员，中华全国美术会理事长张道藩，要求拜高峰造极之八十六老画家齐白石为师，现已得齐氏之同意。三日晚六时假香铺营联欢餐厅执弟子之礼，并请各院部长，中央执行委员，各报社社长，记者，到场观礼。齐氏特许以三鞠躬，代替古式之跪礼，张氏甚感欣慰。

次日，11月5日，《世界日报》刊发了张道藩拜齐白石为师的通讯报道，篇幅数倍于《立报》，内容更为翔实。其篇幅甚至比二十天之后齐白石北归之后的专访报道还更大，足见当时南北两地公众对此事的关注程度之高。此次报道，原文如下：

《张道藩警告齐白石》，《世界日报》报道。

事先陈明蒋主席

张道藩拜齐白石为师

五十岁父母双亡原得老师慈爱

认拜师精神足以庆祝主席寿诞

【本市南京四日航讯】中委张道藩，前曾请齐白石少赴宴会，少吃肉，并举老年人多吃易病为例，其对齐氏爱护之意，备至亲切。前日此间各要人，各新闻记者，忽遍接张氏请帖，谓将于三日下午七时，在文化会堂拜齐为师，将行拜师典礼。记者如期前往，果然有党国要人陈果夫、邵力子及新闻记者百余人。齐就座后，张即上前行三鞠躬礼，礼毕，张氏报告拜齐为师之经过。张氏首称：吾人对学问应有"学到老学不了"态度，故于今年五十始拜师，并不足怪。白石先生一生忠于艺术，今届八十六高龄，数十年艺术修养之积聚，成为吾国艺术界所公认之艺术泰斗。余本年四月到平曾晤及齐先生，为其高风亮节之品格所感，即有拜师之动机，此次齐老师来京，乃得遂此愿望。张又报告此次拜师之动机，有如下五点：一以身体力行之精神庆祝总裁六十寿辰。二以中华全国美术会理事长之资格拜师，希望艺术界今后虚心学习，消除自高自大的坏气习。三力行尊师重道，使吾国青年引为轨范，以挽颓风。四渠前年丧父今年丧母，中年丧父母为人生之大不幸，望今后得享老师之慈爱。五今后不愿做官，但不脱离政治关系，表示坚决从事艺术研究，以专心中国文化运动之推进。词毕，开始聚餐。席间吴敬恒致贺词，对张氏慰勉有加。余兴有中西音乐演奏及大鼓词等，至十一时许始散。

兹并录拜师前，张上蒋总裁书及致齐氏两函如左：

△上总裁书

敬呈者：道藩为倡尊师重道精神，开展本党文化工作，俾能对文化界、艺术界发生重大影响起见，特拜高风亮节，誉满中外，八十六高龄之画家齐白石先生为师，并订于十一月三日下午六时在中央文化运动委员会文化会堂举行拜师典礼，希望此一事件，不特引起全国同胞及全世界人士对中国固有文化与艺术有更深切之认识，而中国尊师重道之精神，亦可藉此获得恢复之机会，以纠正今日一般青年以为自己向教师买知识，而不知尊师重道之错误观念。惟念道藩为钧座忠实信徒，亦为钧座多年干部，今忽有如此非常之举动，又无适当机会先期讲明，自当递呈报告上述缘由，想必能得钧座之嘉许也。此种琐事，自不敢奉请钧座及夫人莅临指导，谨附呈观礼函十份，如得国府各院及侍从之其他同志乐于莅教，至深欢迎。所有详请，容另具报，谨呈总裁蒋。附函十份，敝张道藩谨呈。三十五年十一月二日。

△致齐白石函

白石先生尊鉴：本会（中华全国美术会）秘书蒋碧薇女士回来同我说：先生已允许我诚恳的请求，收我为弟子，我非常的高兴，也认为非常的荣幸，并且承先生特别体谅我，免得我受人家的批评，在举行拜师典礼的时候，只要我行鞠躬礼，更使我非常感动。行礼的时候，我一定遵命向先生三鞠躬礼。我已经发出了一百多份请束，约请五院院长，教育部长，中央大学、金陵大学等学校校长，中央党部全体常务委员，中央文化运动委员会全体委员，本会全体理监事，各报社社长及中央通讯社、中央日报社记者参加，以便观摩。因为我认为这是一件对教育非常重要的非常有益的盛事，所以我要这些人到场，到时候我还要报告我所以要拜先生为师的理由，使大家明白我拜先生为师，除了对先生崇敬，希望引起全国同胞以及全世界人士对于中国绘画金石最高超的艺术有更深切的认识而外，是没有其他任何企图的。我现在先上此函预为禀明。这两天因为身体不好，事情又忙，没有亲自来看先生，非常抱歉。假如先生明晨没有要事，能于十时左右赐候片刻，使我能有个机会在明天晚上拜师典礼之前，先来亲自道谢先生收我为弟子的美意。附上邀请来宾函件一份，先生读了，也可以知道我为什么要将先生拜为老师的一部分理由。其余的话，明天早上十点钟再来当面相告。明天以后我将不再称先生，而将有荣幸称先生为老师了。您未来的弟子，中华全国美术会理事长张道藩，十一月二日。

上述一千五百余字的新闻报道，将张道藩拜师齐白石的来龙去脉交代得十分清楚。据此可知，1946年11月3日下午7时，时任中华全国美术会理事长的张道藩，在中央文化运动委员会文化会堂举行拜师典礼，出席者多为政界、新闻界及文化界名流，包括陈果夫、邵力子、吴敬恒等政界要人。

张道藩拜师齐白石，还事先致信蒋介石，禀明了拜师意旨及政治诉求。信中明确指出，"中国尊师重道之精神，亦可藉此获得恢复之机会，以纠正今日一般青年以为自己向教师买知识，而不知尊师重道之错误观念"；可见，张道藩拜师齐白石，并非纯然只是一次官员向艺术家的致敬之举，亦并非只是张道藩个人矢志投身中国绘画艺术的仪式性表达；而是以官方身份展露政府于抗战胜利之后，在百废待兴，百业待举的中国政局中重拾与恢复文化、教育、艺术复兴的信心——这一信心的来源与基础，正在于全社会对"尊师重道"传统精神的重建与倡导。张道藩希望通过自己的身体力行，来为这一时期的国家复兴计划贡献力量，无论客观效果是否真如所愿，但总还算是用心良苦，苦心孤诣了。

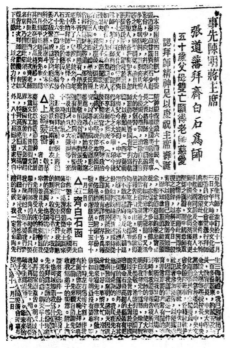

《张道藩拜齐白石为师》，刊于《世界日报》。

值得注意的是，张道藩致蒋介石信中明确道出的拜师初衷及寄托其中的政治诉求，在致齐白石的信中，却没有十分明确地提及。信中只是说，"希望引起全国同胞以及全世界人士对于中国绘画金石最高超的艺术有更深切的认识而外，是没有其他任何企图的"。当然，信中还提到张希望在拜师典礼当天上午与齐白石面晤一次，称"其余的话，明天早上十点钟再来当面相告"。至于需要当面相告的"其余的话"，究竟包含了哪些内容，二人当天上午又是否有过面晤，或者后来又是否有过关涉"其余的话"的面谈，均不得而知，无从确考了。

此外，与徐悲鸿离婚之后的蒋碧薇，既做了张道藩的秘书，二人亦是情侣关系。蒋氏何时拜师齐白石，尚未见有十分详明的文献可资佐证。但1947年2月1日，上海《永安月刊》第九十三期曾刊发过一张由郎静山拍摄的齐白石与京沪两地新收弟子的合影，蒋、张二人均在列。可见，或因借张道藩的职权之便，或因自身确有艺术追求，蒋氏曾为齐白石弟子，是无疑的了。

齐白石及其新弟子（合影），郎静山摄，刊于《永安月刊》第九十三期。

◎齐白石三子，曾被视作衣钵传人

专访报道中，还有一个信息值得关注。那就是，记者提到的"齐老的三少爷"，而且"谈到三少爷，齐老特别兴奋"，齐白石告诉记者，"以后我不再画昆虫了"，因为"他说三少爷的昆虫画比他好"。

事实上，如今知道"齐老的三少爷"者，并不多；知晓这"三少爷"画的昆虫竟比齐白石画的还好的，则更是少之又少了。因此，有必要约略介绍一下齐白石三子的生平简历。

齐良琨（1902—1955），字子如，是齐白石第三子，也是第一个继承他画业的孩子。十八岁随父到北京求学，并入著名画家陈半丁门下，专攻草虫花卉。其画风工笔写意并重，豪放秀雅兼备。由于长期耳濡目染，齐良琨绘画技

齐白石观画，1948 年摄。

法颇具其父风骨，且兼具个性。齐白石也非常喜爱三子，不但亲自为其刻印多方，而且经常父子合作，共绘精品。

齐良琨早年注重写生，笔下的蝈蝈、蟋蟀等各类昆虫，形态逼真，线条纤细均匀，着色柔丽自然。其花卉绘制在继承齐派传统的同时，又承续陈半丁秀美风格，受到广泛赞誉。早在二十世纪三四十年代，在花卉虫鸟绘画领域中，齐家父子已呈并誉之势。齐白石为齐良琨画作题款，数量之多，在齐家后人中也是绝无仅有的。抗战胜利后，齐良琨先后任北平艺术专科学校、京华美术学院教授，画艺与声誉与日俱进。

可惜的是，1954年春，齐良琨患重病；次年即病逝，年仅五十三岁。齐良琨患病期间，齐白石非常牵挂，曾在一幅画作上题写祝语："赐如儿寿比吾长"；孰料，最终仍是一场父送子丧的悲怆憾事。两年后，1957年，白石老人也走完了传奇的人生历程，以九十四岁高龄逝世。

◎题外话：于右任两题齐白石墓碑

齐白石墓自2013年年底迁至香山之后，新建有花岗岩墓碑，碑高两米余，篆书"湘潭齐白石墓"六个大字，还镌刻有"民国三十四年乙酉，亲造生圹，男良元、良崑、良迟、良已、良末，孙佛来等及曾孙凡廿余人"等文。在迁建之前，那块于1982年重修的墓碑，是由齐白石弟子李苦禅题写的，也是"湘潭齐白石墓"六个大字，只不过不是篆书，而是楷书。

据新建墓碑上的"造墓题记"可知，齐白石于1945年就开始营建自己的墓地，这即是在他逝世前十二年的所谓"生圹"。那么，当年的墓地与墓碑实际情形如何，这所"生圹"又为什么要选在1945年来营建呢？由于齐白石墓在"文革"中遭到破坏，墓碑也被捣毁，已无从查考原始的历史细节。半个世纪之后，如今再面对这香山山间的一座"新坟"，只能慨叹物换星移，物是人非而已。

幸运的是，《世界日报》对此仍有相关报道。正是在报道中，约略透露了齐白石这座"生圹"的来龙去脉。报道原文，转录如下：

于右任再为齐白石题墓
年月日书为"中华民国万岁"

【本报南京十日航讯】此次齐白石在京，与于右任曾有一段佳话。即十二年前齐曾请于为其题墓碑一方，文为"齐白石先生之墓"。抗战期间，齐氏将此碑文留平，但因恐敌伪注意，将其销毁。日前齐特为此，面请于氏再为题碑一方，唯请将碑文改为"湘潭齐白石墓"。于氏当欣然应允，迨"湘潭齐白石墓"题就后，下款中华民国某年，甚难落笔，继而略加思索，乃写"中华民国万岁"六字，来宾见之者，均称绝品，此亦艺坛一趣谈也。

齐白石晚年存照

这篇于1946年11月11日刊发的报道，透露了两个重要的历史信息，一是齐白石欲营建"生圹"的想法可能上溯至1934年；二是于右任（1879—1964）曾两次为其题写墓碑碑文。至于为什么要在年款处题写"中华民国万岁"，也无非是于的一番美意，意即希望齐长寿康健，万年无极。同时，应当也有抗战胜利之后，祈愿国运长久之意，这种"两全其美"的年款题写方式，无怪乎在场观者皆要赞叹为"绝品"了。当年记者是将此事作为一桩艺坛趣谈来报道的，也在无意中透露了关于齐白石建"生圹"的历史信息之点滴。

遗憾的是，这一篇七十余年前的报道没有将于右任所题碑文手迹图片刊出，后世读者无法一睹碑文原貌。不过，仍然可以想象得到，于右任擅草书，乃是近代书坛的"草圣"，齐白石"生圹"的墓碑碑文，最初理应是于氏那一笔雄豪遒劲的草书才对。追想这半个多纪以来，从最初的于右任草书，到李苦禅的楷书，再到现今的篆书——齐白石的墓碑碑文书体之变迁，足见世事沧桑之一斑。

◎齐白石1946年行踪小记，终未"南行"赴台湾

综上所述，结合《世界日报》专访及各类报道，基本可以勾勒出1946年

齐白石"南游北归"之旅的大致线索。这一生平事迹，因时隔久远，文献难觅；且零散繁复，头绪纷杂，至今尚未见有完整披露者①。笔者不揣谫陋，总结略述如下：

1946年8月，徐悲鸿任北平艺术专科学校校长，聘齐白石为该校名誉教授。当年秋，齐白石为朱屺瞻《梅花草堂白石印存》写序，又请胡适为之编写传记。10月16日，北平美术家协会成立，徐悲鸿任会长，齐白石任名誉会长。本月，中华全国美术会在南京举办齐白石作品展。

1946年10月13日，齐白石、溥心畬以北平故都文物研究会理事身份，应该会理事长"南游"之邀，三人同机先行飞抵上海，陪同者尚有齐氏四子齐良迟、护士夏文珠女士等。10月16日搭乘京沪快车，于当天下午4点，抵达南京。据报道，齐白石称：

渠等此次来京，除欲一睹胜利后之首都外，并将与阔别多年各稳友联系，在京约勾留旬日，即转赴上海、杭州等地游览，然后返平。②

在南京逗留期间，齐白石等曾游览玄武湖、鸡鸣寺、中山陵、明孝陵以及灵谷寺、燕子矶、北极阁等名胜；受到蒋介石接见，于右任亦设宴招待，齐白石还曾请于右任再题墓碑。11月3日，张道藩等拜齐白石为师。11月5日，乘车转赴上海。在沪停留期间，齐白石会见梅兰芳、朱屺瞻等。11月23日晚10时，离沪返归北平，11月24日接受《世界日报》专访。

---

① 胡适主持编撰的《齐白石年谱》及后世各类齐氏年谱、传记中均未记载。
② 详参：1946年10月14、19日《世界日报》。

最后，还需加以补充说明的是，时至1948年11月前后，关于齐白石又将"南游"的传言流行开来。不过，据说这一次不是去南京，而是径直"南行"赴台湾。时值国民党政府溃败前夕，这样的传闻自然颇受各界关注。为此，当年11月10日的《世界日报》曾出面"辟谣"，刊发简讯称：

齐白石打消南行意

【时闻社讯】自八十八岁老画家齐白石准备飞台消息传出后，齐氏门庭若市，每日往访者甚众。近经多数友好及其门弟子多方劝阻，齐以年老气衰不宜长途飞行，南下之意已作罢。

齐白石与徐悲鸿等北平美术作家协会会员合影，摄于1946年。前排右三齐白石，右四徐悲鸿，右五王临乙（人民英雄纪念碑作者之一）；二排右四李可染，三排右一董希文（油画《开国大典》作者）等。

畫家齊白石
決中止南下
即日起照舊收件

【時聞社訊】自八十八歲老畫家齊白石準備飛台消息傳出後，齊氏門庭若市，每日往訪者甚眾，近經多數友好及其門弟子多方勸阻，自亦以年老氣衰，不宜長途飛行，南下之意已作罷，並並即日起在平照舊收件，聞三尺條幅加紅加鳥或加草蟲之件，筆潤及加一共為九十九圓。

《画家齐白石决中止南下》，原载《华北日报》，1948年11月10日。

同日，《华北日报》也刊发了一条题为《画家齐白石决中止南下》的简讯，内容与《世界日报》所刊发者基本一致。不过，在报道末尾，添加了一则最新消息称：

并自即日起在平照旧收件，闻三尺条幅加红加鸟或加草虫之件，笔润及加一共为九十九圆。

11月14日，齐白石不再"南行"的消息传至南京。11月16日，南京《大公晚报》以《齐白石终止离平》为题，转发了六天前《华北日报》所刊发的简讯。

由此可见，坊间传闻并非"空穴来风"，齐白石本人确曾有意再度"南行"。只是"近经多数友好及其门弟子多方劝阻"，方才作罢。而自1946年11月10日起，齐氏重新"收件"作画，可以视作"南行"之事终于尘埃落定。